中国管理发展报告（2016）

ANNUAL REPORT ON MANAGEMENT IN CHINA (2016)

中国管理科学学会学术委员会
南京敏捷企业管理研究所
主　编／张晓东
副主编／张　卫

社会科学文献出版社
SOCIAL SCIENCES ACADEMIC PRESS (CHINA)

图书在版编目（CIP）数据

中国管理发展报告. 2016／张晓东主编. --北京：
社会科学文献出版社，2016.10
（管理蓝皮书）
ISBN 978-7-5097-9839-3

Ⅰ.①中… Ⅱ.①张… Ⅲ.①管理学-研究报告-中
国 Ⅳ.①C93

中国版本图书馆CIP数据核字（2016）第241113号

管理蓝皮书
中国管理发展报告（2016）

主　　编／张晓东

出 版 人／谢寿光
项目统筹／祝得彬　刘　娟
责任编辑／刘　娟　刘学谦

出　　版／社会科学文献出版社·当代世界出版分社（010）59367004
地址：北京市北三环中路甲29号院华龙大厦　邮编：100029
网址：www.ssap.com.cn
发　　行／市场营销中心（010）59367081　59367018
印　　装／北京季蜂印刷有限公司

规　　格／开　本：787mm×1092mm　1/16
印　张：16　字　数：239千字
版　　次／2016年10月第1版　2016年10月第1次印刷
书　　号／ISBN 978-7-5097-9839-3
定　　价／69.00元

皮书序列号／B-2014-385

主要编撰者简介

张晓东 中国管理科学学会副会长兼秘书长，敏捷智库创始人，研究员，多所大学兼职教授，管理学博士，北京大学经济学院访问学者。从事管理、信息化、人文等领域理论与实践三十年，入选中组部万人计划领军人才等。

张 卫 敏捷智库联合创始人、首席专家，高级工程师，工商管理博士，江苏省 333 工程中青年科学技术带头人。长期从事管理及信息化咨询、企业管理理论研究与实践，多次荣获中国科技咨询协会咨询项目创新奖、咨询创新英才奖和省部级奖励。

摘　要

《管理蓝皮书》是跟踪与研究管理科学的前沿与发展趋势，探索中国管理的创新、实践与发展的年度研究报告。

本书由总报告、管理科技篇、管理实践篇、管理教育篇、管理咨询篇五部分组成。第一部分总报告，通过对近几年中国管理现状的调查和分析，回思并直面“十三五”关键五年的管理挑战、趋势，提出应对的策略，同时以 2020 年为时点，对中国管理的未来进行展望。第二部分管理科技篇，围绕全球管理的热点，以及全球化趋势和智能化带来的挑战，探讨管理对策和模式，在管理博弈中提高经济效益和社会效益。第三部分管理实践篇，围绕一些热点技术和事件，从微观和宏观管理上进行总结和思考，以丰富中国管理实践案例。第四部分管理教育篇，以博士后人才管理为主题，探讨创新型高端人才的培养及管理模式。第五部分管理咨询篇，通过对全球商业生态环境发生变化的深刻分析，探讨了中国管理咨询业应如何应对变化，为客户提供更加有效的、前瞻性的、系统性的咨询服务。此外，本书还从由中国管理科学学会主办、南京敏捷管理研究所承办的 2015 东沙湖论坛——中国管理百人会中撷取精华，分享管理大家的思想，倾听中国管理者的声音。

本书内容丰富、相关数据翔实，对研究中国管理的学者和企业家等都具有较好的指导性和借鉴作用。

关键词： 中国管理　管理创新　管理实践

序　中国管理要通古今，融中西，务实求新

黄　维*

今天，我们正处于上有“云”，下有“网”，周围包裹着浩如烟海数据的信息化时代，新变革呼唤管理的新思想。凝练新的科学问题，积极开展理论研究，突破关键，提炼经验，务实指导管理实践，获得更多既符合中国国情又有国际水准的研究成果，中国管理才能突飞猛进地发展。

借助社会科学文献出版社出版“管理蓝皮书”这个平台，中国管理科学学会学术委员会和敏捷智库共同组织编写了 2014 年和 2015 年《中国管理发展报告》，受到各界广泛关注。今年，东沙湖论坛——中国管理百人会上，将发布《中国管理发展报告（2016）》，标志着通过“管理蓝皮书”总结分析年度管理科学与实践状况，展示中国管理成果，展望管理发展已成为年复一年的惯例。

《中国管理发展报告（2016）》由总报告、管理科技篇、管理实践篇、管理教育篇、管理咨询篇五大篇组成。题为《2020：中国管理的使命》的总报告，在近一年调研及管理理论创新与实践总结基础上，探讨了“十三五”社会发展、科技创新、企业转型等面临的管理问题，提出了面向 2020 年全面建成小康社会总目标下的管理挑战，以期破解管理难点，探讨解决之道；管理科技篇重点阐述了大数据时代管理及互联网环境的治理策略、管理模式及创新的新观点、新思想；管理实践篇挑选了中国管理实践的四个经典案例，对近年来的热点事件从微观和宏观管理角度进行总结和思考；管理教

---

* 黄维，中国科学院院士，南京工业大学校长。

育篇研讨了高端人才培养及管理模式；管理咨询篇探讨了全球商业生态环境变化中，中国管理咨询业者如何寻找机会，为客户提供更有效咨询的方法和手段。

改革开放初期，大量西方管理学译著、文章、评述一拥而入。德鲁克、波特、泰勒、法约尔、明茨伯格等成为中国管理者和企业家们追捧的世界级管理大师，MBA 不仅成为管理学科学生追求的最高文凭，也成为企业家提升管理水平的最好课程。然而，大量吸收西方管理思想后，随着本土管理实践问题的增多，深感彷徨的中国企业家对适合中国的管理科学与技术方法的呼声强烈。管理科学及实践的发展，社会变迁下的宏观管理，对管理学界提出了更高的要求。

世界管理在经历了百年洗礼后，诞生出一大批青史留名的杰出管理学家，也总结出一整套管理理论和方法。西方的现代管理理论值得学习和借鉴，但管理离不开文化的土壤，也离不开因地制宜的实践。中国传统文化源远流长，博大精深。诸子百家中汇聚了大量中国传统文化精粹：“修身，齐家，立业，治国，平天下”（《礼记·大学》），“为政以德，譬如北辰，居其所，而众星共之”（《论语》），“力不若牛，走不若马，而牛马为用，何也？曰：人能群，彼不能群也”（《荀子·王制》）；孔子的“己所不欲，勿施于人”，孟子的“天时不如地利，地利不如人和”，老子的“无为而治”；儒家的“德治”“礼治”，兵家的“不战而胜”“因变制胜”，法家的“法治”优于“人治”……中国管理要取其精华、去其糟粕，创造出更贴合企业需要的思想理论。近年来，不少管理者开始深入挖掘中国传统文化的宝藏，对儒家、道家、墨家、法家和兵家思想及以毛泽东为代表的红色管理、军队管理思想和企业管理方法的研究已有累累硕果，可喜可贺。

在经济高速发展同时，任正非、马化腾、张瑞敏、柳传志、王传福等一批具有远见卓识的企业家脱颖而出。华为、腾讯、海尔、联想、比亚迪等企业的成功秘诀是什么？这些企业是如何管理的？他们的管理实践经验很值得研究。在此基础上，一些中国管理学者进行了思想、模型和方法体系等颇具价值的管理研究和探索。有学者建议，由中国管理科学学会组织管理专家学者，对千百年以来的中国传统文化思想进行一次大梳理，通过分类统合，形成一套便于查阅的传统文化管理思想工具书。同时，挑选成百甚至上千家改革开放以来成长迅速、卓有成效的企业，对每一家企业采用的管理思想和方法进行调研，整理出典型案例。然后，从大量个性化的管理中提炼出具有普遍指导意义的管理思想，将碎片化的管理实践上升为指导企业发展的中国管理理论。

相比国外，中国管理研究刚刚起步。我们期待更多的专家学者、企业家参与到中国管理理论的研究中来。我们相信，在“管理蓝皮书”搭建的平台上，研究中国管理理论与实践的客观现实，分析未来趋势和走向，中国管理将结出更丰硕成果，给管理者们带来更多行之有效的思想启迪。

目　录

Ⅰ　总报告

B.1　2020：中国管理的使命

——2015～2016 年中国管理状况调查 …………… 敏捷智库 / 001

Ⅱ　管理科技篇

B.2　管理的博弈：趋势、理念与规则 ……………………… 张国有 / 047

B.3　中国企业经营管理的“周期”视角 …………………… 张东向 / 061

Ⅲ　管理实践篇

B.4　声誉管理的评价实践 ……………… 翟静宜　孙　梅　朱　毅 / 082

B.5　助力经济转型与社会管理：中国大数据的

新理念与新实践 …………………… 孟　晔　潘永花　高红冰 / 108

B.6　IP 价值：泛娱乐时代的管理新领域 ………… 张　穗　吴石忠 / 128

B.7　“宝万之争事件”的管理启示

……………………… 中国管理科学学会企业管理专业委员会 / 148

Ⅳ　管理教育篇

B.8　创新型高端人才的培养
——以我国博士后管理工作为例
…………………………………… 王修来　张玉韬　付新彦 / 163

Ⅴ　管理咨询篇

B.9　中国管理咨询的现实挑战和发展机遇 ………………… 璐　羽 / 201
B.10　附录　思想的激荡　知行的交融
——第三届东沙湖论坛精华集萃 ………………… 敏捷智库 / 214

Abstract ……………………………………………………………… / 231
Contents ……………………………………………………………… / 233

皮书数据库阅读使用指南

总 报 告

General Report

B.1

2020：中国管理的使命

——2015～2016年中国管理状况调查

敏捷智库*

摘 要： 本文立足于2020年实现全面建成小康社会的中国国家战略目标，主要从学术成果、学者活跃度、研究课题、案例、资助及奖励等角度，对2015～2016年中国管理现状进行调查和分析，透过当前中国管理的热点、关注点，努力使中国管理的状况和需要解决的关键问题得以呈现。同时以2020年为时点，对中国管理的未来进行展望。

关键词： 中国管理 热点调查 2020

* 南京敏捷企业管理研究所。

一　关键五年的管理挑战

2020年，中国将通过经济、政治、文化、社会、生态文明五位一体的建设，全面建成小康社会。围绕这一战略目标，党和政府正逐步实施推进全面深化改革、全面依法治国、全面从严治党等重大战略举措；通过创新驱动，产业布局作结构和速度的调整、企业进行转型和素质提升。全面“建成”而不仅仅是“建设”小康社会，是中央向全国人民做出的庄严承诺，也是形成解决现实经济社会矛盾的倒逼机制。从而抓住本世纪难得的发展机遇深化改革，坚决破除一切妨碍发展的思想和体制弊端，为实现这一战略目标，进而建设起富强民主的现代化国家，完成民族复兴的千秋伟业奠定坚实的基础。

然而，全面建成小康社会目标的实现仍任重道远。我们仍面临着国际和国内的诸多问题和压力。在经济大危机下，美、欧、日等国家和地区短期内很难实现经济根本性好转，近年恐怖主义日趋猖獗更令发达经济体局势紧张，危机重重，发展受到制约。国内人口、环境、资源等“红利”对于经济的强劲支撑已成过去；经济“三期叠加”矛盾仍需要化解，前期刺激政策消化期尚在继续，经济增长速度换挡需克服许多困难，结构调整任务还很艰巨；避免掉入并跨越“塔西佗陷阱”、“修昔底德陷阱”和“中等收入陷阱”三大陷阱，以及解决“高福利”“人口老龄化”等问题是需要以勇气和智慧应对的现实挑战；① 还有能源、气候、环境等对生态文明建设提出的目标和要求。当前科技持续迅猛发展，全球互联势如破竹，量子智能时代呼之欲出，这既给人类社会带来了对美好生活的无限想象和憧憬，同时也将使人们在更加复杂、多元、不确定的未来面前充满焦灼和不安。从今年开始的五年，是重点向着全面建成小康社会目标冲刺的五年，是中国“国民经济发展第十三个五年规划”实施的五年，也将是为构建国际新体系、新秩序奠

① 《准确把握党中央治国理政新理念新思想新战略的科学内涵和基本要义》，光明日报，http：//epaper. gmw. cn/gmrb/html/2016 - 06/03/nw. D110000gmrb_ 20160603_ 6 - 03. htm。

定基础的五年，无论对于中国还是世界，2016年至2020年都是关键五年。

2015年和2016年是“十二五”和“十三五”两个国民经济发展五年规划相互衔接的重要年份，因此是布局和实施“十三五”规划，从而抓住、抓好“关键五年”的重要历史时点。以深化改革牵引这一历史时期乃至整个“十三五”工作是宏观管理的重要方略。“中央全面深化改革领导小组”2015年召开11次会议审议65份文件，2016年1至8月召开8次会议审议60份文件，而2014年全年召开8次会议审议37份文件，明显呈递增趋势。[①] 面对全球形势和国际压力，从“大国是关键、周边是首要、发展中国家是基础、多边是重要舞台”的框架出发，构建以合作共赢为核心的新型国际关系的外交方略，以及“一带一路”战略、人民币国际化相关举措，变被动为主动推动进一步开放迈上新台阶。[②]

深化改革和进一步开放是全面建成小康社会和实现民族伟大复兴“中国梦”的必由之路，也是今后一段时期的战略重心。2015年12月25日，全球首个由中国倡议设立的多边金融机构亚洲基础设施投资银行正式成立。[③] 2015年11月30日，国际货币基金组织正式宣布将人民币纳入SDR。[④] 这些都是“中国走向世界，世界走向中国”进一步开放的重要象征和标志。深化改革和扩大开放的中国也必将引领新一轮被称作“4.0版”的全球化进程。

“十三五”规划提出创新、协调、绿色、开放、共享五大发展理念，其中创新是引领发展的第一动力。以创新驱动推动产业和企业转型，进行供给侧结构性改革，着力提高供给体系质量和效率，是适应和引领经济发展新常态，解决世界经济深层次问题的重大创新。

---

① 《深改组1000天：用智慧和勇气谋篇中国发展》，21CN新闻，http：//news.21cn.com/domestic/yaowen/a/2016/0923/22/31568848.shtml。

② 《综述：习近平的“新型大国关系”外交战略是这样炼成的》，人民网，http：//world.people.com.cn/n1/2016/0213/c1002－28120530.html。

③ 《亚洲基础设施投资银行正式成立》，新华网，http：//news.xinhuanet.com/politics/2015－12/26/c_128568650.htm。

④ 《人民币加入SDR预示人民币国际化进入新阶段》，新华网，http：//news.xinhuanet.com/finance/2016－09/26/c_129299151.htm。

《国务院关于印发〈中国制造2025〉的通知》（国发〔2015〕28号）①，和《国务院关于积极推进“互联网+”行动的指导意见》（国发〔2015〕40号）② 于2015年5月和7月先后发布，促使相关各省（区、市）和部门纷纷出台有关“实施意见”或“行动计划”等，是对于科技推动经济和社会发展重要力量的宏观决策和中、微观的响应的反映。

本报告研究过程中除了第二部分通过数据、信息、问卷等形式的调研，还通过每月一次的座谈讨论会，以及对政、产、学各界不同层次管理者或管理研究者的访谈等取得资料进行分析研究，形成观点和判断。“深化改革”“进一步开放”“创新驱动”“科技引领”“五大发展理念”等宏观战略，“一带一路”、“供给侧结构性改革”、“人民币国际化”、“中国制造2025”、“互联网+”行动等实施方略得到管理者普遍的关注和认同。受访管理者同时认为一年来微观层面存在增长动力不足、资金投向不够清楚、有一定的等待观望现象、企业处于转型阵痛之中等。面对上述无论是宏观还是中、微观层面的问题，目标是明确的，战略框架已然明晰，主要任务已基本确立，规划也逐步到位。如何有序地展开实施和有效地贯彻执行，具体的结构、模式、方法和资源的配置到位，关键就在管理。这是中国管理理论和实践者必须面对的现实挑战，也是他们义不容辞的职责和使命。

二 2015～2016年中国管理状况调查

本文的数据主要来源于三个方面：第一类数据来自国家自然科学基金委员会管理科学部遴选的22种A类管理期刊和8种B类管理期刊，这30种刊物代表了国内管理领域的学术水平；第二类数据来自专业的网络数据库；第三类数据来自更广泛的网络媒体。

---

① 《国务院关于印发〈中国制造2025〉的通知》，中国政府网，http：//www.gov.cn/zhengce/content/2015-05/19/content_9784.htm。

② 《国务院关于积极推进“互联网+”行动的指导意见》，中国政府网，http：//www.gov.cn/zhengce/content/2015-07/04/content_10002.htm。

（一）管理期刊统计概况

1. 基于管理类期刊的数据分析

课题组主要采集了国家自然科学基金委员会管理科学部遴选的 22 种 A 类管理刊物和 8 种 B 类管理刊物于 2015 年 1 月至 2016 年 8 月发表的文献，通过采集和有效性筛选，最终获得有效的文献 7801 篇。统计数据见表 1。

表 1　主要管理类期刊文献统计情况

序号	期刊名	类型	2015 年度	2016 年度	合计
1	《管理科学学报》	A	111	63	174
2	《系统工程理论与实践》	A	369	55	424
3	《管理世界》	A	301	55	356
4	《数量经济技术经济研究》	A	141	87	228
5	《中国软科学》	A	214	121	335
6	《金融研究》	A	177	87	264
7	《中国管理科学》	A	404	148	552
8	《系统工程学报》	A	92	43	135
9	《会计研究》	A	173	57	230
10	《系统管理学报》	A	128	96	224
11	《管理评论》	A	276	187	463
12	《管理工程学报》	A	113	86	199
13	《南开管理评论》	A	101	36	137
14	《科研管理》	A	337	252	589
15	《情报学报》*	A	0	0	0
16	《公共管理学报》	A	61	28	89
17	《管理科学》	A	74	41	115
18	《预测》	A	78	49	127
19	《运筹与管理》	A	229	40	269
20	《科学学研究》	A	225	133	358
21	《中国工业经济》	A	161	86	247
22	《农业经济问题》	A	193	104	297
23	《管理学报》	B	253	159	412
24	《工业工程与管理》	B	140	66	206
25	《系统工程》	B	290	142	432

续表

序号	期刊名	类型	2015 年度	2016 年度	合计
26	《科学学与科学技术管理》	B	224	141	365
27	《研究与发展管理》	B	92	47	139
28	《中国人口·资源与环境》	B	40	61	101
29	《数理统计与管理》	B	120	74	194
30	《中国农村经济》	B	140	0	140

* 《情报学报》多年来被知网收录入库，故值为0。

2. 基于专业数据库的文献分析

为了对管理领域文献进行有效、可行的统计，以中国知网数据库为基础，通过月下载量排名的方法，总计获取有效文献 39099 篇，其中收录来源为刊物的 36291 篇，博士论文 559 篇，硕士论文 2249 篇。

（二）管理热词分析

通过关键词词频统计，对排列前 100 位的词语进行筛选、合并后，得出管理科学领域热词排名结果，以了解目前管理科学研究的热点和趋势。

1. 通过管理期刊统计的结果

对上述 30 种管理类期刊 2015 ~ 2016 年发表的 7195 篇文献进行分析，总计获取关键词数量为 30559 条，其中非重复关键词 18782 条。进行词频统计、非管理相关词语筛选排除、相同概念词语的归并，为了确保热词的有效性，再对运用了这些热词的文献进行数量统计，给出热词排名（见图 1）。

下面是对这些热词的解释分析。

创新：这个词的内容较广泛，关键词里包含“创新”“创新绩效”“创新能力”“协同创新”“开放式创新”“自主创新”“企业创新”等。

绩效：包含“绩效”“创新绩效”“企业绩效”“工作绩效”“绩效评价”等，说管理必谈绩效，绩效是管理者最好的工具，推行绩效管理，有利于提升管理理念，强化效能管理意识，促进管理创新。

风险：包含“风险管理”“风险决策”“金融风险”等诸多词语，是管

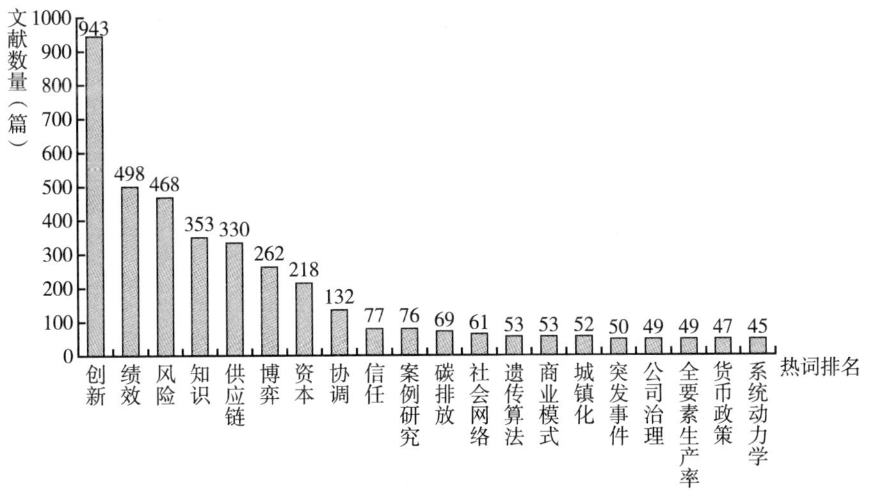

图1　基于管理期刊的热词排名

理各个学科领域和实践中都需要重点关注的问题。

知识：这个词范围较广，不仅包含了“知识共享”“知识转移”“知识管理”等内容接近的词语，还包括“知识产权”“知识资本”等不同概念的词语。

供应链：包含“供应链”“供应链管理”“供应链协调”“闭环供应链”等，一直是管理领域内备受关注的热点。

博弈：包括“博弈”“博弈论”“演化博弈”“Stackelberg 博弈”等。博弈论是管理学的热点理论，又被称为对策论，是运用现代数学的手段来解决管理中出现的新问题。

资本：包含“社会资本”“人力资本”“资本结构”等。资本是经济、金融领域决定性的力量，拥有举足轻重的地位。

协调：协调是管理的一项基本职能，只要实施管理，就必然需要协调。

信任：高信任度带来品牌和高绩效，缺乏信任的组织难以进行有效的管理。

案例研究：文献多以案例研究作为论文的起点和论点基础，这个词上榜不出意外。

碳排放：碳排放问题已经成为人类社会面临的重大危机，需要寻找可行的管理对策。

社会网络：社会网络是一种新的社会组织形式，社会网络革命与移动革命、互联网革命并列为新时期影响人类社会的三大革命。

遗传算法：生产管理领域中大量应用了遗传算法来解决人力安排、车间管理、库存管理等问题，其他管理领域应用也十分广泛。

商业模式：商业模式是管理学的重要研究对象之一，自 20 世纪 90 年代后广泛使用和传播，尤其是创业者和风险投资方几乎言必称商业模式。

城镇化：该词的主要含义其实是“新型城镇化”，自党的十八大提出新型城镇化概念后，城镇建设成为研究的热点方向。

突发事件：针对突发事件的应急处理是系统工程理论中很重要的研究热点，针对这个词的文献多出现模型、仿真、优化、决策等内容。

公司治理：公司治理主要考察的是构成企业的各相关利益主体之间的责权利的划分，以及采取什么样的手段实现相互的制衡，它是企业创造财富的基础和保障。

全要素生产率：全要素生产率，是指在各种生产要素的投入水平既定的条件下，所达到的额外生产效率，通常被视为科技进步的指标，转方式和调结构是提高全要素生产率的必由之路。

货币政策：多见于研究货币政策对银行、公司、股票、房地产等影响的文献。

系统动力学：系统动力学是一种以反馈控制理论为基础，以计算机仿真技术为手段，用以研究复杂的社会经济系统的定量方法，通常也用作分析生产管理及库存管理等企业问题。

2. 通过专业的网络数据库统计的结果

对管理领域 2015 ~ 2016 年每月发表的文献进行高关注度采样，总计获取 36291 篇文献（不包含博硕论文），进行关键词的分析统计，一共获取 181491 条数据，与上一统计周期相比，数量略有上升。对这些词语进行合并统计、筛选、归并并进行相关文献数量查询后获得热词统计排名（见图 2）。

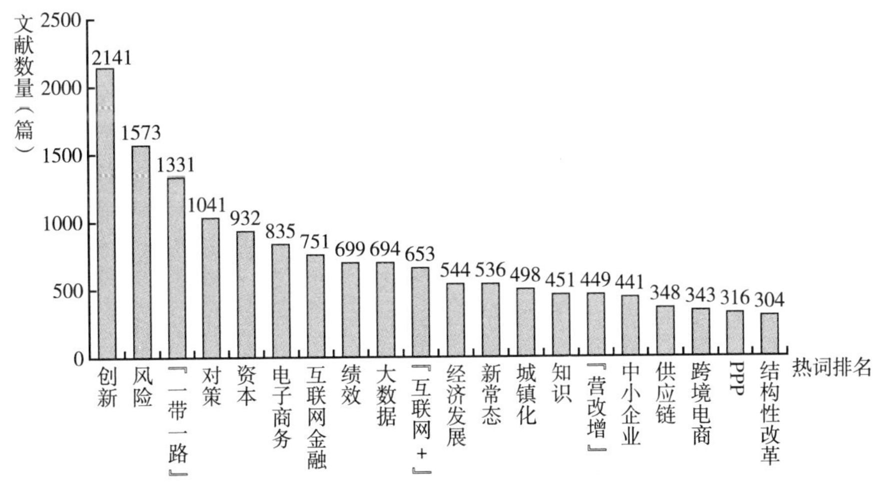

图 2　基于管理类网络数据库的热词排名

国家自然科学基金委员会管理科学部遴选的 30 种管理期刊的热词统计结果体现的是这些刊物和作者关注的热点，而基于网络数据库的统计结果体现的是社会整体的关注热点。统计结果中，“一带一路”概念占据了第三的位置，对策占据了第四名，互联网金融和“互联网+”也备受瞩目。博弈、信任、案例研究、公司治理、社会网络等均未入前列，说明公众的关注热点并不在这些管理学科的技术术语。与之相对，电子商务、大数据、互联网金融、“互联网+”等大众关注比较多的热点，却未排上 30 种管理刊物热词统计前列，这说明国家自然科学基金委员会管理科学部遴选的管理刊物所发表的文献多为研究管理的理论概念。下面是对图 2 中未出现在管理期刊热词内的主要词语的解释。

“一带一路”：这个词的检索包括了“一带一路”和丝绸之路，自海上丝绸之路和丝绸之路经济带提出后，“一带一路”已成为国家政治层面和经济层面火热的主题。

对策：提出问题要有解决办法，30 种管理刊物发表的文献多为研究管理的理论，而公众关注的是解决实际问题的方法。

电子商务：当前经济领域比较火爆的热点，和互联网密切相关。

互联网金融：互联网经济已经从单纯的买卖走向全面介入民众生活，理财、PPP、P2P 等概念火热，但随之而来的信息安全、新型庞氏骗局等问题也对社会造成了严重的负面影响。

大数据：大数据本是个纯粹的 IT 技术概念，但被应用到管理实践上后爆发出了惊人的力量，社会正在因大数据的应用而改变。

“互联网 +”：这也是个比较新的词语，2015 年 3 月才出现，但几乎是一出现就引发了新一轮的科技、产业和社会革命。互联网的力量被进一步应用到社会的各个层面，引发传统行业的进一步变革。

经济发展：公众更关注的实际问题。

新常态：人类经济认识肯定—否定—否定之否定螺旋式上升的结晶，是“习氏热词”之一。

“营改增”：营业税改增值税是当前经济热点，减少营业税重复征收，降低企业负担，提升企业活力是推进经济改革的重大手段。

中小企业：中小企业是社会经济的主要组成部分，是实施“大众创业、万众创新”的重要载体，在增加就业、促进经济增长、科技创新与社会和谐稳定等方面具有不可替代的作用，对国民经济和社会发展具有重要的战略意义。

跨境电商：2015 年后，随着“互联网 +”时代的来临，跨境电商已经站到了资本市场的风口上。以跨境电商为代表的新型贸易近年来的发展脚步正在逐渐加快，并有望成为中国贸易乃至整个经济的全新增长引擎。

PPP：政府和社会资本合作，以市场竞争的方式提供服务，主要集中在纯公共领域、准公共领域。PPP 不仅是一种融资手段，而且是一次体制机制变革，涉及行政体制改革、财政体制改革、投融资体制改革。

结构性改革：当前经济形势严峻，2015 年钢铁、有色等产业遭遇严重亏损。习近平总书记提出了“供给侧结构性改革”概念：“在适度扩大总需求的同时，着力加强供给侧结构性改革，着力提高供给体系质量和效率，增强经济持续增长动力。”

3. 博硕论文热词统计结果

对 2015～2016 年每月热点采样文献中提取的 2808 篇博硕学位论文进行关键词统计，总计获得关键词 11233 条，其中非重复词语共 6412 条，进行词频统计、关键词筛选、归并后取排名前列的词语再进行相关论文篇幅统计，获得博硕论文热词排名（见图 3）。

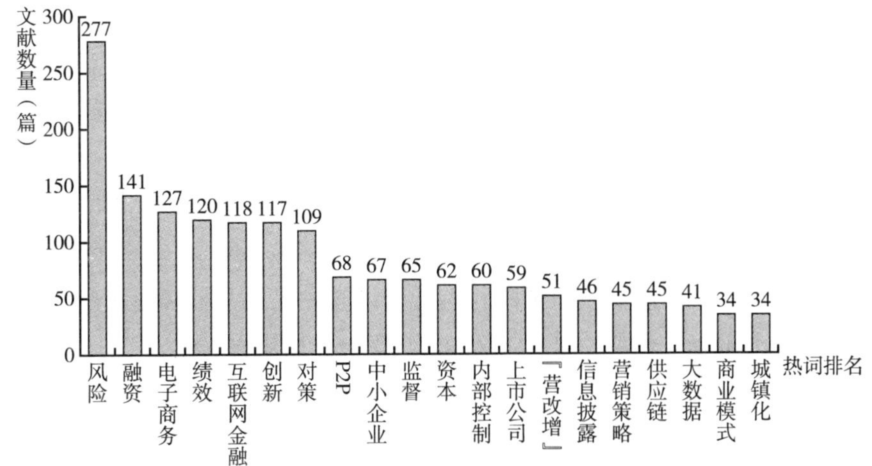

图 3　2015～2016 年管理领域博硕论文关注热词排名

数据来源：管理领域高关注度文献采样，时间：2015 年 1 月至 2016 年 8 月。

从学位论文热词排名可以看出，学位论文更关注金融类词语，例如互联网金融、融资、电子商务、P2P 等；“互联网＋”“一带一路”等词语因为新词出现较晚的原因未入排名前列。创新在学位论文里出现的次数相对较少，管理理论化色彩强的词语如博弈、信任、案例研究、公司治理、社会网络等也未排入前列。

（三）论文作者和合著情况

通过对国家自然科学基金委员会管理科学部遴选的 30 种期刊2015～2016 年发表的 7195 篇文献的作者进行统计，获得文献合著情况，见表 2。

表 2　2015～2016 年管理科学领域文献合著情况

作者人数	文章数	占比(%)
1	886	12.31
2	2598	36.11
3	2575	35.79
4	895	12.44
5	197	2.74
6	29	0.40
6 人以上	15	0.21

数据来源：国家自然科学基金委员会管理科学部遴选的 30 种管理期刊，总计 7195 篇文献。

30 种管理刊物发表的文献以 2～3 人合著比例最高，其次是四人合著和个人作者，5 人及以上的比例较低。

对 7195 篇文献的第一作者进行统计，以其发表的文献数量为统计，做出排名前 10 的学者情况，见表 3（相同排名以姓名拼音为序）。

表 3　国家自然科学基金委员会管理科学部遴选的 30 种管理期刊 2015～2016 年作者排名前 10

排名	姓名	院校	文献数量(篇)	主要研究领域
1	苏敬勤	大连理工大学管理学院院长	第一作者 10 第二及其他 6	技术管理 区域经济与可持续发展
2	李维安	天津财经大学校长,教授 南开大学中国公司治理研究院院长	第一作者 10 第二及其他 3	公司治理 网络组织
3	曹霞	哈尔滨工程大学经济管理学院 副教授,硕士生导师	第一作者 10 第二作者 2	技术创新管理
4	曾德明	湖南大学工商管理学院 教授,博士生导师	第一作者 10 第二作者 2	企业知识与技术创新管理
5	林润辉	南开大学商学院 教授,博士生导师	第一作者 9 第二作者 3	网络组织与治理 技术与创新管理
6	刘云	北京理工大学管理与经济学院 教授,博士生导师	第一作者 8 第二作者 4	科技评价理论与方法 科技政策与战略
7	李建标	南开大学中国公司治理研究院 教授,博士生导师	第一作者 7 其他 1	实验经济学与公司治理

续表

排名	姓名	院校	文献数量（篇）	主要研究领域
8	张国兴	兰州大学管理学院战略与绩效管理研究所副所长，教授	第一作者 7	资源与环境管理 供应链管理
9	赵炎	上海大学管理学院 管理科学与工程系副教授	第一作者 7	技术创新与技术转移 联盟和集群网络的创新
10	迟国泰	大连理工大学管理与经济学部 教授，博士生导师	第一作者 6 第二及其他 6	商业银行、期货交易的风险 管理决策理论与模型 金融数学与金融工程

（四）热点研究领域相关高校和地区的活跃度统计

从国家自然科学基金委员会管理科学部遴选的 30 种管理期刊 2015 ~ 2016 年发表的 7195 篇文献中，筛选出第一作者所属单位为全国普通高等学校的名单，并按照名单进行排序、统计等，获得识别出院校的文献一共 6557 篇。对这些院校和院校所属地区进行排名统计，西安交通大学超过上一年度排名第一的大连理工大学成为榜首，南开大学前进一位成为第三。地区统计结果中，北京以 974 篇文献继续排名第一，上海前进一位排名第二，江苏下降到第三，整体来看与 2015 年相比地区排名变化不大，前 20 名只在排名顺序上有所变化。

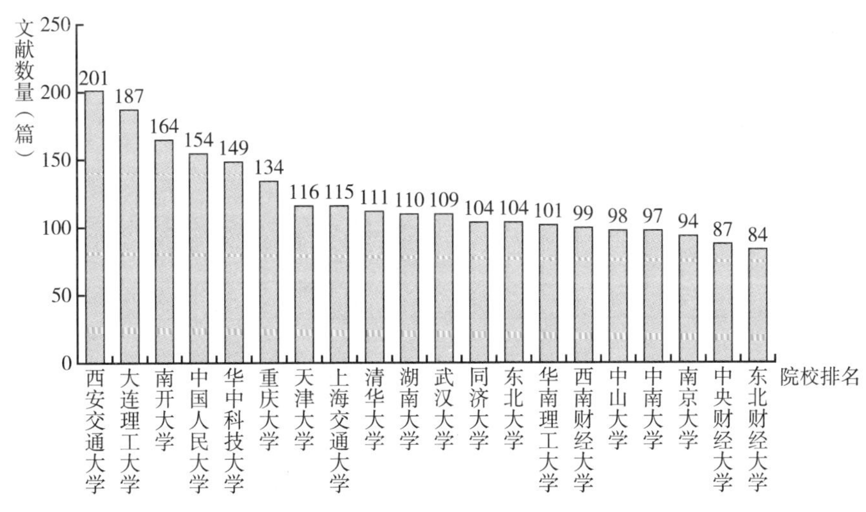

图 4　2015 ~ 2016 年管理领域高校文献排名

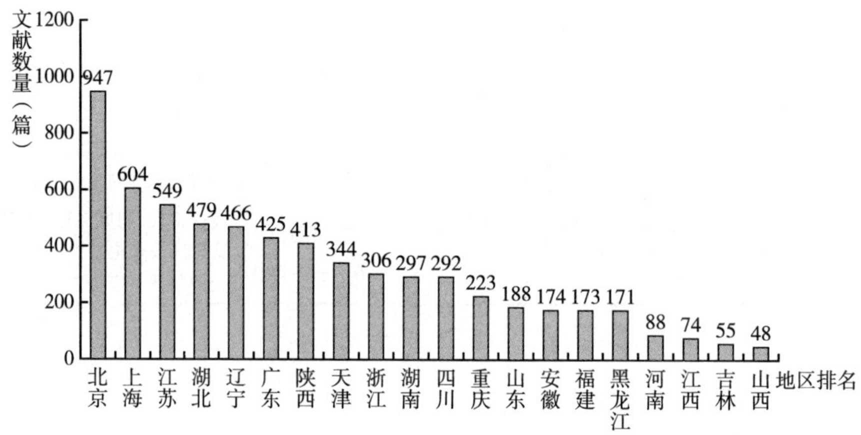

图5　2015～2016年管理领域各省市文献排名

课题组采集了2015～2016年发表的36291篇高关注度文献，对这些文献进行院校识别后获得院校发表的文献一共24996篇。其中中国人民大学以832篇排名榜首，北京大学、武汉大学、清华大学等排名第二到四位。院校排名见图6。

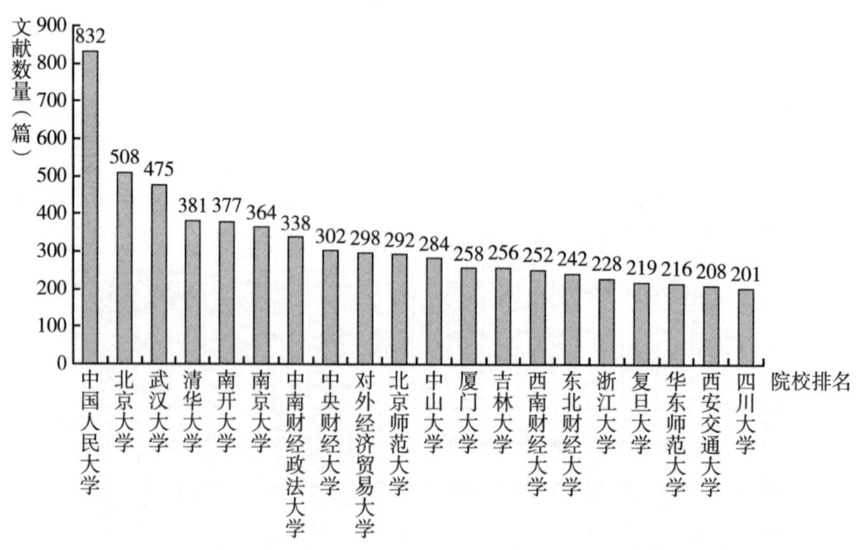

图6　2015～2016年管理领域高校刊物发表文献数量排名

依据院校所在地做出的地区排名如图 7。

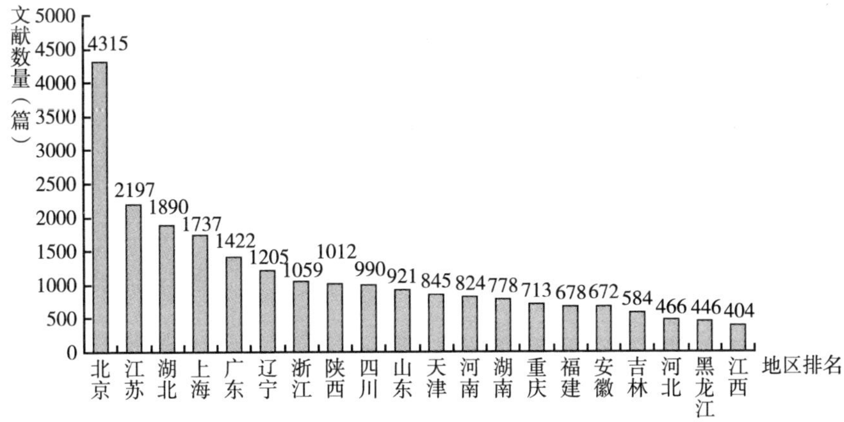

图 7　2015～2016 年管理领域发表热点文献数量按地区排名

北京以总计 4315 篇排名榜首，超过第二名江苏近一倍。湖北排名第三，上海、广东、辽宁、浙江排名第四到七位。和蓝皮书 2015 年统计结果做对比，湖北、广东都有所上升，河南从第 19 位上升到第 12 位升幅第一，吉林跌幅最大，从第 11 位跌到了第 17 位。

（五）管理科学各主要领域发展情况

管理科学是位于自然科学和社会科学之间的一门交叉科学，研究内容除了自然科学、工程技术的管理问题之外，还以自然科学和工程技术中的研究方法研究社会经济发展中的管理问题。管理科学被划分为三大学科，包括：管理科学与工程学科、工商管理学科和宏观管理与政策学科。本部分通过专家调查所确定的研究领域、重点方向和关键词语，在知网上进行文献统计与分析。数据统计时间范围为 2014 年、2015 年和 2016 年 1～8 月。

管理科学与工程学科主要以技术型学科为主，最受瞩目的领域为信息技术与管理。信息技术与管理、电子商务和风险管理三大领域的论文数量远超其他领域，整个学科论文数量 2015 年比 2014 年增加了 4.5%。

表 4 2014～2016 年管理科学与工程学科各领域论文发表数量

序号	领域	2014 年	2015 年	2016 年	合计
1	信息技术与管理	49907	52718	27978	130603
2	电子商务	13633	16735	8338	38706
3	风险管理	14612	13546	6488	34646
4	评估理论与方法	5546	5244	2242	13032
5	服务管理	3437	3698	1997	9132
6	供应链管理	2236	1950	779	4965
7	知识管理	1776	1537	703	4016
8	管理中的运筹与优化方法	1381	1466	774	3621
9	预测理论与技术	801	786	290	1877
10	决策理论与技术	619	568	220	1407
11	基于行为的管理理论	456	459	219	1134
12	工业工程	465	416	168	1049
13	交通运输管理	178	215	127	520
14	金融工程	179	186	95	460
15	对策理论与方法	173	156	72	401
16	管理系统工程理论与方法	29	38	14	81
合计		95428	99718	50504	245650

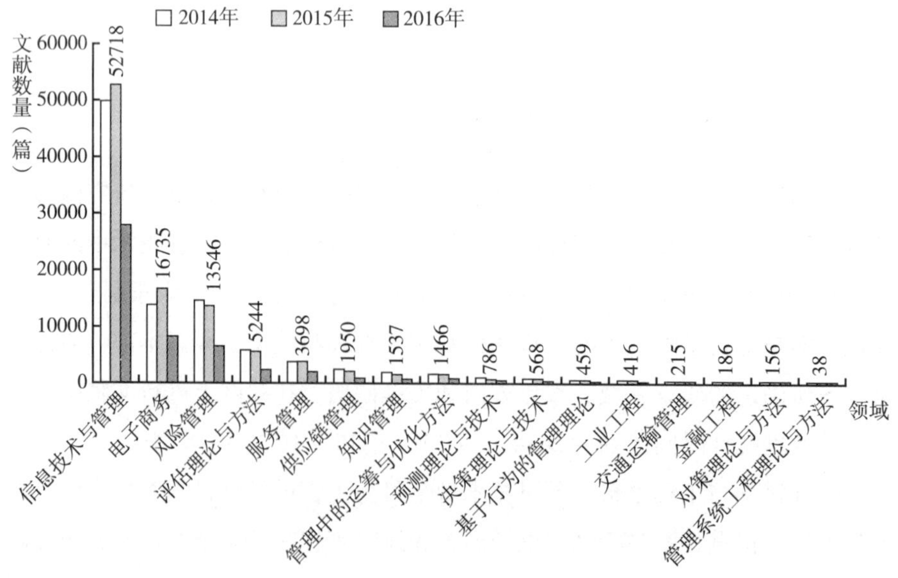

图 8 2014～2016 年管理科学与工程学科各领域论文发表数量

工商管理学科以企业和市场行为研究为主。最受关注的领域是服务和创新的管理。论文数量2015年同2014年比略有下降，幅度为7%。

表5　2014~2016年工商管理学科各领域论文发表数量

序号	领域	2014年	2015年	2016年	合计
1	服务管理	61931	59170	26449	147550
2	创新管理	49820	47684	23121	120625
3	项目管理	43084	40574	19038	102696
4	企业理论	39966	35305	12035	87306
5	战略管理	22185	20480	8441	51106
6	人力资源管理	17509	16575	7430	41514
7	企业信息管理	17067	14886	5820	37773
8	市场营销	15381	14110	6020	35511
9	运作管理	7704	6627	2434	16765
10	物流与供应链	2029	1829	796	4654
11	会计与审计	1478	1545	698	3721
12	组织行为与组织文化	1680	1543	465	3688
13	非营利组织管理	517	474	156	1147
14	创业与中小企业管理	125	133	59	317
15	公司理财与财务管理	66	51	18	135
合计		280542	260986	112980	654508

宏观管理与政策学科从社会层面关注相关领域的管理问题。教育和就业问题是最受关注的领域。2015年论文发表量与2014年比下降5.5%。

表6　2014~2016年宏观管理与政策学科各领域论文发表数量

序号	领域	2014年	2015年	2016年	合计
1	教育管理与政策	62521	61840	30361	154722
2	劳动就业与社会保障	46454	44126	19668	110248
3	科技管理与科技政策	26816	24736	11486	63038
4	金融管理与政策	25468	22462	9682	57612
5	资源环境政策与管理	21661	19347	6345	47353
6	图书情报档案管理	14684	14716	8044	37444
7	农林经济管理	5009	4517	2034	11560
8	公共管理与公共政策	4892	4556	1988	11436
9	城镇与区域发展管理	4014	3442	1346	8802
10	医疗卫生管理与政策	2926	3172	1408	7506
11	宏观经济战略管理	1162	877	255	2294
合计		215607	203791	92617	512015

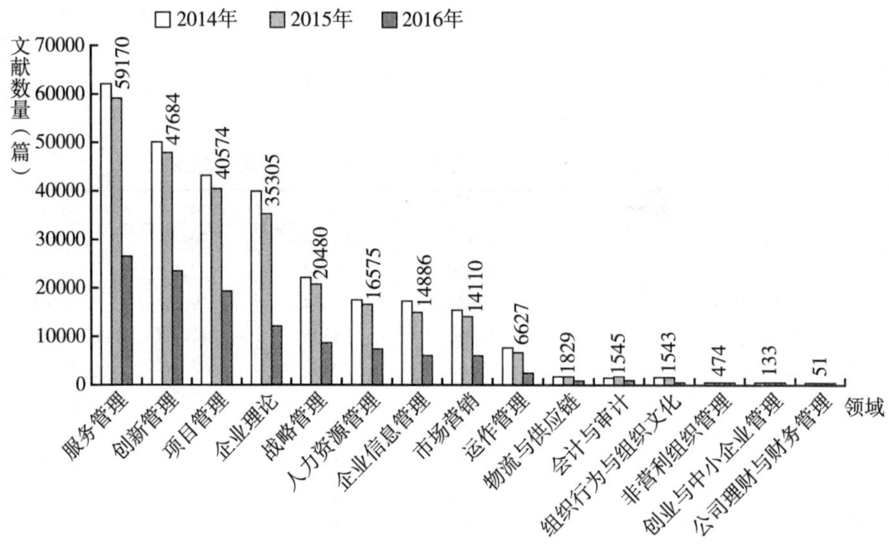

图 9　2014～2016 年工商管理学科各领域论文发表数量

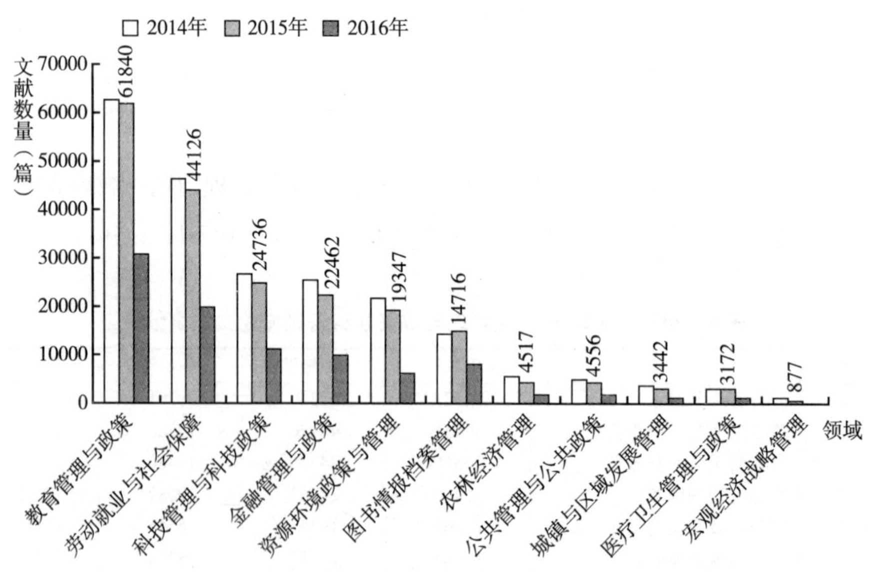

图 10　2014～2016 年宏观管理与政策学科各领域论文发表数量

（六）近五年国家自然科学基金资助情况

国家自然科学基金资助体系主要分为面上项目、青年科学基金和地区科学基金项目三大类。管理科学类的项目资助由管理科学部负责。我们根据国家自然科学基金委员会网站公布的数据，对近5年（2011～2015年）的管理学科类项目资助情况进行了统计和分析。

1. 近五年项目申请的数量情况

如图11所示，2015年管理科学部资助项目申请总数较2014年有所上升，但低于2011～2013年水平。2011～2015年期间，分类项目中，面上项目申请数最多，变化幅度比青年科学基金和地区科学基金明显，申请总数的变化主要取决于面上项目的变化。子学科领域中，宏观管理与政策申请数最多，三个子学科的变化趋势基本相似。

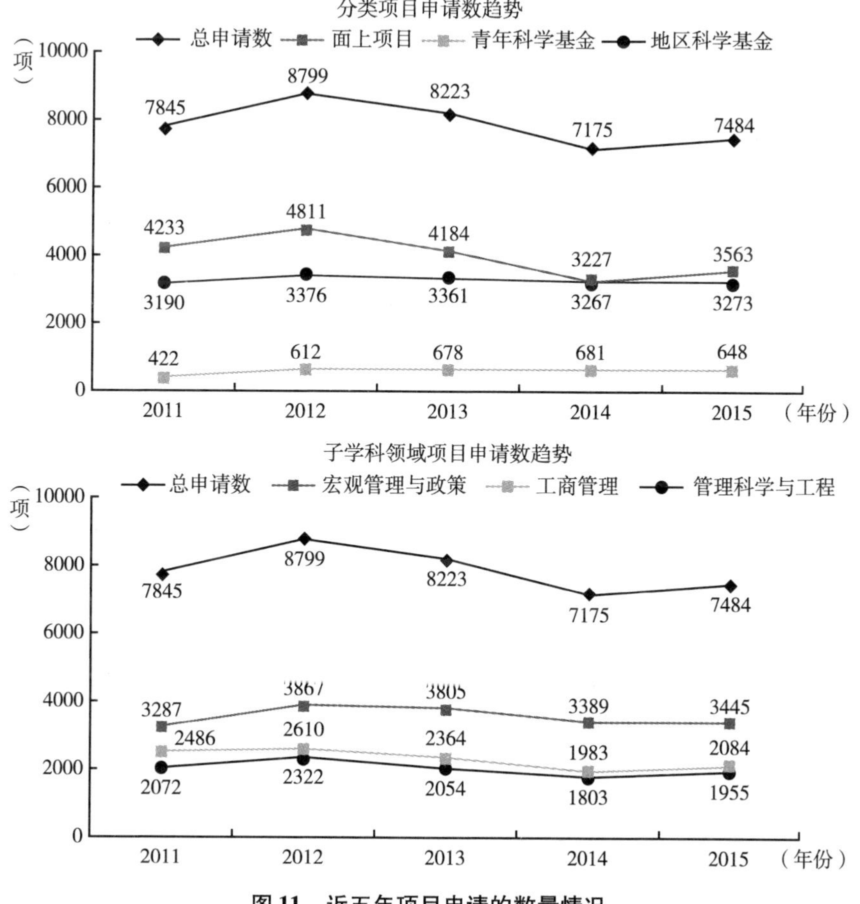

图11　近五年项目申请的数量情况

2. 2011 ~2015年管理科学部资助项目和金额变化趋势

管理科学部近年来资助项目和金额的变化趋势如图 12 所示，a、b 为按项目类型显示，c、d 为按管理学科子领域显示，a、c 为项目数，b、d 为金额统计。

2015 年全年资助项目总数为 1500 项，自 2012 年较大幅度上升后几乎一直处于持平状态。2015 年全年资助总金额为 4.92 亿元，是五年中一次较大幅度的下降。与 2014 年相比，2015 年分类项目总数和子学科领域项目总数有小幅度增加，而各分类项目金额和子学科领域金额均呈下降趋势。

2011 ~2015 年，管理科学部资助中，面上项目数和面上项目金额最多，宏观管理与政策项目数和金额最多。

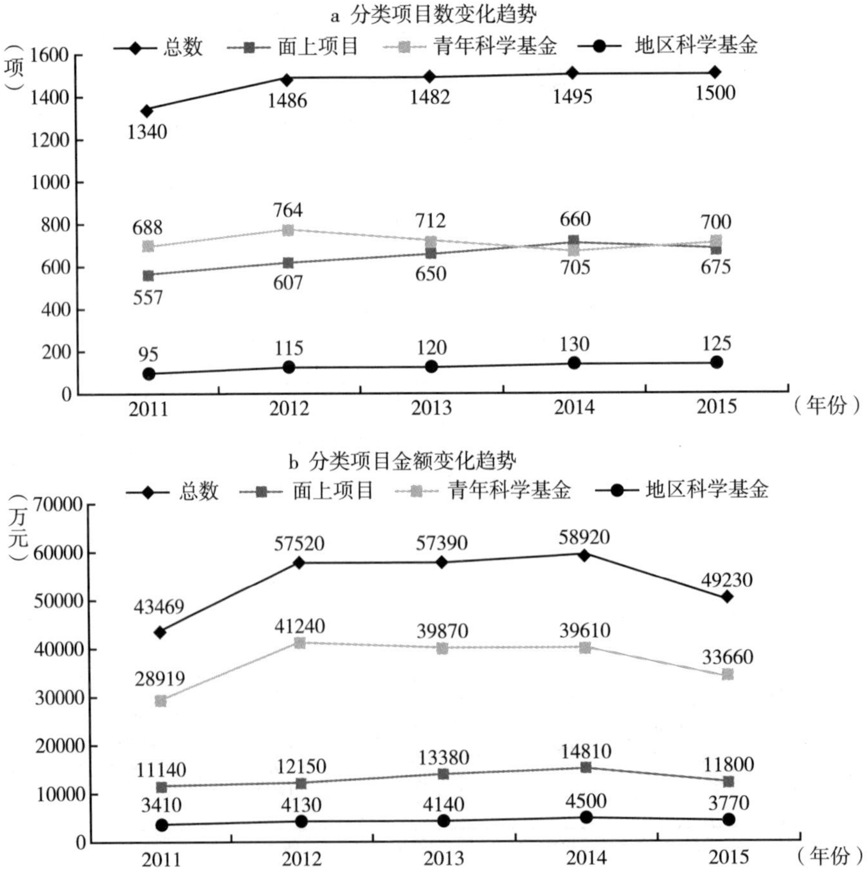

a 分类项目数变化趋势

总数　面上项目　青年科学基金　地区科学基金

（项）

1600
1400
1200
1000
800
600
400
200
0

1340　1486　1482　1495　1500

688　764　712　660　700

557　607　650　705　675

95　115　120　130　125

2011　2012　2013　2014　2015　（年份）

b 分类项目金额变化趋势

总数　面上项目　青年科学基金　地区科学基金

（万元）

70000
60000
50000
40000
30000
20000
10000
0

43469　57520　57390　58920　49230

28919　41240　39870　39610　33660

11140　12150　13380　14810　11800

3410　4130　4140　4500　3770

2011　2012　2013　2014　2015　（年份）

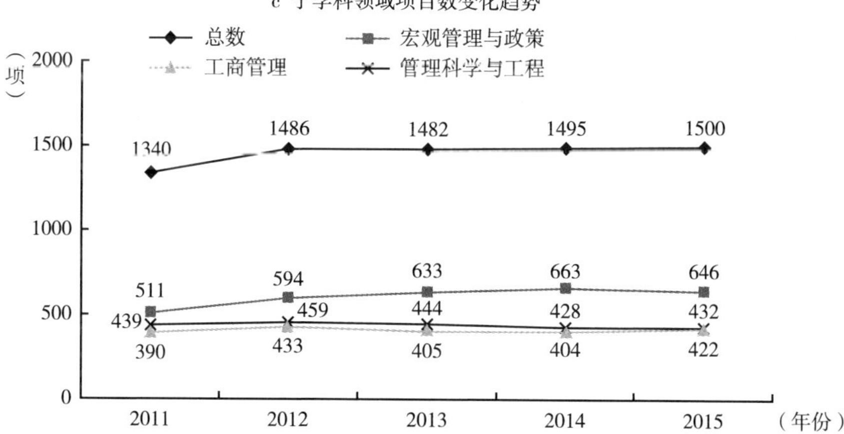

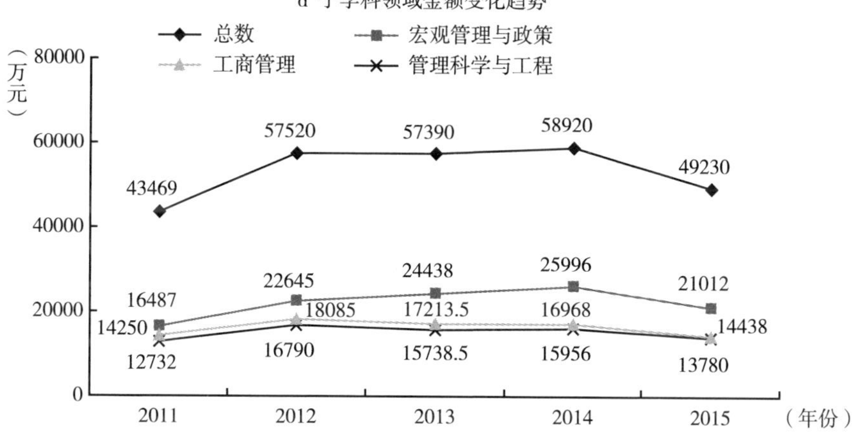

图 12　2011～2015 年管理科学部资助项目和金额变化趋势

3. 2014～2015年管理科学部资助项目和金额统计

根据国家自然科学基金委员会管理科学部的管理学科体系，管理学科又分为管理科学与工程、工商管理及宏观管理与政策等三大子学科。图 13 为 2014 年和 2015 年管理科学部资助项目和金额对比图。a、b 为按照分类的统计，c、d 为按照子学科的统计，a、c 为项目数统计，b、d 为金额统计。

a 分类项目数统计

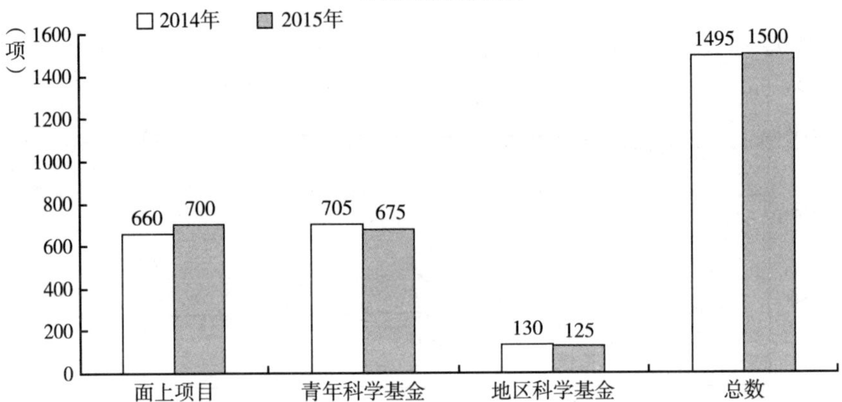

b 分类金额统计

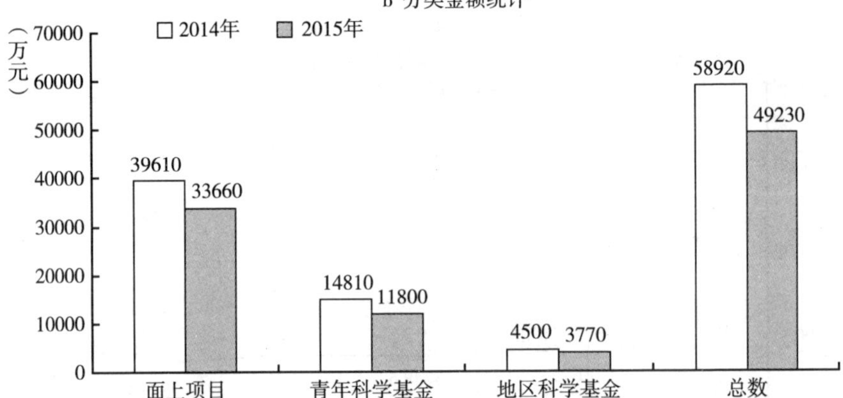

c 子学科项目数统计

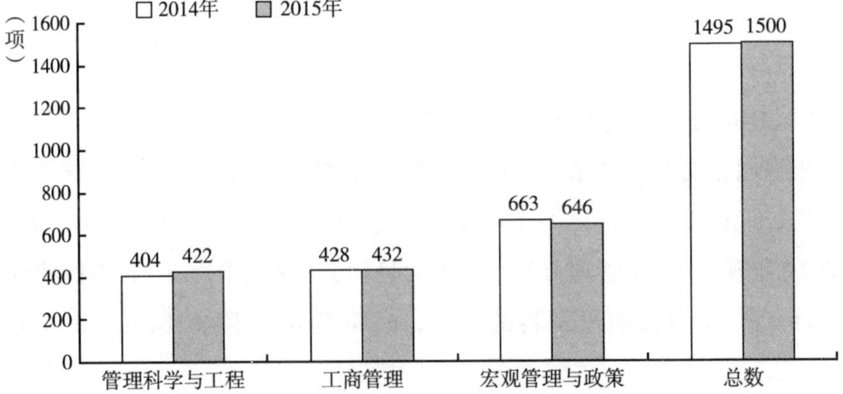

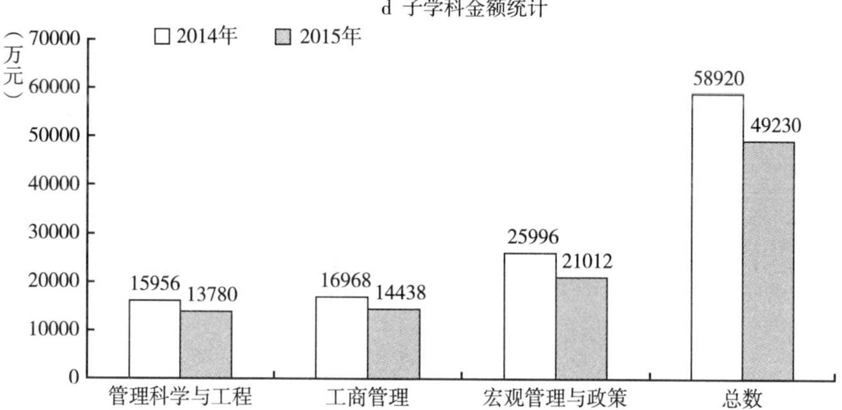

图 13　2014 年和 2015 年管理科学部资助项目和金额统计图

4. 2015年管理科学部资助项目和金额比重分析

按照类别和学科的资助比例对比见图 14，a、b 为项目分类对比图，c、d 为子学科对比图，a、c 为项目数对比，b、d 为金额对比。从图上来看，分类项目数和金额的百分比差异比较大，而子学科项目数和金额的百分比差异比较小。分类项目中面上项目数和金额最多，子学科中宏观管理与政策项目数和金额最多。

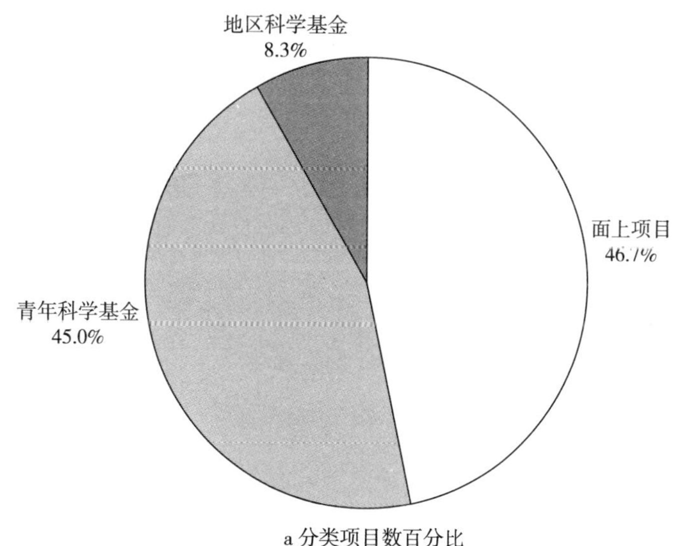

a 分类项目数百分比

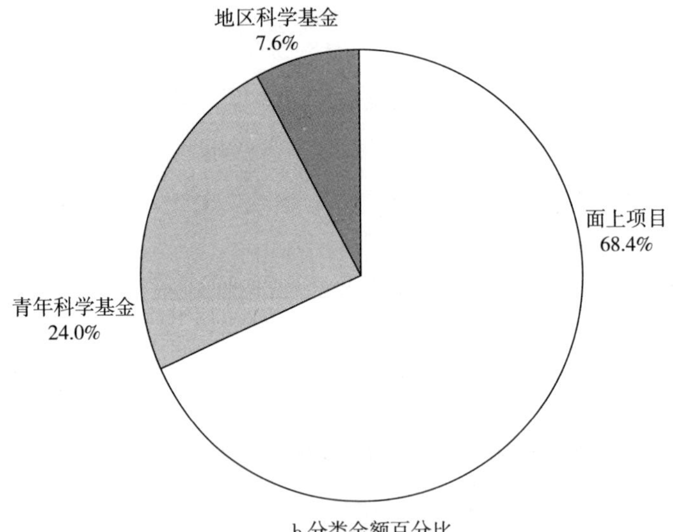

b 分类金额百分比

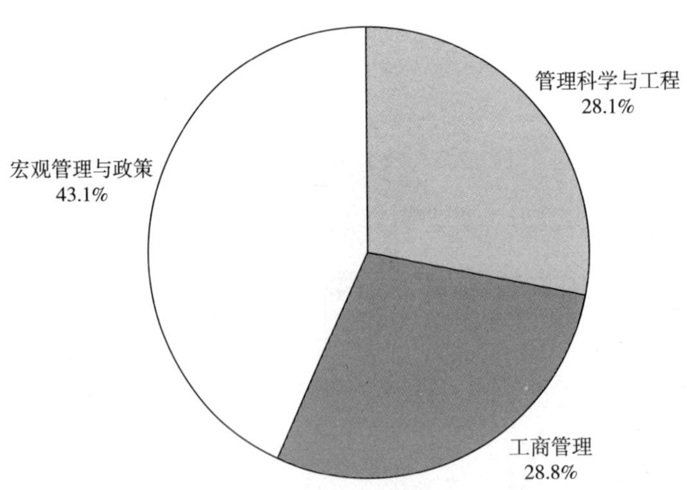

c 子学科项目数百分比

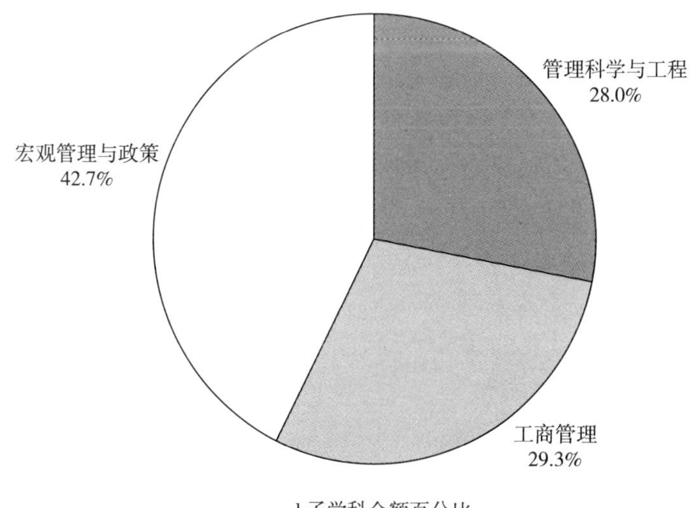

d 子学科金额百分比

图 14　2015 年管理科学部资助项目和金额百分比

5. 2015年项目类型和管理子学科领域的双环图对比

图 15 为 2015 年项目类型和管理子学科领域的双环图对比，a、b 内环为资助类型，外环为管理学科三大子领域。c、d 内环为子领域，外环为资助类型。a、c 为项目数比例，b、d 为金额比例。

（七）国内院校相关管理类活动情况

鉴于管理学科建设情况、学校影响力和区域等因素，我们重点从中国著名商学院、985/211 院校及国家学术机构等选取了部分代表性的作为主要调研对象。其中，由于管理学科在院校中主要分布在管理学院、经济学院及经管学院等，所以针对 985/211 院校，我们主要调研了各大院校的管理学院、经济学院及经管学院等举办的和管理相关的活动。表 7 是此次调研的院校。

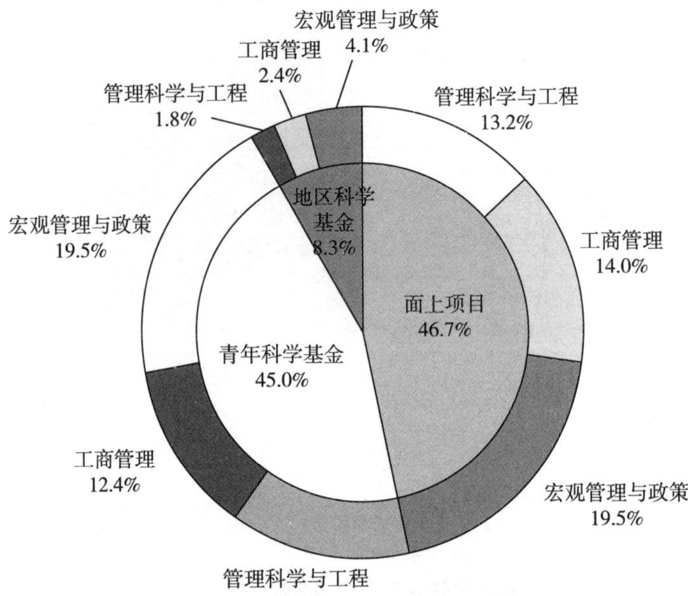
a 项目类型-子学科领域项目数百分比
宏观管理与政策
4.1%
工商管理
2.4%
管理科学与工程
1.8%
管理科学与工程
13.2%
地区科学
基金
8.3%
宏观管理与政策
19.5%
工商管理
14.0%
面上项目
46.7%
青年科学基金
45.0%
工商管理
12.4%
宏观管理与政策
19.5%
管理科学与工程
13.1%

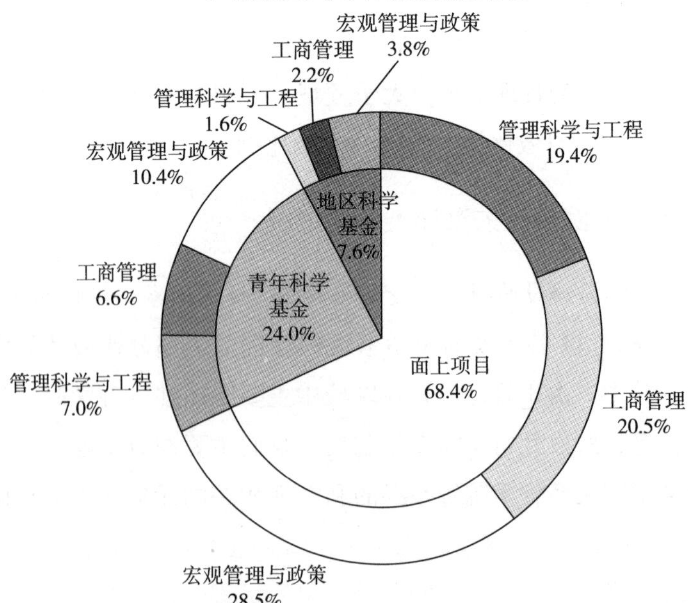
b 项目类型-子学科领域金额百分比
宏观管理与政策
3.8%
工商管理
2.2%
管理科学与工程
1.6%
管理科学与工程
19.4%
宏观管理与政策
10.4%
地区科学
基金
7.6%
工商管理
6.6%
青年科学
基金
24.0%
面上项目
68.4%
管理科学与工程
7.0%
工商管理
20.5%
宏观管理与政策
28.5%

c 子学科领域-项目类型项目数百分比

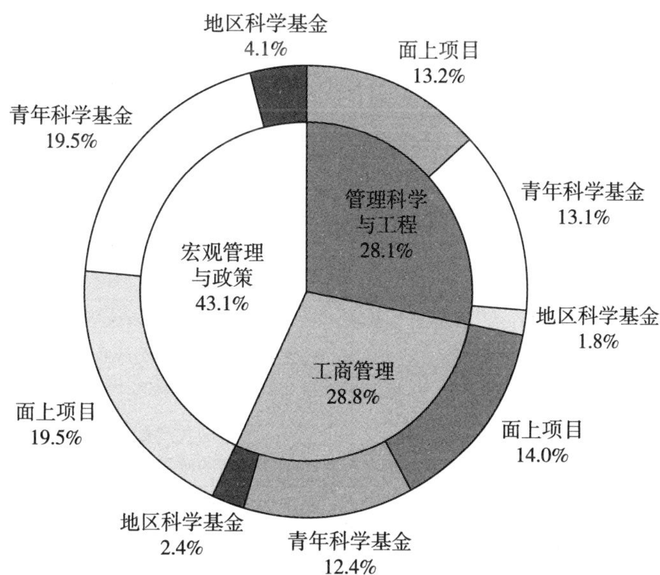

d 子学科领域-项目类型金额百分比

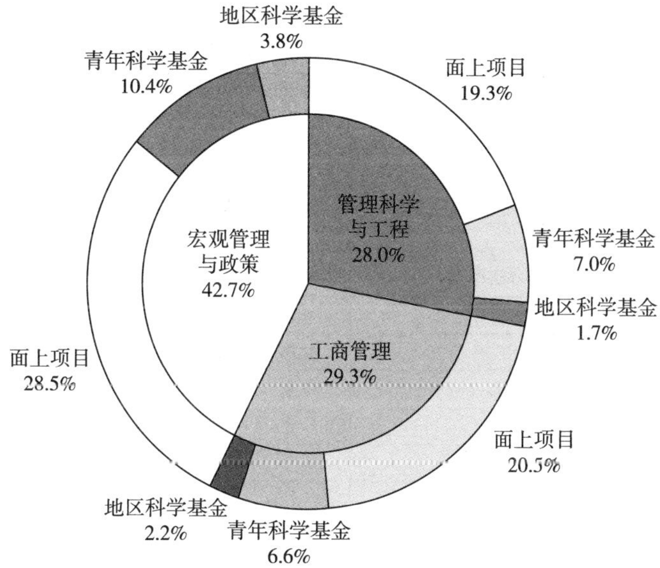

图 15　2015 年管理科学部资助项目和金额双环图对比

表 7 调研院校汇总

序号	院校	地区	办学级别
1	中国科学院	北京	中国自然科学最高学术机构、科学技术最高咨询机构
2	中国社会科学院	北京	中国哲学社会科学研究的最高学术机构和综合研究中心
3	国务院发展研究中心	北京	直属国务院的政策研究和咨询机构
4	中共中央党校	北京	培训中国共产党的高中级领导干部和马克思主义理论干部的最高学府
5	国家行政学院	北京	培训高、中级国家公务员的新型学府和培养高层次行政管理及政策研究人才的重要基地
6	中央社会主义学院	北京	中国共产党创办并领导的统一战线性质的政治学院
7	国防大学	北京	中国最高军事学府
8	中欧国际工商学院	上海	知名管理(商)学院
9	长江商学院	北京	知名管理(商)学院
10	北京大学国家发展研究院 BiMBA 商学院	北京	知名管理(商)学院
11	香港科技大学工商管理学院	香港	知名管理(商)学院
12	香港中文大学工商管理学院	香港	知名管理(商)学院
13	中国科技大学商学院	安徽	985
14	清华大学经济管理学院	北京	985
15	北京大学光华管理学院	北京	985
16	中国人民大学商学院	北京	985
17	北京理工大学管理与经济学院	北京	985
18	厦门大学管理学院	福建	985
19	兰州大学管理学院	甘肃	985
20	中山大学岭南(大学)学院 MBA 中心	广东	985
21	中山大学管理学院	广东	985
22	华南理工大学工商管理学院	广东	985
23	哈尔滨工业大学管理学院	黑龙江	985
24	武汉大学经济与管理学院	湖北	985
25	华中科技大学管理学院	湖北	985
26	湖南大学工商管理学院	湖南	985
27	南京大学商学院	江苏	985

续表

序号	院校	地区	办学级别
28	东南大学经济管理学院	江苏	985
29	东北大学工商管理学院	辽宁	985
30	大连理工大学管理学院	辽宁	985
31	山东大学经济管理学院	山东	985
32	西安交通大学管理学院	陕西	985
33	西北农林科技大学经济管理学院	陕西	985
34	复旦大学管理学院	上海	985
35	上海交通大学安泰经济与管理学院	上海	985
36	同济大学经济与管理学院	上海	985
37	华东师范大学经济与管理学部	上海	985
38	电子科技大学商学院	四川	985
39	四川大学商学院	四川	985
40	南开大学国际商学院	天津	985
41	天津大学管理学院	天津	985
42	浙江大学管理学院	浙江	985
43	重庆大学经济与工商管理学院	重庆	985
44	北京交通大学经济管理学院	北京	211
45	中国矿业大学管理学院	北京	211
46	北京科技大学东凌经济管理学院	北京	211
47	中央财经大学商学院	北京	211
48	福州大学经济与管理学院	福建	211
49	暨南大学管理学院	广东	211
50	中南财经政法大学工商管理学院	湖北	211
51	武汉理工大学管理学院	湖北	211
52	南京农业大学经济管理学院	江苏	211
53	河海大学商学院	江苏	211
54	辽宁大学商学院	辽宁	211
55	华东理工大学工商经济学院	上海	211
56	上海财经大学商学院	上海	211
57	西南财经大学工商管理学院	四川	211
58	西南交通大学经济管理学院	四川	211

1. 管理学科相关领域的活动比重分析

根据国家自然科学基金委员会管理科学部的管理学科体系，目前我国管理学学科主要分为管理科学与工程、工商管理及宏观管理与政策三大子学科。通过对上述58所院校和学术机构举办的与管理相关的论坛、讲座、研讨会和学术活动等（以下简称“活动”）进行调查，我们统计出相关活动合计1696次，数据统计时间范围为2015年1月至2016年6月。

如图16所示，按照管理科学三大子学科对调研信息进行细分后，得出三大子学科各自的活动比重。工商管理类活动举办得最多，其次是宏观管理与政策。

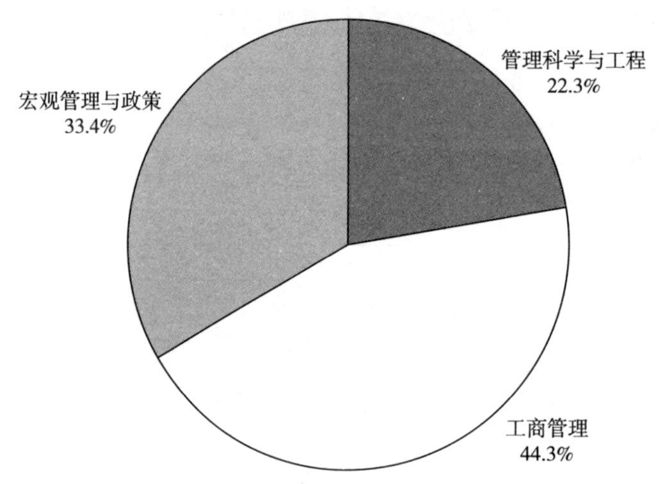

图16　管理学科相关领域的活动比重

2. 管理学科相关领域的活动主题分析

我们对举办次数在4次以上的与管理相关的活动进行了统计。

工商管理学科主要以企业和市场行为研究为主。最受关注的领域是创新管理和市场营销，其次依次是会计与审计、人力资源管理、创业与中小企业管理、战略管理、公司理财与财务管理、组织行为与组织文化、物流与供应链等。

宏观管理与政策学科从国家和社会层面关注相关领域的管理问题。宏观经济战略与管理和公共管理与公共政策是最受关注的领域。其次依次是资源环境政策与管理、金融管理与政策、农林经济管理、城镇与区域发展管理、科技管理与科技政策等。

宏观经济战略与管理中，“新常态”“一带一路”“供给侧结构性改革”“工业4.0与产业转型”和“创新”等成为热点。公共管理与公共政策中，

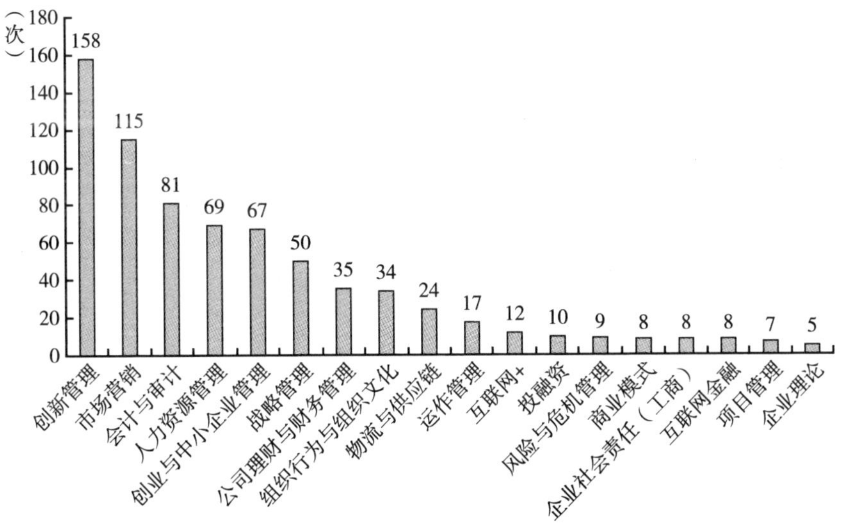

图 17　工商管理学科领域活动主题排名

“（财政）体制改革”“国家/地方/社会治理现代化”“简政放权”“PPP 模式”等是热议话题。

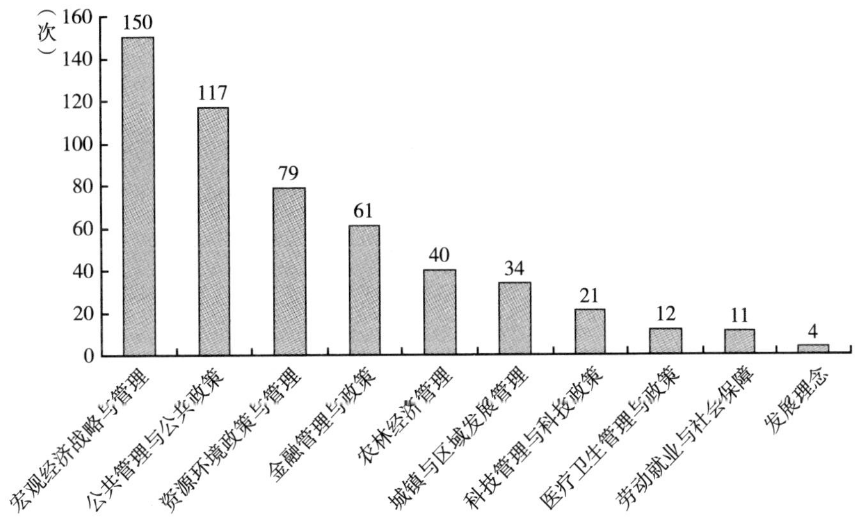

图 18　宏观管理与政策领域活动主题排名

管理科学与工程学科主要研究管理理论、方法和工具。其中信息技术与管理和供应链管理最受瞩目。其次依次是金融工程、决策理论与技术、电子商务、工业工程、风险管理、对策理论与方法、交通运输管理理论等。

信息技术与管理中“大数据”“互联网”和“互联网 +”成为主要话题。金融工程中“互联网金融”“金融创新”占主要部分。

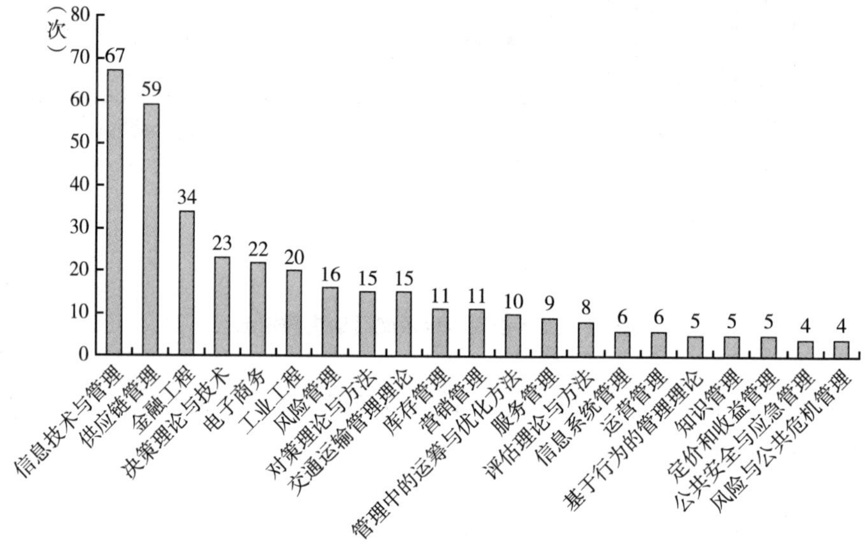

图 19　管理科学与工程领域活动主题排名

三　管理实践及学术奖项分析

（一）概述

为了推动企业管理现代化，总结、推广企业管理创新经验，我国各级政府、企业界、学术界以及媒体，设立了许多管理奖项、基金来促进我国企业管理创新。我国管理奖项的评定也充分反映了当前国内企业管理实践成效和管理创新的热点与方向。

本文广泛选取了全国性管理奖项 13 项进行分析，详见表 8。奖项主办方已经涵盖了国内重要管理类学会、基金会、媒体、论坛，各奖项均有严格评审标准与专业评审流程，在全国范围具有极大学术、实践和社会影响力，对我国企业管理现状的反映有代表性和导向性。

表 8　管理奖项及说明

序号	奖项	主办单位	奖项说明
1	管理科学奖	中国管理科学学会	经国家科学技术奖励工作办公室批准设立。是对我国管理科学研究、管理实践，以及在管理科学推广普及工作中做出卓越贡献的机构、个人进行的表彰奖励。
2	复旦管理学奖	复旦管理学奖励基金会	成立于 2005 年。宗旨是奖励我国在管理学领域做出杰出贡献的工作者，倡导管理学理论符合中国国情，并密切与实践相结合。
3	光华工程科技奖	中国工程院	经国家科学技术奖励工作办公室批准设立。旨在对工程科技及管理领域取得突出成绩和重要贡献的我国工程师、科学家给予奖励。
4	袁宝华企业管理金奖	中国企业管理科学基金会	中国企业管理领域的最高奖项，设立于 2005 年。为表彰和奖励为中国企业管理实践作出杰出贡献的中国企业家。
5	全国企业管理现代化创新成果	中国企业联合会	起始于 1990 年，审定发布的企业管理创新成果需在管理理念、组织与制度、管理方式、管理方法和手段等方面取得成功探索，并同时具备创新性、实践性和效益性。
6	中国管理模式杰出奖	中国管理现代化研究会	旨在奖励中国境内具有杰出管理创新理念和成功实践的企业。
7	中国管理学青年奖	中国管理现代化研究会	旨在奖励在管理学领域做出突出贡献的青年工作者。
8	十大中华管理英才人物	中华管理英才论坛	起始于 2000 年，是以管理为导向，奖励管理界优秀管理人才。
9	中国管理学院奖	《北大商业评论》	旨在寻找优质管理典范，打造本土管理标杆。
10	CCTV 中国经济年度人物	中央电视台	创办于 2000 年，旨在以获奖人物为线索和载体，梳理每一年度中国经济发展的脉络与走向。
11	全国十佳企业管理案例、全国十大企业管理创新人物奖	《企业管理》	旨在表彰和鼓励一年中在企业管理领域具有创新精神，做出突出贡献和成绩的企业与个人。
12	中国管理咨询优秀案例	中国企业联合会管理咨询委员会	为总结和推广各国管理咨询行业的成功经验，鼓励和引导提高管理咨询技术水平。
13	咨询创新奖	中国科技咨询协会	奖励我国咨询领域的项目创新、管理创新、方法创新成果，提高我国咨询服务水平，推动我国科技咨询业的发展。

本文对以上各奖项近 4 年的颁奖记录进行统计分析，合计 1194 项记录①（详见表 9）。所有信息均来自各奖项主办单位、信息发布平台、出版物等。

表 9　2012 ~ 2015 年全国管理奖项颁奖记录统计

单位：项

序号	奖项	2012 年	2013 年	2014 年	2015 年	合计
1	管理科学奖	23		31		54
2	复旦管理学奖	3	4	5	5	17
3	光华工程科技奖			2		2
4	袁宝华企业管理金奖	5		3		8
5	全国企业管理现代化创新成果	197	196	186	200	779
6	中国管理模式杰出奖	7	6	10	9	32
7	十大中华管理英才人物	10	10		10	30
8	中国管理学院奖			10		10
9	中国管理学青年奖		3	3	3	9
10	CCTV 中国经济年度人物	11	11		10	32
11	全国十佳企业管理案例 全国十大企业管理创新人物奖	20	20	20		60
12	中国管理咨询优秀案例	30	30	20	29	109
13	中国科技咨询协会咨询创新奖	39		13		52
合　计		345	280	303	266	1194

（二）统计分析

1. 管理奖项颁奖数据统计分析

2012 ~ 2015 年管理奖项颁奖情况的年度数据如图 20 所示，基本保持在 300 项左右。

目前我国管理科学主要分为管理科学与工程、工商管理和宏观管理与政策三个子学科。2012 ~ 2015 年各奖项颁奖情况，在管理科学三个子学科领域统计分布如图 19 所示，获奖项目主要分布在工商管理子学科，占总体的 73%，其次为管理科学与工程子学科，占 23%，宏观管理与政策子学科仅占 4%。

① 其中管理咨询类奖项针对实施主体进行统计。部分咨询项目特定信息未公开，将不计入统计。

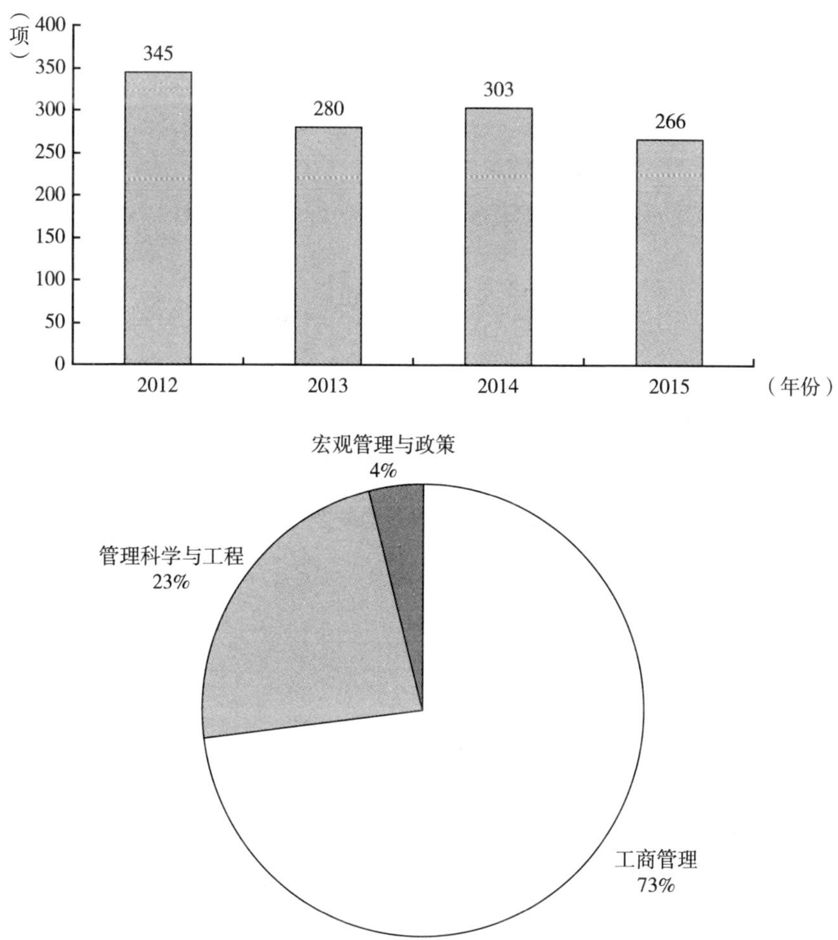

图20　2012～2015年管理奖年度分布与子学科分布情况统计

2012～2015年获奖项目单位性质百分比统计如图21所示，国企所占数量接近一半，达44.1%，央企和民营企业分别占27.3%和19.2%，三项总占比达到90%。

2012～2015年国内各管理奖项的获奖项目单位在各行业领域分布情况如图22所示，其中，电力、石油行业获奖数量远高于其他行业，居前两位。钢铁、轻工、科研行业居第三至五位。

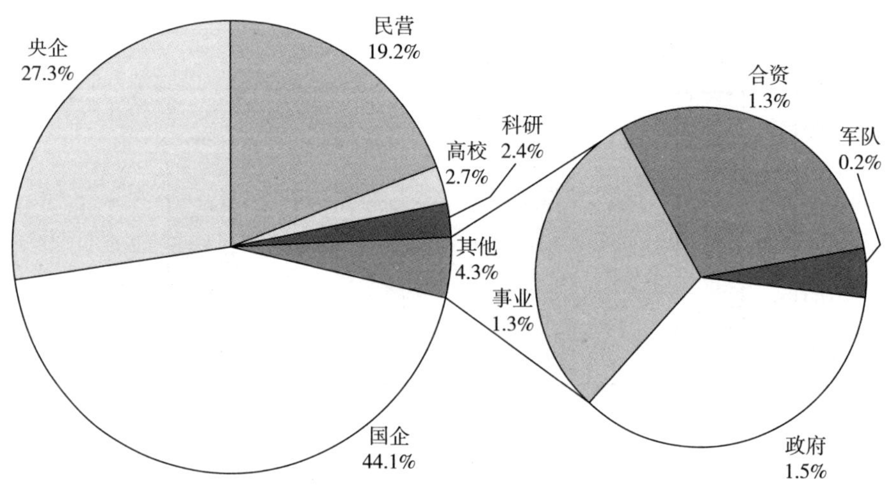

图 21　2012～2015 年获奖单位性质统计

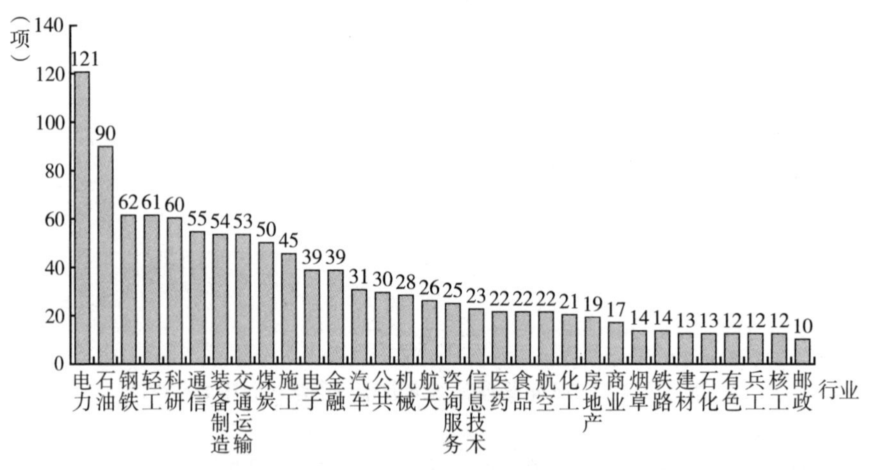

图 22　2012～2015 年管理奖项的获奖项目单位行业分布统计

2012～2015 年，我国管理奖项获奖项目单位地区分布如图 23 所示。其中，北京市获奖数量远远高于其他省市，占颁奖总量的四分之一，位居第一。前五位其他省市分别为山东、广东、江苏与浙江。

在我国管理科学三个子学科中，管理科学与工程学科主要以技术型学科

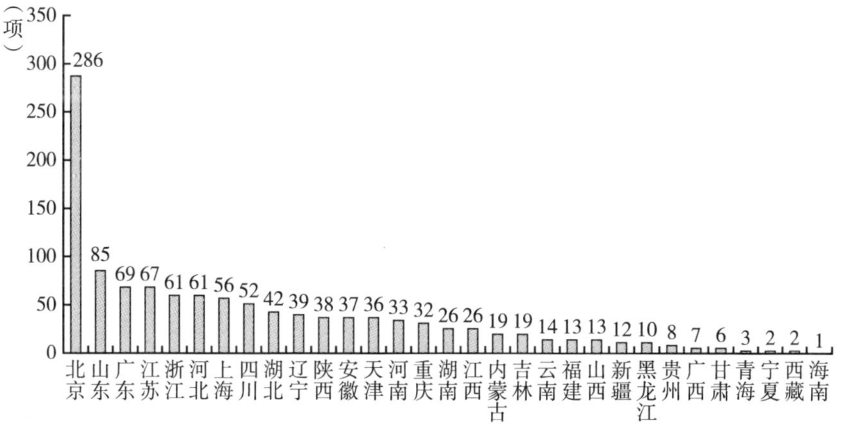

图 23　2012～2015 年管理奖项的获奖项目单位区域分布统计

为主，其获奖领域分布如图 24 所示，最受瞩目的领域为信息系统与管理。管理系统工程、风险管理技术与方法、工程管理分列第二至第四，四个领域获奖数量总和占管理科学与工程学科的 90%。

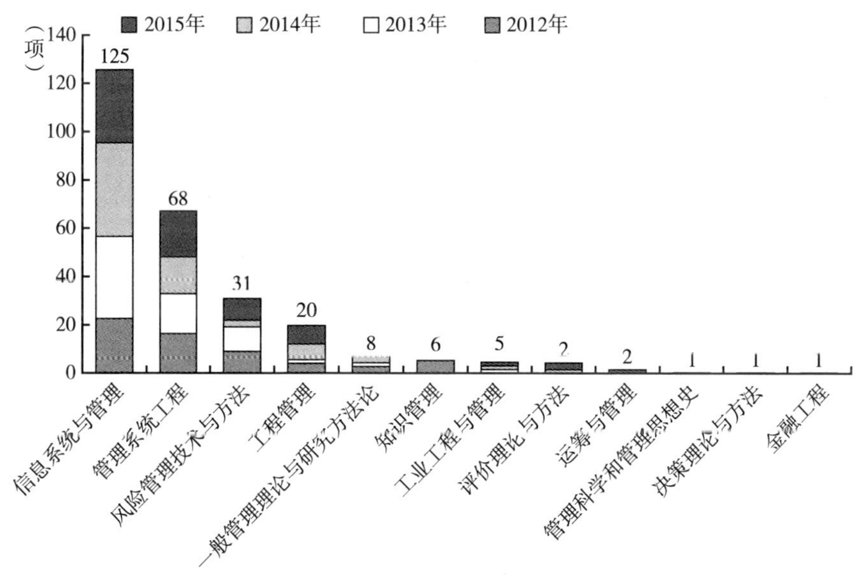

图 24　2012～2015 年管理科学与工程子学科获奖分布

工商管理学科主要以企业和市场行为研究为主，其获奖领域数量分布如图 25 所示，其中运作管理、战略管理、市场营销、人力资源管理和组织管理列居前五位。

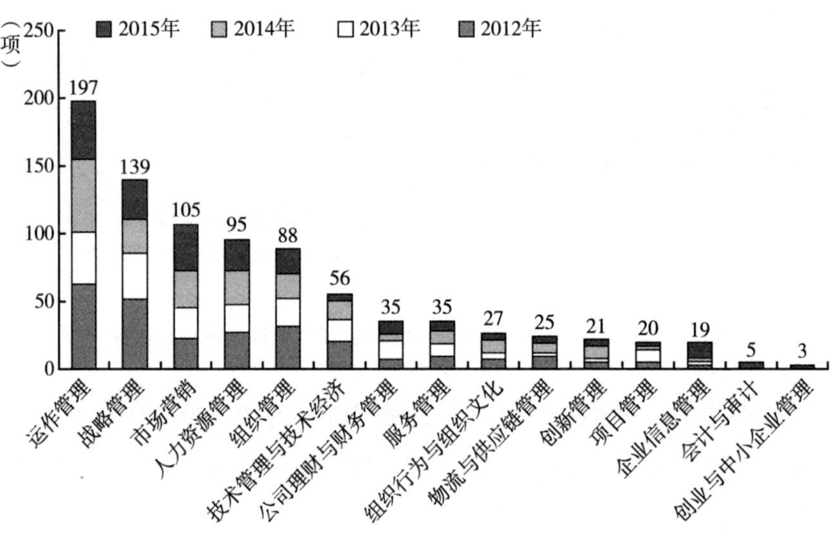

图 25　2012～2015 年工商管理子学科获奖分布

宏观管理与政策从社会层面关注相关领域的管理问题，获奖领域情况分布如图 26 所示。其中资源环境政策与管理、科技管理与政策两项遥遥领先，这也可以反映出当前管理对环境保护与发展科技创新的重视与导向。

综合三大学科，管理奖项颁奖前十位领域分布如图 27 所示。其中运作管理、战略管理、信息系统与管理、市场营销、人力资源管理、组织管理居前六位。

2. 管理奖项颁奖数据深度分析

2012～2015 年，管理科学奖项颁奖在三个子学科中 4 年间的数量变化情况如图 28 所示，基本呈持平态势。

2012～2015 年四年来，我国管理奖项颁发领域也随着时间的推移和国内经济发展而发生变化。在行业领域方面，根据所有奖项统计数据，对所有行业获奖数量进行排序，国内奖项各行业排名变化情况分布如表 10 所示。

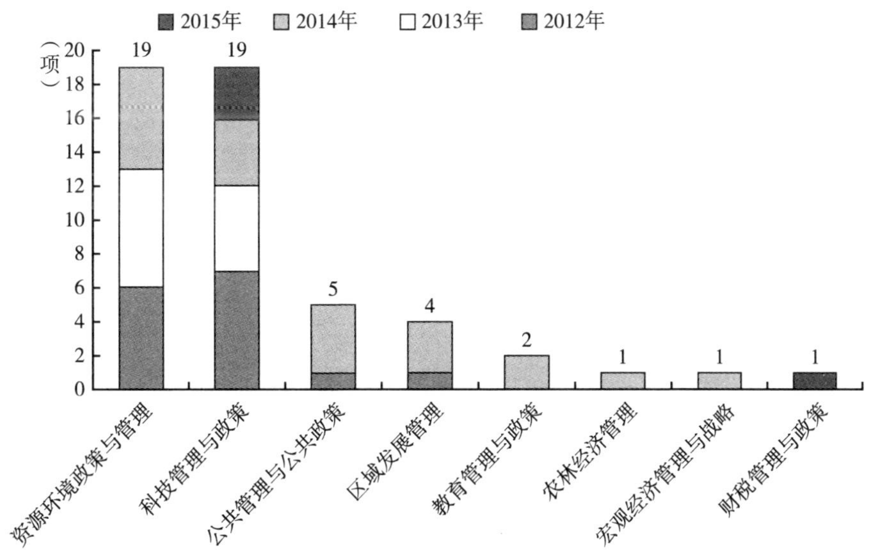

图 26　2012～2015 年宏观管理与政策子学科获奖分布

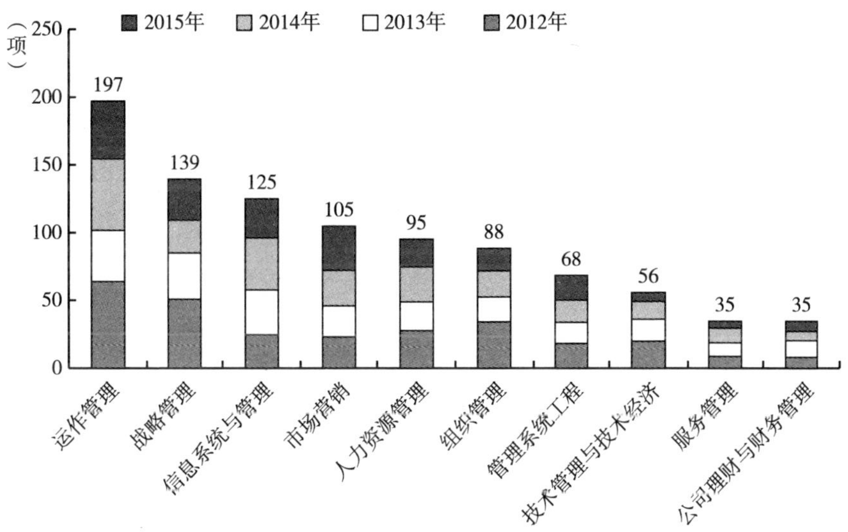

图 27　2012～2015 年管理领域获奖分布综合排名

可以看到，钢铁、轻工、电子、信息技术等行业，近年来呈上升趋势。而煤炭、航天、机械、核工行业呈下降趋势。

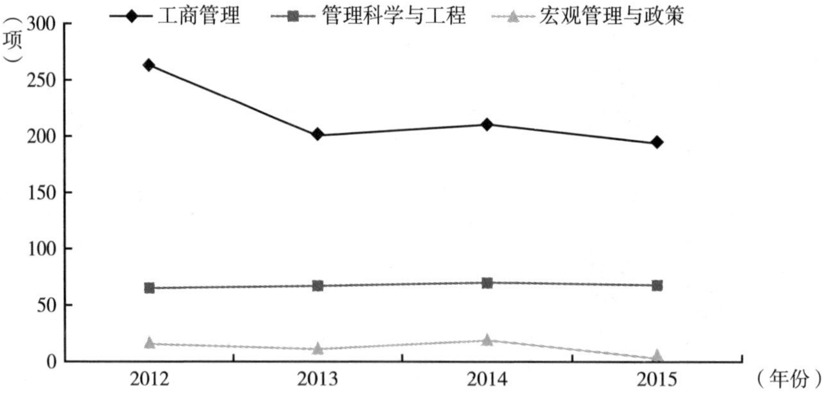

图 28　2012～2015 年管理子学科获奖情况年度变化

表 10　2012～2015 年各管理领域在各行业中分布排名统计

单位：名次

序号	行业	变化趋势	2012 年	2013 年	2014 年	2015 年
1	电力		2	1	1	1
2	石油		1	2	3	2
3	钢铁	↑	8	5	5	3
4	轻工	↑	12	3	8	4
5	通信		8	8	5	5
6	科研		7	5	3	5
7	电子	↑	13	14	11	7
8	信息技术	↑	25	28	17	8
9	金融		15	9	11	8
10	装备制造		5	7	7	8
11	交通运输		4	17	2	11
12	医药	↑	21	36	14	11
13	商业	↑	29	24	21	13
14	施工		8	9	8	13
15	航空		21	14	25	15
16	煤炭	↓	3	4	17	15
17	汽车		19	9	14	15
18	化工		29	13	21	18
19	食品		29	19	14	18

续表

序号	行业	变化趋势	2012 年	2013 年	2014 年	2015 年
20	航天	↓	13	14	21	20
21	石化	↑	29	28	21	20
22	服务		29	28	—	22
23	邮政		25	28	34	22
24	机械	↓	11	9	29	22
25	港口	↑	—	36	25	22
26	有色		21	24	34	22
27	传媒		37	28	—	22
28	冶金	↑	34	28	29	22
29	兵工		25	28	25	22
30	铁路		16	24	—	22
31	房地产		16	21	19	31
32	咨询服务		16	19	11	31
33	教育	↑	—	—	25	31
34	核工业	↓	21	24	29	31
35	海洋工程		—	36	—	35
36	公共		5	32	10	35
37	农林		36	21	29	35
38	烟草		25	21	19	35
39	船舶		34	—	29	35
40	建材	↓	20	17	—	—

在区域分布方面，2012～2015 年，我国各区域管理奖项领域分布排名年度变化如表 11 所示。从表中可以看到，我国广东、四川、辽宁等省市数据呈上升趋势。与之相反，我国上海、山东、陕西、天津、山西等省市呈下降趋势。

表 11　2012～2015 年各管理领域在各区域中分布排名统计

单位：名次

序号	区域	变化趋势	2012 年	2013 年	2014 年	2015 年
1	北京		1	1	1	1
2	广东	↑	9	3	5	2
3	江苏		4	6	3	3
4	四川	↑	12	7	6	4

续表

序号	区域	变化趋势	2012 年	2013 年	2014 年	2015 年
5	浙江		5	5	3	5
6	河北		5	2	7	6
7	辽宁	↑	10	17	9	7
8	安徽		12	11	13	7
9	上海	↓	3	7	10	9
10	湖北		15	9	8	9
11	吉林		20	18	22	11
12	河南		12	12	13	11
13	山东	↓	2	4	2	11
14	重庆		15	12	10	14
15	陕西	↓	7	10	15	14
16	江西		15	12	21	14
17	湖南		10	20	17	17
18	天津	↓	7	15	10	18
19	甘肃		27	27	—	19
20	黑龙江		25	19	22	20
21	福建		23	20	18	20
22	内蒙古		19	16	18	20
23	山西	↓	15	20	25	23
24	新疆		20	27	18	23
25	贵州		24	20	25	23
26	广西		25	20	22	26
27	青海		—	27	25	26
28	云南		20	20	15	26
29	宁夏		—	—	25	26
30	海南		—	27	—	—
31	西藏		—	20	—	—

在企业性质方面，国企、央企与民营企业重点管理领域分布排名情况如表 12 所示。民营企业与国企、央企存有一定不同之处，民营企业管理领域第一名为市场营销，而国企、央企为运作管理。同时，企业信息管理、组织管理、知识管理、创业与中小企业管理等，在民营企业管理实践中，也占有相对重要的地位。

表12　2012～2015年各管理领域在国企、央企与民营企业中分布排名统计

单位：名次

序号	管理领域	国企	央企	民营
1	运作管理	1	1	4
2	战略管理	2	3	2
3	信息系统与管理	3	2	3
4	人力资源管理	4	5	9
5	组织管理	5	6	5
6	市场营销	6	3	1
7	管理系统工程	7	7	9
8	技术管理与技术经济	8	10	6
9	物流与供应链管理	9	19	12
10	风险管理技术与方法	10	11	18
11	公司理财与财务管理	11	9	11
12	资源环境政策与管理	12	16	18
13	工程管理	13	15	18
14	科技管理与政策	13	17	14
15	组织行为与组织文化	13	14	8
16	服务管理	16	8	12
17	项目管理	17	12	14
18	创新管理	17	13	18
19	会计与审计	19	21	—
20	知识管理	20	21	14
21	企业信息管理	20	19	7
22	决策理论与方法	22	—	—
23	公共管理与公共政策	22	—	—
24	区域发展管理	22	—	22
25	工业工程与管理	22	17	—
26	金融工程	22	—	—
27	评价理论与方法	22	21	—
28	农林经济管理	22	—	—
29	运筹与管理	—	21	—
30	创业与中小企业管理	—	—	14
31	财税管理与政策	—	—	22

从细分管理领域对行业影响出发，对各行业重点管理领域分布进行排名统计（详见表13），结果显示，在电力、交通运输行业中，信息系统与管理领域地位较为重要，而在通信、轻工行业中，市场营销领域的发展更为突出。运作管理、人力资源管理、战略管理在各行业领域均处于较重要的地位。

表13　2012～2015年各行业重点管理领域分布统计

单位：项

行业	数量	行业	数量	行业	数量
电力		石油		钢铁	
运作管理	23	运作管理	20	运作管理	18
信息系统与管理	16	战略管理	10	战略管理	6
管理系统工程	14	人力资源管理	10	组织管理	6
人力资源管理	12	组织管理	9	人力资源管理	6
服务管理	11	信息系统与管理	8	管理系统工程	5
风险管理技术与方法	7	风险管理技术与方法	5	资源环境政策与管理	4
市场营销	5	服务管理	4	信息系统与管理	3
公司理财与财务管理	5	管理系统工程	4	公司理财与财务管理	3
				市场营销	3
轻工		科研		通信	
运作管理	15	一般管理理论与研究方法论	7	市场营销	16
市场营销	11	管理系统工程	7	信息系统与管理	11
战略管理	8	运作管理	6	战略管理	7
组织管理	5	信息系统与管理	5	服务管理	4
信息系统与管理	5	技术管理与技术经济	5	运作管理	4
人力资源管理	5	人力资源管理	4	公司理财与财务管理	2
资源环境政策与管理	2	组织管理	4	资源环境政策与管理	2
管理系统工程	2	科技管理与政策	4	创新管理	2
		创新管理	3		
装备制造		交通运输		煤炭	
运作管理	12	运作管理	8	运作管理	9
战略管理	7	信息系统与管理	7	组织管理	7
人力资源管理	4	市场营销	5	战略管理	6
管理系统工程	4	人力资源管理	5	信息系统与管理	6
技术管理与技术经济	4	战略管理	4	公司理财与财务管理	4
组织管理	4	组织管理	4	风险管理技术与方法	4
市场营销	3	创新管理	3	人力资源管理	4
信息系统与管理	3	服务管理	3	组织行为与组织文化	3
创新管理	3	技术管理与技术经济	3	资源环境政策与管理	2

从细分管理领域在各区域应用情况出发，对各区域重点管理领域分布进行排名统计（详见表14）。结果显示，各地区管理成果以战略管理、运作管理为主。同时也可以看到，在山东、江苏、河北、上海地区，信息系统与管理占有重要地位，在广东、浙江地区，市场营销领域占有重要地位，而在四川、湖北地区人力资源管理领域则更为突出。

表14 2012～2015年各区域重点管理领域分布统计

单位：项

区域	数量	区域	数量	区域	数量
北京		山东		广东	
战略管理	40	运作管理	15	战略管理	10
运作管理	34	信息系统与管理	11	市场营销	9
市场营销	32	战略管理	10	运作管理	7
信息系统与管理	25	管理系统工程	7	信息系统与管理	7
人力资源管理	22	组织管理	6	企业信息管理	6
组织管理	21	组织行为与组织文化	6	服务管理	5
技术管理与技术经济	16	服务管理	5	组织管理	5
管理系统工程	15	市场营销	4	技术管理与技术经济	4
公司理财与财务管理	12	公司理财与财务管理	3	人力资源管理	4
风险管理技术与方法	11	人力资源管理	3		
江苏		浙江		河北	
运作管理	13	战略管理	11	运作管理	18
信息系统与管理	8	市场营销	10	信息系统与管理	6
技术管理与技术经济	6	信息系统与管理	8	管理系统工程	6
战略管理	6	运作管理	6	市场营销	5
管理系统工程	6	组织管理	6	战略管理	4
组织管理	6	管理系统工程	4	公司理财与财务管理	4
服务管理	4	人力资源管理	3	风险管理技术与方法	3
工程管理	4	组织行为与组织文化	3	人力资源管理	3
市场营销	4	企业信息管理	2		
上海		四川		湖北	
信息系统与管理	8	运作管理	14	运作管理	9
运作管理	7	人力资源管理	10	人力资源管理	8
组织管理	7	信息系统与管理	4	组织管理	3
市场营销	5	工程管理	4	公司理财与财务管理	3
管理系统工程	4	战略管理	3	战略管理	3
战略管理	4	管理系统工程	3	技术管理与技术经济	3
知识管理	3				

3. 管理奖项获奖内容热词统计分析

为了更加充分了解国内管理导向，本文对 2012～2015 年四年的管理奖项获奖内容进行关键词统计，共计提取获得 1801 个热词，对热词进行归类统计分析，统计结果如图 29 所示。在统计过程中合并了相同、相近词语，如“信息化与信息系统”合并了“信息”、“信息化”、“信息系统化”等一系列词语。

如图 29 所示，信息化与信息系统、战略管理出现频次遥遥领先，是奖项颁发的重要领域；同时，人力资源管理、服务管理、互联网应用、一体化管理、风险管理、竞争力及技术创新也排在前列。从发展趋势来看，2012～2015 年，信息化与信息系统、互联网应用、一体化管理、内部市场化、供应链管理等呈上升趋势，而战略管理呈下降趋势，这也从侧面反映国内管理发展热点与趋势。

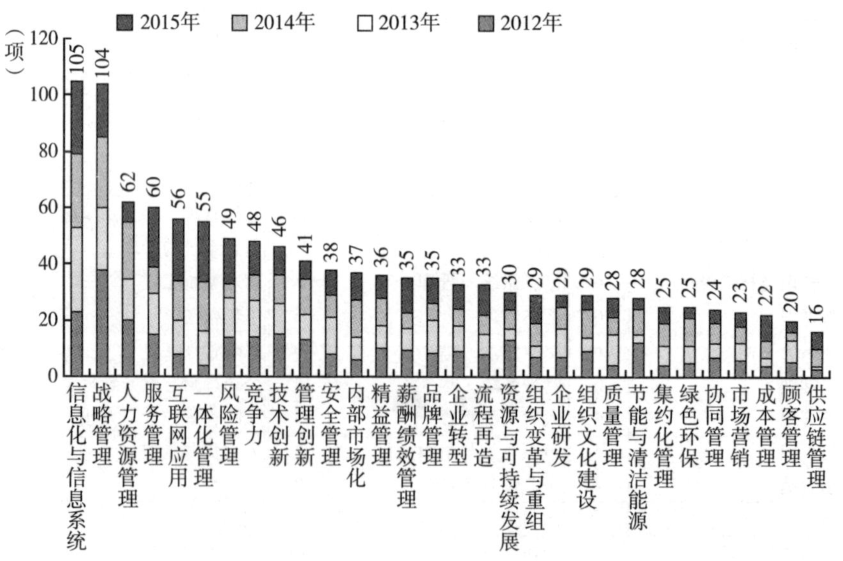

图 29　2012～2015 年管理奖项获奖内容热词统计

管理科技篇

Management of Science and Technology

B.2

管理的博弈：趋势、理念与规则

张国有*

摘　要：　对某种趋势有什么样的认识，采取什么办法，企业或国家的运行有什么成效，这些都和管理的因应对策相关。任何时候都存在选择性的管理。企业和企业在竞争管理，中国和美国也在竞争管理。文章侧重于阐明全球化趋势对业务外包和业务承接因应对策的影响、普遍使用智能机器的趋势对制造业回归发达国家因应对策的影响、快速成型制造技术对制造业全球布局因应对策的影响，以及民众自主管理趋势对业务的大众自理和业务的政府主导两种状态因应对策的影响等。

关键词：　发展趋势　业务外包　机器代劳　自主管理

* 张国有，北京大学光华管理学院组织与战略管理系教授，经济学博士，北京大学经济与管理学部主任，中国管理科学学会会长。

分布在224个国家和地区的70多亿人口，构成地球上人类的总体。未来10年，人类的发展将面临怎样的趋势、生发出怎样的理念、采用怎样的规则，将影响人类怎样建树自己的未来。所有这一切都与管理的选择有关。因为不同的趋势、不同的理念、不同的规则，最终凝结为不同的管理。管理也在竞选，看哪种管理更能适应某个国家、某个地区、某种情景。所以，管理对未来的博弈源于不同的趋势、不同的理念、不同的规则的比较，源于人类某个集合体对趋势的理解和由此确立的使命及愿景。

全球化中的业务外包与业务回归的因应对策

全球化最初起源于新航路的发现和旧陆路的连接。从15世纪开始，各国以各种形式将分割的一段段联结起来，经历了500多年，加上世贸组织这类组织的推动，形成了现在的全球化状态。中国提出的“一带一路”构想，不但反映了历史，也反映了历史基础上的现代作为。G20杭州峰会上，中国大力倡导去除新的壁垒，打破新的藩篱，继续推动全球化经济的发展。

推动经济全球化发展的主要是跨国企业。2016年7月美国《财富》杂志发布的2016年全球500大企业，都是全球化经济的组成部分。其中110家是中国企业，数量名列第二，美国仍第一。跨国公司是经济全球化的直接推动者，就此而言，世界经济的动力也是美国第一，中国第二。很多情况下，中国和西方比较，更多的是中国与美国的比较。

跨国企业的经营活动很多是业务外包。全球化经济的基本单元是跨国企业，以及与跨国企业有关联的政府及各种机构。各种关联体的产品与服务，以及资本、人力、技术、文化等要素，随着市场机制和WTO等世界组织的规则，在全球各处流动。跨国企业经营手段之一是将某些业务外包给其他国家和地区的企业，例如，将部分零部件生产外包出去，将产品组装外包出去，将部分研发项目外包出去，将某些服务外包出去等。

两种经济体之间的业务外包与业务承接扩张了全球化经营。在这方面，跨国企业想做的是细分业务，将核心部分留下，将非核心部分转移给境外企业或机构。多数的动因是成本问题，多数的流向是从发达经济体到欠发达经济体。这就形成了业务的外包和业务的承接两种情况。发达经济体的业务外包，降低了自身的运行成本，增加了收入；欠发达经济体的业务承包，增加了发展的机会，增加了收入。有的欠发达国家和地区由此而成了快速发展的新兴经济体。业务的外包和业务的承接并不限于发达经济体与发展中经济体之间，还同样发生于发达经济体之间或发展中经济体之间。不同国家企业之间的业务外包与承接，推动了全球化经营。现在，外包与承接依然是全球化经济的组成部分，依然是跨国企业进行全球化竞争的世界性趋势。

中国对外开放中的业务承接是符合自身国情的因应对策。中国的政策是实行对外开放，面向发达的资本主义国家，获得外来的资本、技术和经验。这样做，不但发展了国民经济，改善了民众生活，还缩小了与发达国家在技术和经验上的距离。对国外跨国企业而言，中国企业在一段时间内基本上处于技术引进和业务承接的状态。中国引进外资，承接了外部的产品、服务、设备、技术、经验、专利等，所适用的管理多数是对吸引外资的管理、合资的管理、技术的消化吸收、经济技术开发区的建立与管理等。30 多年的发展证明管理对策的选择卓有成效。

除了产品、制造流程外包之外，还有业务流程外包。属于此类的，例如呼叫中心服务、财务与会计服务、采购与物流服务、人力资源服务等。有专家认为，在未来的五至十年，中国将成为全球第一大业务流程外包市场。中国“一带一路”建设的实施，沿线 65 个国家、93 个港口城市，将有利于推动中国服务外包的转型发展。① 有研究机构经调查后发现，87% 的受访企业认为外包的服务提供商已成为自己的战略合作伙伴；47% 的受访企业都将业务流程外包视为价值倍增的工具，看作获取价值的重要源泉。②

---

① 商务部原副部长魏建国在 2015 年 11 月 21 ~ 23 日举行的“2015 全球服务外包大会”上的讲话。

② 埃森哲与 Everest 对近 300 家企业进行的联合调查，2015 年 11 月 27 日。

中国企业承接外国企业业务，客观上增加了中国的就业，增加了民众的收入，同时提高了中国的劳动力成本。中国改革开放以来数十年的发展，增加了就业，甚至造就了两亿多的农民工人，城乡居民的收入明显提高。由于经济发展和工资的刚性，中国劳动力成本也在提高。看重劳动力成本的外国企业，中国劳动力成本每增高一档，外国企业外包业务到中国的意愿就降低一档。近10年来，发达国家的跨国企业将新一轮劳动密集型投资的重点放到印度和东南亚国家。

业务外包的国家减少了就业，造成经济被动。由于发达经济体的跨国企业将其业务境外转包，减少了本国的就业，尤其是降低了制造业吸收就业的能力。中美之间的经济关系，有人形容说“中国生产、美国消费”，中国成了美国的生产基地。2009 年金融危机时，美国的失业率为 10%。2011 年时，德国经济的增长率为 3%，德国得益于实体经济，而美国不足 1%，受制于虚拟经济。[①] 这时，美国才发现实体经济的虚脱和在就业方面造成的困难。奥巴马政府于是启动了境外制造业回归美国的优惠政策。到 2016 年 3 月，美国的失业率为 5%，到 8 月为 4.9%，与金融危机时的状态相比大有好转。但传统产业的就业岗位仍然需求不旺，数以百万计的青壮年人处于失业状态。[②]

富强的世界大国在影响和主导全球化经济的发展。近 200 年的全球化历史，主要是西方市场经济发达国家及企业，将其理念和规则推行到不发达国家的过程。目的是获取廉价资源、廉价劳动力，获取全球影响力，再通过全球影响力进一步获取资源，强大本国经济。由于地域的分割，跨国企业必须投资到当地才能获取那里的资源优势。就领头国来看，先是英国主导全球化，后是美国主导全球化。

现在，中国按本国的国情选择自己的发展道路，暂且还没有充分的能力主导全球化。例如，在全球支付货币上，人民币 2010 年占比 0.45%，2016

---

① 2011 年在德国柏林自由大学做研究时得到的数据。

② 美国劳工部 2016 年 3 月、8 月公布的数据。

年8月为2%多。而美国虽然同2001年的占比（45%）相比有所下降，2010年仍然占42.5%，2016年8月仍占43.8%。在国际贸易结算时各种货币的使用方面，人民币所占份额在提升，从2012年的全部交易中人民币占1.89%上升到2015年占9.43%。美元的占比在下降，从2012年的85%下降到2015年的79.73%。[①] 即使这样，美元仍然处于统治地位。

全球化的新趋势是寻求企业回流本国的动力和机制。过去几十年，中国利用外部的力量和内部的需求，实现世界上最大规模的就业，但对美国而言，多年的业务境外转包，减少了国内的工作岗位，尤其是制造业的岗位。转包得越多，失去的岗位就越多。回流美国的企业仍然面临劳动力成本高的压力。长期看，必须找到一个有效的途径来缓解就业问题。近20年来，有一个因素逐渐显示出了它的积极作用，这就是用智能机器来代替劳动力。在智能机器的基础上，全球化的制造成本在发达经济体也变得可以接受，甚至更加有利。所以，管理要在业务外包和回流本国之间施加影响，以强化本国就业，提高中层阶级的收入，增强国内需求能力。

智能机器替代人们劳务的趋势将使人才的适应性更加迫切

用计算机程序驱动的智能机器来代替人们的工作，是近10年大量出现的新现象。随着智能机器的发展，可以用机器来操作的领域逐渐增多。智能机器代替人们的劳务成为将来的趋势。智能机器借助于一系列可以进行感知、学习、推理和决策的计算机技术，以便让机器像人一样解决问题。例如，谷歌公司开发出了无人驾驶或自动行驶的汽车，这种汽车已经在各种驾驶条件下实验，行驶了30多万英里。如果这种技术得到完善并投入使用，将会对汽车的驾驶岗位产生重大影响。在使用、开发、利用人工智能方面，未来十年，将产生大约1.49万亿～2.95万亿美元的

① 《迈向世界经济的“去美元化”?》，西班牙《起义报》2016年9月13日。

全球经济影响。一些澳大利亚矿业公司用无人驾驶卡车取代了高薪酬司机，一些机场已经在用无人驾驶汽车为乘客服务。美国社会现在大约有373000名出租汽车司机和私人司机，[①] 各国都有这类的行业。机器代劳迟早都会发生，问题在于什么时候、什么地方发生，需要有适时的因应对策。

机器代劳的效力在服务行业比在制造业更加明显。法律事务所安装了法律文件检索的智能程序，有研究表明，这些程序使一位新进助手完成的检索工作量相当于过去500位新进助手的工作量。谷歌公司用人工智能进行用户保护，处理垃圾邮件，过滤恶意软件，进行语音识别、图像识别等。谷歌用于翻译的人工智能，每天翻译103种语言，超过1000亿字。[②]

经济全球化驱动了业务外包和机器代劳。发展中国家的企业从西方外包业务中获得利润，用来购买机器人，布局自动化流程，一定程度上取代了劳工。2012年富士康公司宣布，两年之内购置一百万台机器人用于生产线。像富士康这样的大量使用人工承接外包业务的公司，纷纷采用机器代劳的方式，应对招工难、工人对工资的声索和抑郁症引起的极端事件。广东东莞的加工制造企业，除了迁走之外，大部分进行了产品转型，采购机器人进行流程的技术升级。2015年，广东省投入1500亿美元，用于购置工业机器人装备工厂。

用无人机代替人投递物品。2016年8月，新西兰的达美尔比萨公司首先开辟了用商业无人机送比萨的业务。其办法是人们使用智能手机预定比萨，无人机根据手机上的GPS信号锁定送货目标。在包裹快送到时，顾客会收到通知，及时接收比萨。如果可行，达美尔公司还想在澳大利亚、法国、荷兰、日本和德国推出无人机服务。[③] 有些公司看到了无人机的优越性，希望将无人机作为一种更为高效的投送方式。美国亚马逊公司已宣布，

---

① 〔美国〕阿尔·戈尔：《未来》，冯洁音、李鸣燕、毛云译，译文出版社，2013，第26页。

② 美国白宫科技政策办公室：《人工智能大未来》，2016年6月。

③ 《新西兰领先于世界，用无人机送比萨》，香港《南华早报》网站2016年8月26日报道。

它将启动无人机运送小型包裹的计划。中国快餐投送和快递邮件的投送还在使用大量的人工和三轮摩托。无人机的使用将威胁这种就业方式。尽管现在并不迫切。

新西兰首先开展无人机服务在于制定了规则，使业务有序化并能对其进行控制。因为新西兰政府允许出于商业目的使用无人机，还想让新西兰成为新的运输技术的实验基地。为此，新西兰政府制定了航空规则和使用无人机的法规，并依法进行监督。国家法规和使用规则是智能机器投入使用的条件。无人驾驶汽车产品早已出来，但要上路行驶，需要一系列的规则制度。在相应的规则制度没有完备之前，机器代劳不能真正发挥作用。所以，这时管理的重点在于规则的制定和试验。

机器代劳减少了就业。近十年，由于智能机器的使用，美国企业的生产力增长很快，失业率却几乎没有下降。这说明一个问题，智能机器人的使用难以增加就业，有可能会减少就业。据研究资料，北美工业机器人的订单增加了41%，美国企业在设备和软件上的支出增加了近30%，就业支出仅增加2%。[①] 最近30年，新兴经济体成为全球增长的主要动力。无论其增长速度如何，它们都将遇到工作由智能机器替代的状况。现在出现的中等收入工作岗位的逐渐减少不仅是业务的境外转移，同时还因机器代劳的出现。

中国劳动力低成本的优势正在弱化。在过去的发展中，中国通过政府提供补贴、廉价劳动力和宽松的监管，形成制造业优势。经过30多年高速增长后，员工的薪酬不断上涨，劳工纠纷经常出现，许多地方的供给环境大不如以前，中国对西方制造企业的吸引力正在减弱。高技术的发展，尤其是机器人的发展，使中国劳动力正在失去低成本优势。许多西方企业正在考虑，设法将高附加值的制造业迁回美国和欧洲。

机器代劳为制造企业回归美国创设了有利条件。在美国的企业家看来，美国的机器人和中国的机器人一样努力工作，机器人不会抱怨，也不会建立

① 〔美国〕阿尔．戈尔：《未来》，冯洁音、李鸣燕、毛云译，译文出版社，2013，第36页。

和加入工会，同样可以按指令工作。对美国企业来说，从世界各地运原材料和电子元件到中国，让机器人把它们组装为产品，然后再运回美国，还不如在美国就地生产。若都使用机器人，美国企业可以用差不多的成本在本地进行生产，若去掉了运输环节，原本要花几周完成的事情，在美国当地几天就可以完成。在未来5～10年里，制造业将大举回流美国，它将再度成为美国的本土工业。机器人流程不会再像传统制造业那样雇用很多工人，但先进的制造业会创造出无数高技能、高薪酬的就业岗位。

中国使用和生产机器人还有一段艰难的路程。现在，中国使用的机器人中，75%是从国外购买的，有些是在中国组装的，剩余的机器人是由中国企业生产的，当然，有些核心部件还要从国外进口。中国有100多家企业在生产机器人，质量、安全性和设计标准有待于提高。对于正在发生的问题，2015年初，中国政府启动了“中国制造2025”规划，期望用机器人和工业互联网等先进的制造技术，促使企业实现现代化。2015年7月，中国政府倡导“互联网+”的做法，希望将移动互联网、云计算、大数据和物联网与现代制造业相结合。

不能使用机器时就得依靠人工。在中国农村，农户都在养鸡，鸡蛋拿到集市去卖，挣些钱来买油盐、衣服和用具。改革开放初期，依靠鸡蛋来增加收入被戏称为“鸡屁股银行”。当时的操作是人从鸡窝里将鸡蛋取出来。如果在山坡上放养鸡群，若有500只鸡，那就要5个人在山坡上拣鸡蛋，人均100只鸡。规模越大，需要的人手就越多。

使用机器的条件下，机器代劳的效率越来越高。现在自动化水平大大提高，有的鸡舍可以达到10000只鸡的规模。如果自动化水平继续提高，鸡舍的喂食、清洁、取蛋、输送、分拣、包装、入库等全部自动化，一个人就可以担负整个鸡舍的工作。这个人可以去处理破裂的鸡蛋、出故障的设备，协调来装载的卡车，跟踪记录每天装盒的数量等。若按人均100只来计算，则需要100人，若按人均1000只来算，则需要10人，但现在实际需要1人，机器又代劳了90%的劳力。

在技术发展的客观趋势下，就业是保护不了的。除了鸡舍工作以外，与鸡舍相关的部分，如质量控制、送货车的调度、修理维护工的呼叫、处理运行过程中的紧急问题等，都可以通过互联网连接起来，继续节省运行流程的人工。种植业、养殖业等经营活动采用工厂化和工厂自动化的方式，可以大规模地提高生产率，同时又大量地减少人工。智能和网络化越来越广泛地应用于许多产业领域，成本效益非常显著。有些国家的政府采取多种措施来减少失业、保护就业，结果成效甚微。原因就在于所有的技术进步都在指向机器代劳，减少人工。不是政府不努力，而是整个趋势使政府的努力不起作用。

这个趋势提出的三个问题及因应对策。一是机器代劳的趋势将促进人才的分化：高级的设计、制造与维修机器人的人才，以及一般的或低层次的监控机器人的人员，中间层次的人员将减少或淘汰。这个过渡时期我们该如何应对？二是现在的智能机器体系所需要的高级人才，教育系统能否适时供给？三是机器代劳后多余的或淘汰的工作人员该如何安置？就目前情况看，中国的教育还需要进行结构改革，中国下一轮的就业将越来越面临新技术的挑战，人才的适应性问题将更加尖锐。

快速成型制造技术使发达经济体找回了自己的制造业

快速成型制造技术（3D 打印）成为新的制造程序。快速成型制造的加工过程与以往的零部件加工及组合的过程完全不同。快速成型制造技术是根据三维数字文档来叠化产品，先铺一层超薄的构成物品的材料，然后再一层一层地添加，直到叠加制成三维物品。虽然这种技术处于早期发展阶段，但它已经成为制造业的一个趋势。

20 世纪初叶，福特汽车公司创造出了流水装配生产线。这种制造流程的特征，一是把要装配的零部件输送到一个工厂里，这个工厂在世界的某一个位置，所有的距离都要付出运输费用。二是在以分秒计算节拍的流水线上，将各种零部件组装成汽车，人的速度、操作和经验要服从机械运动的要求。三是大批量生产，用人少，效率高，单位产品成本低。流水装配生产线

是制造业的技术创举和组织创举，在大批量生产的模式上，长期主导制造业流程。

快速成型制造技术是百年来另一个制造业流程的创新。过去制造产品，要先进行产品和零部件设计，造出一个模型，然后进行试验试制，加工零部件，组装，批量制造，成品再运到某个区域进行销售。在快速成型制造技术条件下，上述制造过程被融合在一起，一次成型。和流水生产线相比，其颠覆性的变化：一是不需要再个别设计零部件，不需要零部件库存，省去零部件库存费用和加工零部件时的材料损耗。这种情况使得同量产出情况下，投入的更少。二是大批量生产的产品面对标准的大批量的需求，难以满足个性化、专门化的需求，快速成型制造技术可以一对一地个性化生产。三是过去的批量生产要求制造设备集中在某一位置，将零部件运送到这个位置进行加工，然后将成品运送至市场区域。这样就产生了大量的运输费用。快速成型制造技术可以省去这些环节，将产品设计和相关的数字信息传送到市场位置的3D打印机上，就地生产，就地销售。四是个别的用户、普通的消费者，可以将自己所需要的产品，在街边的一个3D打印商店制造出来，甚至自己在家里装置3D打印机，自制产品。

这个系统所显示的趋势是在任何地方都可以就地生产。这个系统使产品境外转包加工再返回国内市场没有意义；只要将储存在计算机网络中的数据传送给3D打印机，就可以按需要随时随地制造。当然，在早期阶段，3D打印的产品还比较小，假肢及其他医用器材，甚至手枪等，都可以打印。随着技术的提高，就会出现大产品、巨型产品的成型制造设备。据说一个美国公司建造了一个巨型3D打印机，用牵引拖车送至建筑工地，20个小时就打印出了一幢不包括门窗的房子。3D打印除了规模、规格问题外，还会产生质量、功能、规则、合法、知识产权等方面的问题。但3D打印是个趋势，人们的智慧总可以找到解决问题的方法。

快速成型制造技术和机器代劳使制造业重新回归发达国家。以往的业务境外转包使工作岗位从发达国家转移至低薪酬的发展中国家，机器代劳和快速成型制造技术却使制造业重新回到发达国家有了希望，并可增加发达国家的就业岗位。发达国家的人才、技术、规则环境比发展中国家更适宜发展智能化机器系统。这时，发展中国家因失去一部分境外转包而减少了就业岗位，只能通过激发内需来补充。

中国的内需出现了技术上的问题。中国制造业在进行结构转型，产能过剩的企业在去产能，总体上在追赶发达国家的智能机器系统。中国在智能机器系统领域，仍然处于“欠发达”状态。经济下行的情况下，中国出现了另一种就业活跃。大量的人力加无数蹦蹦车的物流投递、越来越多农村家户式的线上购销、与线上购销相关的线下简易商品的大规模制造、互联网下的个人及团队创业、各种各样的跨界经营等，21 世纪的互联网技术把以往的作坊模式连接起来，成了当下热烈的镜像。美国和欧洲在用智能机器和互联网改造自己的制造业，不但找到了新的发展基础，还在助长新的知识结构的就业大军。

落后的国家不断经历淘汰—承接—替代的历程。当发达国家再次占领制高点之后，全球化中的产品境外转移就会将高智能机器人、专门化的无人机列入中国的承接篮中。当用这些智能工具去替代蹦蹦车、作坊制造时，中国经济将面临又一轮的产业转型和淘汰，技术升级，用工减少，那些跟不上智能时代的人面临失业和半失业。20 世纪 90 年代初，一些大城市将日本微型货车当做“面的”来大力发展出租车行业，后来一步步淘汰，一步步又用转包的国外轿车来替代。类似这样的替代机制将来还会在中国重演。

民众自主管理趋势中业务的大众自理和业务的政府主导

还有个趋势值得注意，人们用电脑、智能手机等与智能程序互动来办理事情，原本被聘用来提供服务的人被替代。这种“服务自理”或“业务自营”正在成为趋势，例如，顾客通过银行的自动柜员机（ATM）自己提取现金，通过银行的网上服务进行资金结算；乘飞机旅行的人自行预订机票、自己选择座位、自己打印登机牌；有些超市让顾客自己办理付账手续；工作人员自己刷电子锁而舍去了门卫。

服务自理、业务自营正在加速。服务自理、业务自营使民众便利，同时提高了效率，节约了时间，同时减少了就业岗位。这种规模如果继续扩大，就会使中等收入工薪阶层总体收入减少，进而影响总需求，影响整个经济的活力。

就全球而言，业务境外转移、机器代劳、业务自理等，使得依靠政府投资来刺激总需求的临时增长变得不那么有效。就业机会减少，收入下降，需求下降，消费下降。国内劳动人口，由于年龄而转向退休领域，退休人的收入通过社会保障等得到补偿，这笔资金越大，越限制政府向劳动人口提供收入补偿的能力。如果人们的收入下降或不稳定，对高度自动化工厂产品的需求也将持续下跌。劳动力和资本已经全球化，但大量消费人口依然停留在富裕的工业国家内。

除了业务大众自理之外，里约奥运会中国军团的成绩给了我们另一个印象，这就是“政府主导”仍然是值得关注的比较长远的现象，它和“民众自主管理”的趋势正好相反。世界上一些国家把中国的竞技体育看作以制造世界冠军为主要目标的国家体育制度，这种说法无论是否恰当，这至少说明政府在某些领域中的干预作用十分强大。这种强烈的干预作用，有利有弊，长远看，弊大于利。

2016 年的里约奥运会，中国军团 416 名运动员，最多的出战人数，成绩却不尽如人意，甚至出乎意料。从近五届奥运会来看，成绩起伏很大。2000 年奥运会获 28 块金牌，升列第 3 名，与 1996 年奥运会相比，金牌数增长 75%。2004 年奥运会，获 32 金牌，升列第 2 名，与 2000 年相比，金牌数增长 14.2%。2008 年奥运会在北京举行，获金牌 51 块，升列第 1 名，与 2004 年相比增长 59.3%。最好成绩达到最高峰。也可能与“顶峰效应”相关，此后一路下滑。2012 年奥运会，获 38 块金牌，滑入第 2 名，与 2008 年相比，金牌数下降 25.4%。2016 年奥运会，获 26 块金牌，滑入第 3 名，与 2012 年比，下降 31.5%。

最好成绩上升和下降的位置序列非常吻合：3－2－1－2－3。问题在于为什么迅速地上升到第一，又迅速地下落到第三？为什么不能保持稳定而大起大落？而美国为什么可以比较稳定地保持在第一的水平上？究竟什么因素在博弈管理？这些问题很值得深思。

关于奥运中国军团竞争力下降的原因，说法很多。见报的通常的说法，例如，对新规则适应不够，对比赛地条件不适应，新老队员交替，时差气候等。这些影响因素肯定在起作用，问题是因素中的大多数对其他军团同样产生影响。事实上，中国军团的基本原因不在这里，而在于中国的竞技体育主要是由政府主导、政府推动，其成绩的高低与政府机构及其官员的责任心、积极性、主动性、投资的多少等密切相关。政府抓得紧，许多问题能及时解决；抓得不紧，许多问题就得不到及时解决，效果就会受到影响。竞技体育受政府机构的积极性、主动性影响很大。

竞技体育应该蕴能于民，将体育的基础放在民众，使体育和体育水平保持广泛的民众基础，后继有人。有一段时间，中国有关部门，上中下层许多人主张将运动员培养训练的基础放在普通中学和大学。里约奥运会上美国运动员 95% 都是大学生或大学毕业，这种理念、机制和做法很值得我们借鉴。“由大学来培养世界冠军”，应该成为竞技体育运动的共识。当时，此事议论了一段时间，后来没有下文了，很是可惜。

中国各级政府都有竞技体育投资。如果政府把其中一部分投资用于大学，由大学来选拔苗子，在大学氛围中进行培养，既有利于弥补大学体育设施的不足，又可以带动大学体育活动，还能够更好地培养素质高的运动员。我们看到，有的建在地方的体育馆用于家具展销。还有，中国的运动员运动生涯结束后，就业问题比较大。就业问题直接影响了青年人从事体育职业的积极性。这些问题，如果不能及早解决，终将成为中国竞技体育持续保持高水平的障碍。

业务的大众自主自理和业务的政府主导主理，这是处理问题的两种情况、两种机制，两种都有管理上的可行性。从趋势看，民众的自主管理机制符合互联网时代的趋势，从 3D 生产到未来之家的网络控制，越来越多的方面都可以通过大众自理的方式进行。在大众不能自理、难以自理的情况下，再由政府干预和调整，进一步帮助民众进行自理活动。如果不是这样去看待现实，而是认为政府无所不能，到头来，只能适得其反。

还有市场性的巨型公司垄断的情况。这种公司是在市场机制中成长起来的。例如，谷歌、苹果、通用电气、三星、索尼等世界级的大公司，产出大量产品，提供每年2800亿美元的“免费”服务，并不断地扩大势力，一定程度上形成帝国式的垄断。扩大规模是大企业的惯性。据统计，美国100家最大企业在GDP中所占的份额从1994年的33%上升到2013年的46%，最大五家银行的资产占银行业总资产2000年为25%，2013年上升到45%。[①]倒闭的企业比新兴企业多，而新兴企业的创业者许多都想把自己的企业卖给巨头而不是自己经营。这种情况，虽不是政府的干预，但巨型企业利用市场机制像政府一样希望主导市场，压制竞争，降低市场民主，降低市场的活力。

政府的主导主理也是中国管理的趋势，至少是20年左右的典型现象。应该看到的是互联网机制越来越主张民众自主管理，在适当的时期，应该改变政府主导主理的状态。尤其在国有企业管理上，如何因应对策，仍然有许多重要的管理问题值得研究。

全球化中，跨国公司将业务外包给其他国家和地区、让互联的智能机器代替人的劳务、让个性化非区域的快速成型制造技术遍布世界角落、利用互联网进行业务的自理互联服务同时关注机构性的干预及主导作用，这四者形成一种改变现状的趋势。用互联网思维和机制对传统的管理构架进行改造，建立起与基本趋势相吻合的理念、对策和管理模式，在管理博弈中提高经济效益和社会利益。

---

① 《大问题》，英国《经济学人》2016年9月17日。

B.3
中国企业经营管理的“周期”视角

张东向*

摘　要：　从另一个角度看经济新常态中的“三期叠加”（增长速度进入换挡期、结构调整面临阵痛期、前期刺激政策消化期），事实上涉及企业生命周期、经济周期、全球经济周期。这“三个周期”伴随着经济发展的每个过程，并对我国企业带来重要影响。研究如何应对“三个周期”，对企业实现可持续发展、促进经济稳健发展具有重要的现实意义。

关键词：　企业生命周期　经济周期　全球经济周期　企业　经营管理　影响

当前，我国已经进入经济新常态。谈到经济新常态，我们自然想到“三期叠加”，即“增长速度进入换挡期、结构调整面临阵痛期、前期刺激政策消化期”。从更深层次看，“三期叠加”是经济发展中的一个节点，涉及企业生命周期、经济周期、全球经济周期。这三个周期伴随着经济发展的每个过程，影响着整个经济的发展，并对经济中的每个主体，特别是企业这一经济发展中的核心主体产生重要影响。本文首先对“三个周期”作简要概述并分析内在关联，探讨对企业带来的影响，以及对经

* 张东向，中国银行江西省分行党委书记、行长，高级经济师，经济学博士。

济发展和企业经营的思考，以期对提升平稳穿越不同经济周期的能力有所帮助。

一　企业生命周期、经济周期、全球经济周期概述

（一）企业生命周期

自从伊查克·爱迪思创立企业生命周期理论以来，人们对企业生命周期的研究就没有停止过。当前对企业生命周期的研究，主要是为了延长企业生命。正如华为的创始人任正非所言："活下去，是企业经营的真理。"活下去，其实就是延长企业的生命。事实上，企业的生命长短不一。数据显示，我国中小企业的平均寿命是2.5年，集团企业平均寿命为7~8年；美国中小企业的平均寿命为7年，欧美大型企业平均寿命为40年，世界500强企业的平均寿命为40~42年。所以，当前企业生命周期理论研究的主要目的是如何保持和提高企业的成长性，从而延长企业寿命，扩大企业的成长空间，实现可持续发展。

1. 企业在不同生命周期的基本特征

了解企业生命周期各阶段的基本特征，是延长企业生命的基础。一旦企业出现这些特征，就该清楚知晓企业所处的发展阶段，根据企业发展阶段实施相应战略和决策。企业生命周期基本分为初创期、成长期、成熟期、衰退期四个阶段。一般而言，初创期企业的典型特征为：企业规模相对较小，组织机构相对简单，产品市场份额低，企业盈利能力较低，周转现金有限。成长期企业的典型特征为：企业规模逐步扩大，产品市场份额逐步提高，市场竞争能力逐渐增强，现金周期缩短，业绩增速加快。成熟期企业的典型特征为：产品市场份额相对较高，现金流比较充裕，利润较丰厚并趋于稳定，具有较强的市场竞争能力。衰退期企业的典型特征为：市场占有率和利润大幅下滑甚至亏损，企业的生存发展空间受限，面临淘汰和消亡等挑战。

2. 影响企业生命周期波动的主要因素

企业的产生是市场竞争演变的产物。影响企业生命周期波动的因素复杂多样，从核心因素来看，主要有三个方面。

（1）科技因素。科技的变革，带来了行业的颠覆，也带来了大批企业的破产。互联网、大数据、云计算等科技创新的迅速发展，使得生产要素和生产条件重新组合成为可能，从而打破了企业生命周期的稳定，直接改变了企业生命周期的发展节奏，缩短了企业生命周期。比如，生产 VCD 的爱多、生产小灵通的 UT 斯达康，都因技术变革升级而进入企业的消亡期。

（2）政策因素。政府实施某种政策，可能是某一个行业的兴起，也可能是某一个行业的衰落。不管是大型的、中型的、小型的企业，不同的财政政策、货币政策、行政政策、产业政策、税收，都有可能对企业产生重要影响。在全球经济一体化的浪潮下，这些政策，不仅指国内的一系列政策，还包括全球的一系列政策。尤其值得一提的是，随着国际国内对环境保护方面的要求和限制越来越严格，环保政策对企业生命周期的影响将越发明显。

（3）市场因素。市场的景气程度和市场变化趋势直接影响市场容量和市场需求，并对企业的经济行为产生重要影响，加速企业生命周期波动的发生频度。繁荣期越长，市场需求越旺盛，企业发展空间越大，企业生命周期也越长。

3. 企业生命周期存在行业特性和周期反复性

（1）不同行业的企业生命周期的轨迹不同。行业的兴衰决定了行业内部企业生存的条件和发展状况，企业生命周期也因不同行业特性出现不同的轨迹。完整的四个阶段的企业生命周期轨迹，在制造业等传统行业的企业表现得比较明显。但对于 IT 企业和科技型企业而言，一个企业的崛起可能只需要 2～3 年。如成立于 1998 年的腾讯公司，1999 年正式推出腾讯 QQ 即时通信软件，2000 年 6 月注册用户就突破千万大关，2002 年 3 月突破 1 亿大关，逐渐成为国内互联网巨头之一。再如，2012 年诞生的北京小桔科技公司，成立 2 年后便凭借“滴滴打车”软件风靡全国，2014 年第 1 季度市场份额超过60%，2015年订单总量达到14.3亿，注册用户突破2.5亿。而衰退可能只需1年或者更短，有些企业甚至刚创立就面临衰亡危机。

（2）存在“第二生命曲线”。企业生命周期并非单循环，企业的消亡也并非不可避免。企业可以通过变革实现“二次创业”，从而开始一个新的生命周期，进入企业的“第二生命曲线”。实现“二次创业”、进入“第二生命曲线”的关键在于创新和转型。因为处于衰退期的企业，其实也处于蜕变期。企业如果能够抓住机遇，及时启动创新变革和战略转型，就有可能迎来“涅槃重生”，实现可持续发展。比如，1997年濒临破产的苹果公司，在史蒂夫·乔布斯回归后，推出了系列音乐、通信、数字产品在线销售、移动计算机等行业中的变革性主打产品，带领苹果公司成为全球手机行业领导者。

（二）经济周期

经济周期是经济繁荣、衰退、萧条、复苏四个阶段的综合反映。从宏观经济学角度看，经济周期反映的是国民总产出、总收入、总就业量的波动，以及在波动中出现的扩张和收缩的现象。

1. 经济周期不同阶段的基本特征

不同阶段的特征主要体现在物价水平、国民收入水平、就业等方面。一般而言，经济繁荣期的典型特征为：需求旺盛，产品畅销，生产加速，产量扩大，物价上涨，工资水平提高，就业相对充分，但在繁荣背后，爆发经济衰退的条件也在逐步酝酿。经济衰退期的典型特征为：需求下降，商品生产过剩，产品滞销，物价下降，工资水平下降，企业削减投资、压缩生产，工人失业增加，整个经济呈下降态势，但还高于正常水平。经济萧条期的典型特征为：需求大幅萎缩，产品滞销严重，生产在低水平徘徊，投资减少，物价大幅下跌，社会购买力低下，失业严重，整个经济笼罩在持续低迷的阴影下。经济复苏期的典型特征为：市场需求回暖，生产和销售回升，物价回升，个人可支配收入上升，企业投资扩大，就业增加，整个经济呈上升势头，但还低于正常水平。

2. 影响经济周期波动的主要因素

关于经济周期波动的原因分析，理论界主要有三个研究方向。一是需求方向。主要代表是凯恩斯主义和弗里德曼货币主义理论，代表人物分别为凯恩斯和弗里德曼。这两个学派都认为经济周期波动来源于总需求的变动，并给出了不同的政府干预经济的主张。凯恩斯主义认为，政府应该通过财政政策调节社会需求。弗里德曼货币主义认为，政府应通过货币政策调节社会需求。二是供给方向。主要代表是供给理论，代表人物主要有熊彼特、基德兰德和普雷斯科特。熊彼特认为，每一次的经济萧条都包括一次技术革新的可能，技术革新的结果便是可预期的下一次萧条。基德兰德和普雷斯科特认为，经济周期波动的根源是以技术冲击为代表的实际因素造成的，而非需求冲击或者货币冲击。三是综合方向。主要代表是古典理论，代表人物为亚当·斯密。亚当·斯密提出，有一只看不见的“无形之手”在指导整个经济活动，政府对市场不应进行干预。后来发展成为古典理论学派，认为经济周期是正常表现，只是暂时的，市场会通过自动调节供给和需求，实现均衡产出和充分就业，使经济恢复均衡。

这些主要学派从不同角度对经济周期波动进行了解析。综合来看，经济周期波动的原因复杂多样，但总供给与总需求的失衡是最根本原因。当经济体系中不能形成有效供给满足总需求，或者当总需求不能有效吸纳总供给时，经济周期都会发生波动。由于资源配置极大影响供需两端的平衡，因此研究经济周期波动的原因，首先要研究影响总供给与总需求的因素。具体而言，在供需变动与均衡调节中，影响总供给的主要因素有资本、劳动力、能源原材料、制度、创新等，影响总需求的主要因素有物价水平、收入水平、消费者偏好及预期等。理解了供需两端的组成要素，也就理解了经济周期发生根源。

3. 经济周期波动是供需动态均衡的表象

需求曲线是一条向右下方倾斜的曲线，表达的是需求量与价格的关系，即需求随着价格的变化而反向变化。供给曲线是一条向右上方倾斜的曲线，表达的是供给与价格的关系，即供给随着价格的变化而正向变化。需求曲线与供给曲线相交于一点，这一点为均衡点。此时的价格为均衡价格，即市场需求量和市场供给量相等。当价格高于均衡价格时，会引起生产规模扩大，出现供给过剩，于是供给方迫于需求不足的竞争压力，便自动降低价格。当价格低于均衡价格时，会引起生产规模紧缩，出现供给短缺，于是需求方迫于需求过度的竞争压力，只好接受供给方提价的要求，从而使价格自动上升。均衡价格不是永远不变的，它会随着商品的供给和需求的变化而变化。价格经过上下波动，最后会趋于使商品的供给量与需求量相一致，从而形成新的均衡价格，实现新的供需动态均衡。市场均衡状态的出现只是一种暂时状态，随着需求或供给的变化，需求曲线或供给曲线会发生位移，从而使旧的均衡状态遭到破坏，形成新的需求曲线与供给曲线的交叉点，即形成新的市场均衡与均衡价格。这种供求关系的失衡，以及由旧的均衡向新的均衡的变动过程，就是经济周期波动。

（三）全球经济周期

企业生命周期、经济周期对周期的研究都是从时间维度来分析，忽视了区域这一重要维度。在全球经济运行过程中，由于经济波的传导渗透，导致全球主要国家实际经济活动表现出高度相似的周期性运行态势，这种态势即为全球经济周期。全球经济周期从人类历史长河、全球经济视野来分析周期波动情况，是对周期研究的重要补充。

1. 全球经济周期的两大维度分析

由于全球经济周期同时包含了时间维度和区域维度，因此，对全球经济周期的认识也应从时间和区域的双维度进行分析。

（1）从时间维度看，科技革命推动的“四个时代”基本与全球经济周期同频共振。从工业化至今，全球经济呈现出四次以科技革命为主导、具有一定规律性的“四个时代”的周期变动。一是由第一次科技革命推动的蒸汽时代。18 世纪 60 年代，以蒸汽机的发明和应用为标志，人类从“农业时代”过渡到“蒸汽时代”。大机器生产取代手工劳动，实现了生产机械化，确立了资产阶级对世界的统治，世界市场初步形成。二是由第二次科技革命推动的电气时代。19 世纪 70 年代，以电力的发明和应用为标志，人类跨入“电气时代”。电力得到广泛应用，实现了生产规模化，世界市场随着资本主义世界体系的确立最终形成。三是由第三次科技革命推动的信息化时代。20 世纪中叶，以计算机、原子能的发明和应用为标志，人类步入“信息化时代”。生产的社会化程度和劳动生产率不断提高，实现了生产自动化，跨国公司和全球经济一体化加快发展。四是由第四次科技革命推动的互联网时代。21 世纪开始，特别是近 10 年以来，随着移动互联、物联网、大数据、云计算、VR 等先进技术的迅猛发展，经济社会的全球性、交互性和开放性特征更加突出，生产智能化成为现实，全新的“互联网时代”正在到来。产业结构的非物质化和生产智能化趋势成为主流，全球经济竞争焦点转向现代服务业和信息、生化、材料等高新技术产业。从社会发展的历史长河看，科技革命推动的“四个时代”其实体现出全球经济发展的四个长周期，各个周期与对应的时代变迁密切相关。

（2）从区域维度看，全球经济周期的经济波传导直接催生了四次全球经济危机。除 1929～1933 年经济大萧条外，第二次世界大战后，世界各国发生多次经济危机，但真正具有明显的国际同期性、属于全球性经济危机的只有四次。第一次是 1957～1958 年经济危机。首先在美国爆发，随后波及加拿大、日本和西欧各国，是由投资与贸易出现过剩导致的经济衰退。第二次是 1973～1975 年经济危机。导火索是第四次中东战争引起的第一次石油危机，对美国、英国、日本、西欧等主要发达国家及地区经济带来巨大冲击，是石油供给不足引发的经济衰退。第三次是 1979～1982 年经济危机。始于英国，并迅速波及欧洲大陆、美国和日本等主要发达国家，国际债务危机加深，发展中国家债务偿付难度加大，是由过度使用紧缩性货币政策诱发的经济衰退。第四次是 2007 年影响至今的“次贷危机”。始于美国楼市暴跌，并逐渐升级为一场全球性的系统金融风暴，是由美国金融衍生品供给过度引发的经济衰退，金融风险迅速跨境、跨行业传播，全球经济都遭受重创。从四次全球经济危机成因来看，第一次和第四次源于资本供给过度，第二次源于能源供给不足，第三次源于制度供给过度，实质上都是由供给引起经济周期波动所致。

2. 全球经济周期在周期变动中体现的基本特征

（1）周期越来越短。从公元前 1400 年的铁器时代开始，人类从“农业时代”到“蒸汽时代”，历时近 3000 年；从“蒸汽时代”到“电气时代”，历时 110 年；从“电气时代”到“信息化时代”，历时 80 年；从“信息化时代”到“互联网时代”，历时 57 年；进入“互联网时代”近 10 年来，人类社会发展的信息化、智能化和科技化水平实现了空前飞跃。时间间隔越来越短，时代变革和周期变动速度越来越快。

（2）与科技革命息息相关。全球经济四次周期波动都是以科技革命为主导，随着科技革命的更新迭代而变动。以相互关联的各种技术所组成的一个或几个主导技术群构成了不同时代经济增长的技术基础，技术创新的过程也是经济增长方式破旧立新的过程。随着科技革命成果的广泛应用，低效率的生产方式不断被淘汰，经济结构不断优化，技术不断升级，从而推动全球经济不断向更高层级发展。

（3）发达国家在周期中产生主要影响。第一次科技革命发生于英国，第二次科技革命以美国为主要代表，第三次科技革命首先在美国兴起，第四次科技革命几乎在主要发达国家同时进行，并迅速在全球产生深刻的社会变革。从“二战”后四次世界性经济危机来看，三次均起源于美、英等主要发达国家，另有一次 1973 ~ 1975 年经济危机，其导火索为第四次中东战争，与美国的军事支持也有密切关联。

3. 推动全球经济周期波动的主要因素

（1）科技创新的内在驱动力。从传统的录像带到刻录式光盘再到便携式 U 盘，从最初的胶片照相机到数码相机再到 3D 打印机，从网点柜台办卡到自助发卡机到网络虚拟卡，从原始的马车到汽车再到火车、飞机、高铁的交通工具升级，等等，科技创新以不可逆的气势，改变着人们的传统习俗、价值取向和生产方式，推动着社会变革和发展进步，缩短了全球经济周期。

（2）经济全球化趋势。经济全球化拓展了各国经济的供需边界，加速了各国之间的生产要素流动，形成了全球统一市场、全球游戏规则。各国经济已经和全球经济密切联系在一起，在生产、交换、消费等方面相互渗透，相互依赖，其经济发展的各个环节都带有一定协同性。在全球分工的价值链中，全球主要经济体国家的经济周期波动通过国际贸易、国际金融和国际制度设置渠道，对全球经济构成特定冲击，导致全球经济周期的协同性不断增强。

（3）关键生产要素发生了变化。在农业时代，劳动是财富之父，土地是财富之母，劳动和土地是农业生产的最重要因素，并主导着人类数千年的“农耕文明”进程。在工业时代，“劳动、土地、资本”成为经典的生产三要素，因为工厂是否拥有资本购买良好的机器设备，将在根本上影响其生产能力和竞争能力。这三大要素主导了人类200多年的“工业文明”历史。进入“信息化时代”之后，“科技创新能力、人力资本开发能力、数据处理能力”成为新的关键生产要素，因为做同样的产品，使用先进科技、智慧型人才和大数据分析比不使用可以更好地降低成本、创造价值。新的关键生产要素，用了50多年时间将人类从“工业文明”推向“信息文明”，进一步缩短了全球经济周期。关键生产要素的变化，直接推动产业结构调整和国际分工布局，进而影响全球经济周期的波动频率。

（四）“三个周期”的内在关联

企业生命周期是企业发展的自然规律。经济周期是市场经济的基本特征。全球经济周期是全球经济一体化的必然产物。中国经济经过30多年的持续高速增长，目前进入经济新常态，符合经济发展规律。“三个周期”之间的内在关联，具体表现为三个方面。

1.“三个周期”均伴随六个阶段

从人类发展历史来看，“三个周期”先后经历了农业时代、蒸汽时代、电气时代、信息化时代、互联网时代“五个阶段”。里约奥运会闭幕式中，AR技术惊艳亮相。未来，随着VR（虚拟现实）、AR（增强现实）等人工智能技术的不断完善，大数据、区块链、云计算等先进科技的不断普及，以及生物技术的突破，人类将迈入“虚拟时代”，社会发展高度智能化，机器人将成为主要劳动力，电子化、数字化货币主导支付市场，无纸化办公、远程医疗和教育成为主流，物理上的时空限制被前所未有地打破，“地球村”将成为现实。

2. 科技创新是“三个周期”的共同影响因素

从“三个周期”的影响因素来看，科技创新都起着关键作用。科技创新带来的技术冲击，缩短了企业生命周期。作为供给端的重要组成要素，科技创新通过改变供需结构，加速经济周期发生波动。将视野放到全球经济发展来看，科技创新推动的“四个时代”，是全球经济周期在发展中的时代烙印。

3. 经济周期是“三个周期”的主线

如前所述，市场的景气程度即经济周期直接影响企业生命周期，特别是主流行业的企业生命周期。而全球经济周期又是经济周期通过经济波的传导渗透，在全球经济形态中表现出的周期运动。由于不同国家和地区的经济依存度和抗风险能力有所不同，因此在经济周期的经济波传导过程中，经济周期对全球经济周期的影响程度和影响速度存在一定的迟滞性和区域性。尽管如此，经济周期仍是“三个周期”的主线。企业生命周期尽管仍遵循“初创—成长—成熟—衰退”发展规律，但企业在各发展阶段所需周期与经济周期和全球经济周期存在相关性，即在经济处于上行通道时，企业进入成长、成熟阶段的趋势更为明显，在经济处于下行通道时，企业进入衰退阶段的趋势也更为明显。从历史长河看，全球经济周期在不同时代发展态势均遵循“繁荣—衰退—萧条—复苏”的经济周期规律，从周期发展规律看，全球经济已进入艰难的缓慢复苏通道。未来，随着科技创新的不断进步，企业生命周期将持续延长成长期。由于世界各主要经济体的经济货币政策逐步走向分化，加之政治经济多元化格局的逐步形成，经济周期和全球经济周期存在区域化发展趋势。

二 “三个周期”对企业的影响分析

企业生命周期、经济周期、全球经济周期的“三个周期”，让纷繁复杂的经济形势更加复杂，对企业也将带来更为深刻的影响。由于经济周期是“三个周期”的主线，为便于分析，我们以经济周期为逻辑主线，根据经济周期的四个不同阶段，分析“三个周期”对企业的影响，尤其是经济周期波动带来的影响。

（一）经济繁荣期的影响

经济繁荣期，投资环境、消费环境、政策环境相对宽松，市场需求旺盛，订货饱满，商品畅销，企业财务报表良好，由此带来的良好发展预期和市场经济景气，对各类型企业均是最大的利好。具体而言，初创期企业迎来最佳“发展期”，成长期企业步入成长“增速期”，成熟期企业达到发展“巅峰期”，衰退期企业迎来关键“转型期”。

然而，与发展利好相伴随的是企业发展的潜在风险，具体表现为两大风险。

（1）盲目投资带来的风险。在经济繁荣期，企业的资产价格处于上升过程，资产价格泡沫导致该时期企业资产负债表的失真，虚假的价格信号和财务信息提高了企业对未来的收益预期和配置失误。一方面，在普遍看好的经济预期诱导下，企业对项目的收益预期往往较好，受追求更高利润的驱动，企业投资会更趋盲目性，投机活动大量增加，容易低估项目风险。另一方面，经济繁荣高涨往往意味着部分行业的产能过剩以及国家宏观调控的介入，一旦发生政策干预，市场就会发生逆转，资产价格会加速下跌，导致企业财务状况恶化，自有资本大幅减少，导致企业亏损甚至破产倒闭。

（2）通货膨胀带来的风险。经济繁荣期往往蕴含着通货膨胀趋势。在通货膨胀下，币值的不稳定和易变，导致货币不能真实地表现其价值和正常地行使其职能，从而使市场价格信号紊乱和供需关系走样，使整个市场机制的作用功能扭曲，对企业经营管理产生很大的消极影响。一方面，通货膨胀会使企业投资意愿下降。从企业的投资动机来看，在经济环境动荡不定、变化无常的情况下，会使企业对未来的投资和生产失去信心，从而导致行为的短期化和投机化。企业大量囤积商品，人为地制造和加剧供需矛盾，不仅容易造成消费者抢购，而且容易诱发企业粗制滥造，降低商品和劳务质量等，扰乱市场秩序，拖累企业发展。另一方面，通货膨胀会使企业生产和社会资源严重浪费。通货膨胀中的物价上涨是不平衡的，这就会造成不同行业的企业利益分配的不平衡，从而造成一些企业过度集聚资源，过度发展和扩张，另一些企业则资源不足、趋于萎缩，从而使资源配置和生产力发生紊乱，造成整体经济资源严重浪费，从而影响消费的持续发展，并反向影响到企业的投资扩张。

（二）经济衰退期的影响

进入经济衰退阶段，需求减退，消费萎缩，各种商品有价无市，对初创期、成长期、成熟期、衰退期企业均带来消极影响。企业财务状况出现困难，经营压力凸显，突出表现为“三降两升一过剩”，即销售量下降、营业收入下降、利润下降，存货上升、资金压力上升，产能过剩。企业被迫减少单位商品利润，甚至在略有负利润的情况下保持最低生产，维系原有客户关系，保持市场占有率。

经济衰退中常常伴随着通货紧缩，同时，通货紧缩的发展趋势通常会引起经济增长的下滑，并加速实体经济进一步紧缩，对企业经营管理带来重大影响。

（1）企业投资持续下降。在通货紧缩的条件下，产品市场供过于求的矛盾比较突出，据此，理性的投资者的预期价格会进一步下降，企业的预期利润有所下降。因而投资者不仅会推迟新的投资项目实施，而且会努力缩减产量以减少投资项目亏损。投资萎缩会通过乘数效应不断向经济体系扩散，引起需求成倍萎缩，并最终影响到居民的消费需求，居民消费需求又会反向影响到企业的产品、服务销售，进一步加剧企业投资下降。

（2）企业容易出现债务危机。在通货紧缩的情况下，企业大多利润降低且产品销售不畅，企业的债务率一般是上升的。与此同时，在名义利率下降的程度不及物价的下降程度时，企业债务负担加重。加重的债务负担不仅会削减企业的净资产，也将使企业陷入债务泥潭，甚至引起企业的倒闭。

（三）经济萧条期的影响

在经济萧条阶段，受经济不景气的大气候影响，企业被迫收缩战线，投资锐减，生产停滞，发展举步维艰，财务报表恶化，处于企业生命周期不同阶段的企业将面临不同程度的境地。对初创期企业而言，经济萧条期是一个“进退两难”的时间窗口，面临“进攻受阻、退守不甘”的两难境地。对成长期企业而言，内在的成长性扩张需求与经济萧条的市场扼杀力形成激烈碰撞，随着萧条期的到来，企业将步入业务发展“减速慢行”通道。对成熟期企业而言，虽然与初创期、成长期和衰退期企业相比，成熟期企业在抵御经济萧条的风险挑战方面具有明显优势，但能否在萧条气候中“平稳着陆”将成为企业保持生命力的重要考验。对衰退期企业而言，经济萧条期让企业发展“雪上加霜”，企业在经济萧条阶段面临消亡的不确定性大大增加，企业倒闭、破产成为常态。

经济萧条实质是长期的经济衰退下行，属于系统性风险，各行各业都会受影响，而且企业面临的风险具有明显的联动性。具体而言，企业在经济萧条期面临三个层次联动风险。

（1）区域之间的联动风险。首先是国别之间的联动，在全球经济周期的背景下，一国的经济波动很容易传导到其他国家，典型代表为四次全球经济危机。其次是发达地区向欠发达地区之间的联动。风险通过国别传递后，在一国的风险传递一般从发达地区开始，向欠发达地区不断传染蔓延，而且影响由小到大、由局部到整体、由隐性到显性。

（2）行业之间的联动风险。风险在区域之间传递过程中，必然会对各行业内的实体经济带来冲击，特别是周期敏感性行业。而周期敏感性行业大多同时也是拉动经济增长的支柱性产业。这些行业的风险会通过价格传导、需求变动等途径向上下游行业传播，并反过来加速行业之间的交叉传染、相互渗透和互相强化。

（3）企业与企业之间的联动风险。在企业的生产经营过程中，各种因素引发的企业衰落不仅加剧企业的经营困难，还将使外界对企业产生不良预期，甚至将该种预期研判延伸到该行业。这种衰落引发的不良预期在同一行业内部持续发酵后，将对行业内的各企业带来“城门失火殃及池鱼”的传染风险。而且，企业内部风险也会发生联动转变，一种风险可能向其他风险转变，也可能通过产品和信用链条将风险向其他企业传递。

（四）经济复苏期的影响

经济迎来万象更新的复苏期，企业发展与经济大势同频共振，发展预期良好，发展信心提升。初创期企业在出生成长期迎来发展曙光，随着经济复苏不断孕育发展壮大的希望，“发展前景显现”。成长期企业逐步走出萧条期的阴影，逐渐恢复发展生机，“重回发展轨道”。成熟期企业告别战略收缩的阵痛，重新谋篇布局，“发展筑底回升”。衰退期企业艰难熬过经济萧条的大考验，在经济复苏阶段迎来峰回路转的一线生机，“减缓消亡进程”。

然而，经济周期的复杂性决定了各个阶段影响的复杂性。在经济复苏期，企业决策往往面临较大困扰。困扰主要来自三个方面。

（1）经济复苏期的反复震荡。从全球经济发展历程来看，经济复苏并非一蹴而就，往往需要经历反复震荡、反复筑底之后才能迎来经济回暖升温。当经济形势出现波动或者政府宏观政策发生调整时，企业风险的不确定性增加，企业偿债能力下降，进而影响企业的经营利润乃至正常运营。

（2）来自多方的盈利驱动。在经济复苏期，企业的市场和财务状况往往比经济萧条期有较大的改善，与企业共生共荣的商业银行也急需改善自身盈利状况。在良好增长预期和盈利能力驱使下，企业和商业银行的风险偏好均会出现较大回升，这使得一些风险较大的项目也能获得融资，一旦企业受到内外部因素冲击，将对企业带来重大不利影响。

（3）行业研判的错误估计。经济复苏期也是难得的企业投向重新选择期。企业如果不能准确把握未来经济发展趋势和行业发展方向，继续把主要资源投入传统的或即将被淘汰的行业，在危机四伏的高危行业中“反复打转”，市场的转型定位不清，或者转型速度跟不上经济周期变化和形势发展要求，同样难逃被迫倒闭、走向衰亡的命运。

三 “三个周期”影响带来的思考

事实上，企业生命周期、经济周期、全球经济周期“三个周期”不仅对微观企业主体具有重要影响，对整个宏观经济发展也将带来不可忽视的影响，而且这些影响将在宏观上影响企业的发展环境。因此，在“三个周期”的背景下，政府如何根据市场规律和时代发展为企业经营和经济发展保驾护航，企业如何根据供需理论和周期变化进行有效决策，这些都是值得深入思考的现实课题。结合“三个周期”影响分析和相关理论，笔者认为要有效提升穿越不同周期的能力，从而促进企业和实体经济可持续发展，可从以下五方面着手。

1.“有形之手”和“无形之手”要相互配合

一定的经济结构决定着对应的资源配置状况和经济增长极限，当经济增长到一定限度时，旧有的经济结构将难以支持经济持续发展，并成为发展瓶颈。因此，任由市场自发调节，势必会以或大或小的经济衰退为代价，宏观调控必须在经济结构调整，进而在引导经济发展方面发挥重大作用。这主要是基于三点考虑。

（1）市场经济自身的固有缺陷。亚当·斯密倡导的完全由市场这只“无形之手”主导的市场经济，受资本逐利等因素影响，追求的是经济效益最大化，存在很多不利于国计民生和国家长远发展的“市场失灵”现象。比如，无法解决国民经济正常发展所必需的公共基础设施、生态平衡、环境保护等一些不以盈利为目的的投资项目，也无力解决社会化大生产所要求的社会总供给和社会总需求的平衡和产业结构合理的问题。

（2）计划经济带来的发展后遗症。凯恩斯是主张政府利用“有形之手”干预经济的核心代表人物。政府对经济的强制干预，实际上破坏了市场运行规律，破坏了市场的供需关系，带来不可低估的发展后遗症。近年来我国的经济发展，不由让大家回想起了计划经济时代“一放就乱、一统就死、一死又放、一放又乱”的发展怪圈。如果通过行政力量强行干预市场，虽然

在短期内会起到一定的刺激作用，但是将带来不少副作用，特别是项目重复建设和行业产能过剩，留下影响深远的发展后遗症。

（3）中国特色社会主义市场经济的本质所决定。当前我们国家实行的是中国特色社会主义市场经济。中国特色社会主义市场经济的本质是追求社会效益最大化，包括扶小助微、精准扶贫、保护环境等，不忘为百姓谋真正福利、为国家谋长远发展的初心。市场经济不是万能的，但实践证明它是最优的。中国特色社会主义市场经济，就是要让市场和政府各归其位，让“有形之手”和“无形之手”同时发挥作用。一方面，政府要尊重市场规律，通过市场自动调节和优胜劣汰机制，让市场在资源配置中起决定性作用，不断推动投资和生产向新的领域和更高层次发展。另一方面，政府要当好制度规章的制定者、市场运行的裁判员、公共产品的供给者，完善基础配套设施，营造公平竞争的市场环境和制度环境，在产业结构、行业导向等重要领域纠正不合法、不合规、不合理的市场行为。

2. 财政政策和货币政策要相互补位

对于如何发挥政府这只“有形之手”的作用，凯恩斯认为应该使用财政政策，弗里德曼认为应该使用货币政策。在具体实践中，政府往往习惯于使用货币政策，通过控制流动性调节社会需求，而对财政政策的运用不够，效果有限。财政政策和货币政策的侧重点有所不同，一般而言，财政政策更侧重于结构性的调节，而货币政策更侧重于总量的调节；财政政策对收入分配的调节作用比较突出，而货币政策可能更多地侧重于保持币值的稳定；财政政策在治理通货紧缩的时候作用更突出，而货币政策在治理通货膨胀的时候作用更突出。因此，财政和货币政策必须综合运用、相互补位，才能发挥积极作用。这要基于以下三点考虑。

（1）国际货币政策的困境。金融危机以来，为应对经济低迷，欧美等主要发达经济体相继推出了量化宽松货币政策，瑞士、丹麦等国家和欧洲央行甚至实施了负利率政策，意在刺激消费与投资，缓解通货紧缩压力。从当前的欧美经济发展来看，量化宽松货币政策对抗通货紧缩效果有限，反而增加了投资资本的套利行为。

（2）国内货币政策的困境。自2014年11月以来，央行先后六次降息、五次降准，并通过定向操作向实体经济注入流动性。从当前数据来看，狭义货币M1增速持续提高，从今年3月的2.9%提高到7月的25.4%；6月、7月民间投资连续出现负增长，今年1~7月民间投资增长只有2.1%。这说明企业持币观望、谨慎投资的现象有所增加，货币政策有效性递减。

（3）财政和货币政策的政策组合要协调。应对当前的经济下行，仅靠货币政策难以为继，但财政与货币政策的政策主基调要协同一致才能达到预期效果。从国际来看，欧洲央行竭尽全力推进量化宽松货币政策，但欧元区是货币同盟而非财政同盟，受前期债务危机影响，债务国家普遍实施紧缩财政政策，政策组合的不协调搭配和财政政策的缺位，对整个欧元区走出疲软态势带来巨大挑战。就我国而言，从全面推开“营改增”、推进新型城镇化、户籍改革等多项政策加快落地来看，财政政策正在发挥积极作用。结合当前经济形势，财政政策方面还应有效盘活存量财政资金和民间资本，引导资金投向社会急需发展的基础设施领域；对具有增长潜力的高新技术产业实行政策优惠，以更大的力度推进财税改革、国企改革、土地改革和户籍制度改革等。

3. 供给侧和需求侧要同时发力

供需的动态均衡对企业而言至关重要。企业要实现可持续发展，必须具备盈利能力，将产品从供给端销售给市场的需求端，并通过提高供给质量提升产品的附加值。因此，企业必须从供需两端同时发力，才能避免产能过剩。

（1）用市场需求引领产品供给。从供需角度来看，企业产品从供给端到需求端一般要经历“生产、流通、消费”三个领域。然而，实际经营实践中，企业往往将重点放在生产和流通领域，即如何将所生产的产品销售出去，对消费端关注较少。但科技在进步，客户的期望和需求也在变化。如果不关注消费端的市场变化，“一味生产、不问需求”，企业不仅难以发展，甚至连维持当前市场份额都有困难，而且这类没有需求支撑的产品生产得越多，企业产能过剩就越严重，濒临倒闭的概率也就越大。因此，企业要确保产品符合市场需求，就要积极开展营销调研，深入研究消费者市场和消费者行为，研究所在行业的市场容量和饱和度，研究产品与客户需求的吻合度，研究产品的市场接受程度，从而生产适销对路、具有需求支撑的产品。

（2）用有效供给满足有效需求。了解了有效需求，还需要用有效供给满足有效需求。产能过剩根本原因在于产品供给层次属于低端的无效供给。之所以出现马桶盖、奶粉等“海淘”热，主要是因为我国企业没有及时跟上市场的步伐，没有及时跟上国内中等收入群体消费结构变化趋势。随着消费者日益增长的高品质产品需求的不断升级，我国高端产品缺失、低端产品过剩的矛盾将日益突出。因此，企业要根据客户需求和发展趋势开展产品创新，用产品和服务满足不同客户的不同层次需求，尤其要特别关注科技创新、市场变化对各行各业的直接和间接影响，提前把握行业发展趋势，超前于竞争对手发现商机并提前布局发力，以创新的产品供给满足客户的趋势性需求。

4. 新老生产要素要协同推进

要素投入的数量和组合状况及要素的使用效率，可以推动生产的可能性边界的变化，引起企业发展和国内经济的增长变化。“科技创新能力、人力资本开发能力、数据处理能力”取代“劳动、土地、资本”，成为新的三大关键生产要素，并推动全球经济周期向前发展。要有效应对“三个周期”挑战，就必须协同推进一般生产要素与新的关键生产要素。

（1）加快一般生产要素发展升级。传统的依靠“劳动、土地、资本”一般生产要素投入为主的粗放式增长存在突出缺点，它会造成对资源的严重依赖，甚至带来严重的环境代价，这也决定了此种增长方式难以为继，必须加快升级。针对我国作为人口大国、农业大国等实际国情，要结合“三农”等工作，积极发展现代农业，优化发展劳动密集型和资本密集型产业，助推“劳动、土地、资本”一般生产要素发展升级，确保粮食、衣物等基本的生存物质保障，为提升人民生活水平奠定坚实基础，促进社会稳定。

（2）建立新的关键生产要素的竞争优势。目前我国经济的矛盾逐渐升级为消费者日益增长的高品质产品的需求同相对落后的传统生产结构之间的矛盾。而且随着人口红利的逐步消退，当前我国在人才需求与供给方面也存在着一定的结构性矛盾。适合简单组装、加工等行业的简单劳动力供大于求，而适应新形势发展要求的中高端人才依然较为缺乏。因而企业要着力提高人力资本开发能力，特别是提升复合型人才的人力资本开发能力，增加中高端层次人力资本，缓解人才供需结构矛盾。在当前的“互联网时代”以及未来的“虚拟时代”，衡量人力资本开发能力的关键，就是能不能培养高端人才实现核心科技的有效突破，实现数据资源的深度处理。因此，必须加强企业的创新制度改革，加快建设以企业为主体、市场为导向以及产学研相结合的技术创新体系，引导创新要素向企业集中，提升企业科技创新能力和大数据分析与应用的数据处理能力。利用高新技术改造传统产业，淘汰部分落后、低效生产能力，通过科技创新提高企业投资效率，避免低效、重复投资和资源浪费，培育以科技进步和大数据分析为基础的新竞争优势。

5. 新旧“三驾马车”要根据时代发展完成战略转换

企业是经济发展的主体，企业的关键生产要素发生变化，必将对经济发展战略产生重要影响。因此，从企业经营管理的微观角度放大到经济发展的宏观视野，经济发展战略也要根据时代发展，从传统“三驾马车”向新的“三驾马车”转换。这主要基于以下两点考虑。

（1）传统的“三驾马车”对经济增长的拉动效用降低。在持续的结构调整中，“投资、消费、出口”传统的“三驾马车”对我国经济增长的拉动效用显得越来越乏力。从投资来看，投资量一般与经济增长成正比，我国经济经历 30 多年的中高速增长后，目前进入增速换挡期，投资增速普遍放缓。从消费来看，当前我国高端消费群体不断壮大，消费理念不断提升，但国内消费领域的产品和服务供给尚存在较大差距，消费的快速增长难以持续。从出口来看，土地和劳动力等要素成本的上升、中国主要贸易伙伴经济减速都在影响着出口的表现。因此，在当前经济下行压力加大的背景下，延续传统的发展老路必然成为经济发展的阻碍。

（2）时代发展呼唤新的“三驾马车”。经济新常态下，结构如何转型？动能如何转换？经济如何驱动？最根本的是要准确把握发展趋势，依托

“科技、人力、数据”驱动经济增长。“科技、人力、数据”从微观角度而言是新的关键生产要素，从宏观角度来看就是拉动经济增长新的“三驾马车”。科技是“三驾马车”的关键引擎。科技创新带来的技术冲击，对企业生命周期、经济周期、全球经济周期都具有极其重要的影响，而且直接影响发展后劲。当前我国供需结构错配、高端供给不足的背后，是科技创新能力不足的体现。科技创新能力的不足，导致投资的领域、出口的产品偏于中低端，无法满足不断升级的消费需求。人力是“三驾马车”的战略牵引。随着供给侧结构性改革五大任务的提出，“补短板”成为热词。补短板不仅要补齐经济发展领域的短板，更要补齐高端人才方面的短板，特别是具备全球化视野、懂市场、懂管理、懂金融、懂科技的复合型人才，提高经济发展规划的战略性和前瞻性。数据是“三驾马车”的核心驱动。大数据被奥巴马政府定义为“未来的新石油”，是重要的战略资源。尤其是区块链技术极大提升了数据的真实性和不可篡改性，使得大数据成为抢占未来发展制高点的核心资产。有效的大数据分析，能够发掘社会和行业的发展规律，实现新兴技术应用和传统产业提升，从而提升经济的发展层级。

四　结语

“三个周期”是客观存在的经济现象，是不以人的意志为转移的。企业只有经历周期调整，才能不断走向成熟，才能真正提高穿越不同周期的抗风险能力，实现可持续发展。企业如果能抓住经济周期这条主线，顺应全球经济周期的宏观形势变化，把握企业生命周期的微观市场环境，掌握经济周期不同阶段特征，致力于“全球化思考、本地化行动”，提前做出形势研判，从供需两端同时发力，并根据时代发展协同推进新旧关键生产要素，就能有效应对经济周期波动，更加从容地应对新常态。由于企业发展对经济发展产生重要影响。因此，政府也要发挥“两只手”作用，综合实施财政和货币政策，及时完成新旧“三驾马车”转换，保障经济良好运营，促进经济平稳发展。

参考文献

张东向:《经济周期波动对我国银行业的影响研究》，中国金融出版社，2011。
张东向:《管理阶梯理论》，企业管理出版社，2011。
张东向:《3M 理论与实践研究》，中国财政经济出版社，2009。
爱迪思:《企业生命周期》，中国科学出版社，1997。
多恩布什:《宏观经济学》，中国人民大学出版社，2000。
菲利普·科特勒:《营销管理》，上海人民出版社，2009。

管理实践篇

Management Practice

B.4

声誉管理的评价实践

翟静宜　孙 梅　朱 毅*

摘　要： PORM 知识体系是由人民网舆情监测室 RRM 实验室创建，运用于舆情风险管理活动的理念、原则与方法，涉及多学科与多领域，以目标管理、系统反馈与动力驱动、组织进化、认知管理、功能细胞化与反脆弱等内容为主。在舆情风险管理的实践中，PORM 知识体系主要体现为认知管理、风险管理与危机管理三大项。本文以工业行业的 A 公司为例，具体描述了 PORM 知识体系在舆情风险管理实践中的初步运用。基于 PORM 知识体系的舆情风险管理可以实现风险的关口前移

* 翟静宜，人民网舆情监测室副秘书长，人民在线首席战略专家、首席声誉风险管理专家，人民网舆情监测室 RRM 实验室及 PORM 体系创建人；孙梅，人民网舆情监测室秘书长助理，声誉风险评估师，主任舆情分析师。朱毅，人民网舆情监测室 RRM 实验室副主任，声誉风险评估师，主任舆情分析师。

与全程管理，提高危机管理的前瞻性与针对性，降低危机管理的难度与成本，代表了舆情服务行业新的业务模式。但是，由于该体系涉及复杂系统管理，探查风险源容易引发组织排异反应，以及风险信息系统需要数据技术支持等因素，基于PORM体系的舆情风险管理还需要在实践过程中进一步完善。

关键词：PORM知识体系 PORM 认知管理 危机管理

一 PORM体系简介

（一）PORM是什么

舆情风险管理（Public Opinion Risk Management）是组织对于舆情风险的管理，是组织在经营、财务等管理之上的一种战略行为。舆情风险是由舆情引发的风险，具有风险的不确定性、收益与损失共存等基本特征，也具有舆情的可控性差、凶险等特征。

移动互联网时代，舆情风险管理是声誉管理中最复杂、牵涉面最广、不确定性最强的难题，关系到声誉管理的成败。

舆情风险管理基于一系列的测量工具，实现了系统反馈回路管理、组织的脆弱性管理、功能细胞化管理、媒体与公众认知管理四项管理职能，保障了舆情风险的关口前移与全程管理。

（二）PORM知识体系构成

PORM知识体系是PORM实践的理论基础，决定了PORM实践活动的理念、原则与方法。PORM知识体系重视从多学科视角对舆情风险进行理性认识，是跨领域的知识体系。

1. PORM 知识体系构成

(1) 目标管理

PORM 知识体系建立在目标管理的基础上，要求舆情风险管理活动要以目标管理为导向。

目标管理是以科学管理理论和行为科学理论为基础而形成的一整套管理制度。1954 年，美国管理学家彼得·德鲁克在《管理的实践》一书中首次提出了“目标管理与自我控制”的主张。根据德鲁克的阐释，目标管理就是依据目标进行的管理，管理就是制定目标，目标管理是一种战略性导向。目标管理和自我控制使得公共利益成为每一位管理人员的目标，它把外部控制取消，代之以更严格的、要求更高的、更有效的内部控制，它能够激励管理人员作为“自由人”而采取行动。德鲁克认为，目标管理和自我控制可以恰当地叫作一种管理哲学，它所依据的是一种管理职务的概念，取决于对管理群体的特殊需要和所面临的困难进行的分析，并以有关人的行动、行为和激励的概念为基础。①

PORM 以目标管理为导向，这表现在：

第一，舆情风险涉及组织管理活动的方方面面，它不单单是管理层的责任，也需要每个组织成员的参与和协作。尤其是那些在组织的窗口部门发生的风险，比如消费者对产品的质量投诉、消费者对服务人员专业水平及态度的不满等，更是需要每个组织成员有责任心，愿意对工作承担责任。

第二，舆情风险管理把增强组织识别风险、应对风险以及声誉修复的能力作为共同目标，共同目标决定上、下级的责任和分目标，衡量组织成员工作成效的标准是他们设定的目标的实现程度。同时，共同目标将个人的力量和责任心与组织的绩效联系在一起，共同目标要与个人目标相互协调和统一，每个人在实现个人目标的同时也实现了组织的目标。

第三，舆情风险管理以自我控制和参与式管理为实现共同目标的途径。以自我控制的管理方式取代强制性管理，是对于充满不确定性的舆情风险的

① 彼得·德鲁克:《管理的实践》，齐若兰译，机械工业出版社，2015，第 68 页。

有效的管理方式。舆情风险的情境变幻莫测，很难有固定不变的舆情风险管理方法、计策或工具能够在随时可能出现的新风险面前表现得令人满意。舆情风险管理基于目标管理，让下级有充分的自主权参与目标制定与实施，注重人的创造性和内在能动性力量，能够提高组织对于风险的反应速度与灵活应对程度。

第四，舆情风险管理是一种成就激励的管理方式，要通过目标去激励组织成员提高工作效率并取得成就，从而实现组织目标。从目标管理的角度看，衡量组织成员工作成就的标准是他们在专业领域的表现与成就，即他们对于舆情风险识别、判断与应对的能力。

（2）系统反馈与动力驱动

系统反馈与动力驱动是 PORM 知识体系的组成部分。

PORM 是一个信息反馈系统，信息反馈是实现舆情风险动态管理的内在要求。在目标的制定、实施和评价过程中，信息的反馈和分析非常必要，它可以增加实现目标和降低风险的可能性。舆情风险管理的过程，实际上是基于风险信息而做出决策并执行的过程，通常需要建立精准而有效的数据库系统。

PORM 同时是一个动力系统，是以风险数据库的风险信息为驱动力，通过反馈回路，调节风险决策过程中的各个环节，进而从整体上寻求改善舆情风险管理的行为。

（3）组织进化

PORM 知识体系重视组织进化理论。舆情风险管理强调通过组织的基因进化，从根本上推进组织的行为优化与组织的功能进化，提升组织在风险中的生存能力，使组织能够从风险中获取收益，并得到更大的发展空间。从进化论视角看，组织的 基因包含了战略、制度、人力等所有的关系信息，决定了组织的独特性，也决定了组织对于舆情风险的管理能力与效果。组织基因的变异，可以带来舆情风险管理目标制定、决策执行、效果评估等方面的变化，良性的基因进化则可以使组织获得与风险共生的能力。舆情风险管理以组织基因的良性进化为目的，通过组织舆情风险管理能力的提升，使组织具备从风险中受益和成长的能力。

（4）认知管理

风险愈少为公众所认知，愈多的风险就会被制造出来，[①] 舆情风险管理要求对公众进行认知管理。风险认知指的是留意、解释与记忆相关的风险事件与信息的过程。它是风险传播中的概念，关切公众如何认知风险的危险度。其基本逻辑在于一般公众并没有足以估计真正风险的专业知识，公众经常会成为舆情风险的重要影响者。面对移动互联网带来的信息爆炸，即使专家群体也并非全知全能，也可能成为舆情风险的传递者，甚至是制造者。特别是当遭遇工业社会所引发的复杂风险挑战，如核能危机、生态破坏、超级病毒等时，专家有时也无能为力。

然而，媒体也经常成为舆情风险放大路径中的重要环节。媒体不仅会起到一种将其作为全球事件聚焦的作用，而且还会采取一种更具表演性的立场，积极地促使某些问题成为风险。诚如 Kasperson 等人的研究指出，来自他人或媒体报道的资讯对人们的风险认知有重大的影响。

因此，舆情风险管理也需要进行认知管理。对此，SARA 理论也有相关论证。SARA 理论认为，风险放大的根源在于风险的社会体验，包括直接的个人体验和间接的次级体验。当直接的个人体验缺失或极少时，个体则从其他人或媒体那里获得风险认知。大多数人对风险事件或风险蔓延的认知，都借助于信息系统。

（5）功能细胞化

PORM 知识体系中的细胞功能化，强调经过组织内部的基因密码与功能预设，使具有舆情风险免疫功能的细胞群体协同工作，以实现舆情风险管理功能的细胞化。这主要体现在舆情风险的分级分类管理。

在免疫理论的视角下，[②] 组织可以被看作是一个具备完整免疫系统的生物体。其中，专门的风险管理部门是免疫系统的中枢免疫器官；其他的有关

① 乌尔里希·贝克《风险社会》，何博闻译，译林出版社，2003。

② 王楠：《免疫视角下企业风险管理要素与风险管理绩效关系研究》，博士学位论文，吉林大学，2015。

部门是免疫系统的外周免疫器官；而组织中的风险控制人员，则构成了功能各异的免疫细胞。此外，它们连同组织内部的其他资源共同搭建了风险免疫系统的基本结构，为其成功实现免疫功能奠定了结构上的基础。借助免疫理论的视角，我们可以建立起生物体免疫系统与舆情风险管理系统之间的对应关系。

执行舆情风险管理功能的细胞主要是涉敏部门及岗位，这是风险感知与治理的第一线；职能部门及岗位，这是舆情风险管理的眼耳鼻喉舌。经过风险免疫的细胞化，舆情风险管理能够实现三大功能，即让一线的人有能力发现风险、有能力做正确的决定，让相关的人有能力协同管理风险。

（6）反脆弱

作为PORM知识体系的一部分，反脆弱是舆情风险管理区别于1.0时代舆情危机应对的明显特征。

在《反脆弱》[①]一书中，反脆弱（antifragile）是指脆弱性的对立面。当有些事件具有了反脆弱能力，它们能从冲击中受益，当暴露在波动性、随机性、混乱和压力、风险和不确定性下时，它们反而能茁壮成长和壮大。反脆弱性超越了复原力或强韧性，复原力能让事物抵抗冲击，保持原状；反脆弱性则让事物变得更好。强韧性或复原力在波动性和无序性面前既不会受损也不会受益，而反脆弱性则会从中受益。反脆弱偏好随机性和不确定性，它能帮助我们应对未知的事情，解决我们不了解的问题，而且非常有效。

舆情风险无处不在，充满不确定性。尤其是舆情风险中的黑天鹅问题，更是难以预测。而反脆弱是舆情风险的解决方案，更是黑天鹅问题的解决方案，因为反脆弱是一种在随机性面前把握秩序、掌控局面的能力，是一个能够不断利用随机事件、不可预测的冲击、压力和波动实现自我再生的机制。

2. PORM知识体系的理念、原则、方法

（1）理念

①舆情风险管理是战略工程

舆情风险管理是从战略层面对组织声誉进行全方位管理，进行持续和一

① 纳西姆·尼古拉斯·塔勒布：《反脆弱》，雨珂译，中信出版社，2014。

定力度的传播，将组织的价值观、模式、产品和服务等及时和准确地传达给各方面的受众。① 作为一项战略工程，舆情风险管理需要从组织战略定位的高度出发，这基于组织的战略规划，全面统筹。

舆情风险管理是战略工程，这还与组织中带来负面危机的事件绝大多数是战略风险有关。事实上，财务风险被认为是威胁组织最大的风险，但这在经验上是站不住脚的。因为在组织的所有风险中，战略和经营风险通常涵盖了绝大多数的关键风险，并构成组织的最大的威胁。② 在 2009 年 12 月发表的一项研究中，以 2006 年出现在《华尔街日报》头版关于上市公司的负面事件为基础进行分析，按照风险类别审查了风险的分布。结果表明，只有 1% 的这类头版新闻是财务风险，而大约有 2/3 的是战略风险，约 1/3 的是经营风险。③ 其他行业的研究也有类似的结果，明确指出公司重大的风险事件按降序排列依次是：战略风险、经营风险、财务风险，且战略风险通常占据 60% 左右的比例。④

②苦练内功：组织脆弱性管理

舆情风险管理的开展需要在全面分析组织内外部环境的基础上，对组织的风险源进行科学评估，对组织存在的问题进行有效管理，尤其是对于组织存在的脆弱之处，需要苦练内功。组织的脆弱之处可能是那些长期存在的风险源，是那类在长期的活动中逐渐形成的慢性问题。这些问题产生的原因复杂多样，人们对于其存在已经习以为常，以至于适应了它的存在，不可能发现或者即使已经发现了也不愿意承认和解决。但是，这些问题的存在影响着组织的脆弱性，可能引发系统性风险，而解决这些问题则利于打破现状，以

① 百度百科关于声誉管理的解释：http：//baike. baidu. com/link？url = tRfdfG_ pDEL – b0 – 2Rduz2sUDUrFlknCdgzjYAeSjHbpg – 1VbwRmD5S0vUwZq1CB89cAoSEcUQkko6I6Wy9WKDK。

② 西姆·西格尔：《基于价值的企业风险管理》，裘益政译，东北财经大学出版社，2013，第 20 页。

③ "IMPACT Study：Focusing on Risks that Matter to you…and to the Media," *Horizons：A Global View of Bnferfrise Risk managememt*, Watson Wyatt, December, 2009.

④ 西姆·西格尔：《基于价值的企业风险管理》，裘益政译，东北财经大学出版社，2013，第 20 页。

获得突破式发展。

③统一战线：供应链/生态系协同管理

舆情风险管理是系统性工程，需要有供应链及生态链协同管理的理念及方式。互联网对天、地、物、人之间的无缝连接增大了舆情风险的影响范围，增强了舆情风险的不确定性。位于组织供应链及生态链系统的任何一个环节的舆情风险，都有可能牵连、波及或转移到该组织中，给该组织带来直接或间接的舆情风险。相反，发生在该组织内部的舆情风险，也可能通过牵连、波及、转移等方式，给供应链或生态链系统中的其他组织带来舆情风险。现代社会的工业生产与劳动分工决定风险以及舆情风险在不同个人、不同群体、不同组织之间的相关性，让风险以及舆情风险突破了时空限制。处在乳业上游的某现代牧业牧场发生的污染事件，会让处在乳业下游的企业蒙牛面临舆情危机；一起江苏常州学校毒地污染事件，会让当地整个环保系统、环境修复产业乃至全国范围的生态环境保护问题陷入舆情风险。由于舆情风险的不确定性，一个组织在面临舆情风险时，其危机应对与风险管理在很多情况下需要供应链或生态链系统中其他组织的协同。

④与风险共舞：媒体与公众认知管理

舆情风险管理摒弃传统的删、沉、封、堵式手段，倡导与风险共舞，重视对媒体和公众进行积极的认知管理。

媒体在建构大众对风险的理解和态度上，扮演相当重要的角色。按照李普曼对“拟态环境”的界定，传媒是让人们感知社会、了解日常生活经验以外的世界的主要渠道。[①] 安东尼·吉登斯认为，大众传媒在平时提供民众据以从事日常生活的相关资讯，提供他们生存的安全感与信任感，而当风险来临时亦扮演着引导民众处理风险的重要辅助角色。[②] 由于媒体是界定舆情风险的重要机制，媒体认知管理也就成了舆情风险管理的重要议题。

公众认知也是影响舆情风险能否从众多风险中凸显出来，并产生爆炸性

---

① W. Lippmann, *Public Opinion*, New York: Free Press, 1922/1997.

② Anthony Giddens, *Modernity and Self - Identity: Self and Society in the Late Modern Age*, Cambirdge: Polity, 1991.

影响的重要机制。不少有关社会风险认知的实证研究指出，公众理解的风险未必与专家学者对风险的理解以及科学数据所反映的一致。[①] 有时，公众对风险或是显得异常敏感甚至歇斯底里，或是显得不太关心，甚至专家与公众在风险议题的辩论上，经常呈现壁垒分明的对立状态。

（2）原则

①目标导向

舆情风险管理以目标为导向。传统管理学界只把目标看作简单的目的，把目标作为计划的一部分。但是，在目标管理的哲学理念下，舆情风险管理把目标作为计划和行动的先导，而不是行动的一部分，并把目标作为管理的核心。舆情风险管理的共同目标既体现了组织自身的利益，也与每一个组织成员息息相关，组织成员的目标与组织目标之间相互协调。目标成为组织成员任务和责任的依托和纽带，每个人在实现个人目标的同时，也完成了自己的责任，实现了组织的目标。

②系统控制与整体管理

舆情风险在来源上更多地与组织战略性风险相关，而战略性舆情风险必然要求对于舆情风险的系统控制与整体性管理。同时，舆情风险所能波及的范围具有不确定性，来自基层的、个别部门的舆情风险也可能被扩大化，升级成那种危及整个组织的风险。因此，对于舆情风险的系统控制与整体管理必不可少。

③组织进化与免疫行为细胞化

舆情风险管理积极推进组织进化，以使组织具备与风险共生的能力。组织进化需要基于组织免疫行为的细胞化，使组织中每个成员具备识别、应对与化解风险的基因，从基因上对舆情风险具有免疫行为。免疫行为细胞化让组织具备了与风险环境融为有机整体的能力，使组织能够在复杂多变、不可预测的、不可保证的风险面前临危不惧，且有能力转危为机，并进入新的生

① 郑和顺：《创建“世界风险社会”背景下环境传播的公共新闻模式》，硕士学位论文，重庆大学，2011。

存空间。

④客观测评

舆情风险管理是基于客观测评建立起来的信息反馈系统。客观测评保证了信息的准确性与完整性，从而保证了信息反馈回路的有效性。影响舆情风险发展路径的因素众多且关系复杂，作为初始条件，它们微小的变化可能会导致意想不到的后果。因此，舆情风险管理信息反馈系统中的各方面数据都要求进行客观测评，以便最大程度地反映舆情风险的真实情况。

（3）方法

①大数据与数据挖掘

在维克托·迈尔－舍恩伯格及肯尼斯·库克耶编写的《大数据时代》中，大数据指不用随机分析法（抽样调查）这样的捷径，而采用所有数据进行分析处理。对于“大数据”（Big Data）研究机构，加特纳（Gartner）给出了这样的定义：“大数据”是需要新处理模式才能具有更强的决策力、洞察发现力和流程优化能力来适应海量、高增长率和多样化的信息资产。

互联网的开放性使数据庞大的网民和各种社会群体可以在网上发表观点，这使得互联网数据在数量规模上急剧增长，数据形态也呈现出文本、图片、音频等多种方式，数据呈现出了极大的多样性。同时，现代社会价值观多元，各种观点交流交锋，舆论多元多变，也加剧了舆情数据的多样性和变化性。因此，舆情数据越来越呈现出大数据的特征，如规模与容量大、种类多、内容复杂等。

舆情风险管理基于对舆情数据的采集和挖掘分析，而通过数据挖掘，可以对舆情数据进行专业化处理，从而充分发挥舆情数据在舆情风险管理中的作用和价值。数据挖掘一般是指从大量的数据中通过算法搜索隐藏于其中的信息的过程；数据挖掘通常与计算机科学有关，并通过统计、在线分析处理、情报检索、机器学习、专家系统（依靠过去的经验法则）和模式识别等诸多方法来实现上述目标。①

① 百度百科，数据挖掘，http：//baike.baidu.com/link？url = ChyQT4M2NHO6VLxA74q9_urDxb－bRjP4qM5uIjG78orEwXQjoDfXBndtfbrlzpk4－WURmSakBVXFdSj5fQemna#2。

②指标与建模

舆情风险管理指标体系目前由三套 PORM 360°咨询指标和四套工具性指标构成。三套 PORM 360°咨询指标是从组织内部、供应链/生态系、媒体与公众三个层面设计，由反脆弱、协同、生态三个系列总计 700 多个指标项构成。四套工具性指标，包括主动宣传效果评估、危机处置效果评估、媒体与公众认知评估以及舆情沙尘暴沙化监测等应用。PORM 指标体系涵盖了声誉风险管理从风险识别到风险应对，再到形象修复的整个过程，代表了影响舆情风险管理成效的重要因素。各指标数据的生成，主要通过计算机软件对网络舆情数据的采集，以及基于组织实际调查的数据收集。对于文本类数据，通常要经过舆情风险专家以及来自组织方面的分析研判。

在舆情风险管理的实施过程中，风险管理制度的制定、执行与效果评估等重要环节的信息反馈系统要通过数学模型的建立与操作而获得。遵循系统动力学“系统结构决定系统功能”的系统科学思想，舆情风险管理从系统内部寻找问题发生的根源，观察系统内部结构中各种因素的交互作用过程，讨论各因素变化对于系统行为的影响，从整体上寻求改善系统行为的机会和途径。在具体操作上，舆情风险管理模型不是依据数学逻辑的推演而获得答案，而是依据对组织系统的实际观测信息建立动态的仿真模型，并通过计算机试验来获得对组织系统未来行为的描述。

③调查研究

实地调查是舆情风险管理的重要研究方法，可以通过问卷、访谈、座谈等方式进行。舆情风险管理以组织自身为对象，其风险信息来源于组织，其风险管理的理念、方法、工具与数据等最终也要服务于组织，并接受组织实践的检验。因此，实地调查是舆情风险管理的重要方法。一些公开数据已经告诉了人们某组织曾有过或者正在经受的舆情风险，但是科学的舆情风险管理需要走到实地调查这一步，其目的是全面、客观地了解组织的舆情风险与舆情风险管理能力，这是建立舆情风险管理信息反馈系统的必要前提。

④头脑风暴与情境设计

头脑风暴与情境设计是舆情风险管理过程中重要的操作方式与技巧。

舆情风险管理的过程也是一个群体决策的过程，而在群体决策中，由于群体成员心理相互作用影响，易屈从于权威或大多数人的意见，形成所谓的“群体思维”。群体思维削弱了群体的批判精神和创造力，损害了决策的质量，为了保证群体决策的创造性，提高决策质量，在管理上发展了一系列改善群体决策的方法，头脑风暴法是较为典型的一个。[①] 所谓头脑风暴（Brain-storming）最早是精神病理学的用语，指精神病患者的精神错乱状态而言，如今转化为无限制的自由联想和讨论，其目的在于产生新观念或激发创新设想。[②]

情境设计是舆情风险管理中的重要环节。这里的情境主要是舆情风险可能呈现的各种事件、情况、问题等。在西格尔基于价值的企业风险管理中，风险情境的分析是量化风险可能给企业带来的价值变化的前提条件，也是风险管理策略得以确立的重要依据。在库姆斯“情境式危机传播”理论（Coombs，2006、2007）中，危机情境被视为危机传播的根本出发点。该理论将组织危机分为受害型、事故型、错误型三种，总结出了否认型、淡化型、重塑型、支持型四种传播策略，并根据这两方面的情况进行整合，针对危机传播提出了13项对策。对于舆情风险管理，情境设计要在风险源识别与风险管理能力评估的基础上，集合舆情风险专家、组织方面的当事方、各行业领域的专家等多个群体的意见，通过头脑风暴的方式来进行。科学的情境设计，保证了舆情风险管理决策的有效性。

3. PORM 操作体系

认识PORM体系，需要了解认知管理、风险管理（即舆情风险管理，下同）、危机管理三者之间的关系。

认知管理是指媒体与公众的认知管理，贯穿于风险管理与危机管理的全过程。媒体与公众认知是舆情风险形成的前提，是风险管理与危机管理在组织之外所要针对的管理对象，也是舆情风险与危机管理效果的衡量标准之

① 百度百科，头脑风暴，http：//baike. baidu. com/link？ url = MwkyeodWPVUMVIMcGyKfUINrKNBT9yyyB8BF9wQz4qvgQ60SAXr0jCULURxQkITs。

② 同上。

一。从风险管理与危机管理所产生的组织的外部效果来看，风险管理与危机管理就是媒体与公众认知管理的过程。

但是，除了风险管理与危机管理，认知管理还包括其他一系列影响媒体与公众认知的活动，如新闻发言人管理、公关、广告等。

危机管理是风险管理中侧重危机应对策略与计策的管理活动。风险管理作为战略性行为，其管理决策的制定，需要考虑危机管理中的各种情境，考虑危机爆发时所带来的危害、危机应对所需的资源、预案等因素。对于危机管理的全面考虑，有助于形成科学、合理、具有可操作性的风险管理决策。

同时，危机管理需要被纳入风险管理的体系中，以风险管理为战略指导。缺少了风险管理的战略性与全局性考虑，危机管理容易陷入“头疼医头脚疼医脚”的循环，不能从源头解决问题，甚至不能发现真正的危机所在，导致危机管理工作南辕北辙。

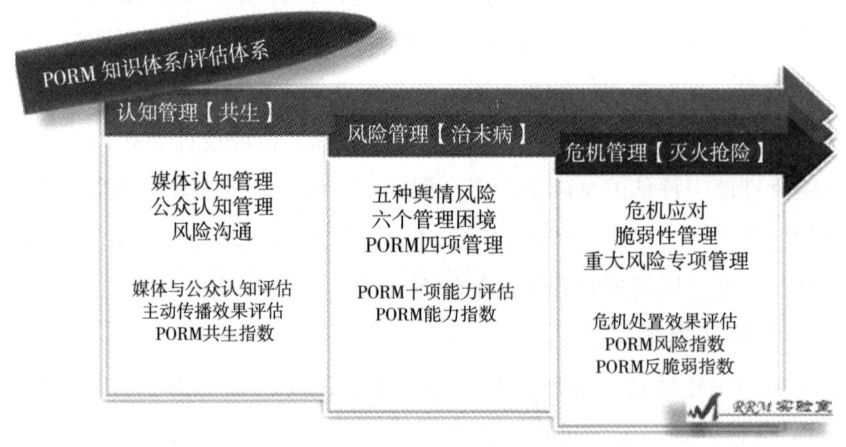

图1　PORM 知识体系/评估体系

（1）认知管理

①概念

以风险管理为目标的认知管理是基于风险沟通，对媒体与公众关于某组织、事项、事件等对象的认知体系进行积极干预，以正面影响媒体与公众的态度与价值，构建有利的舆论环境。大众传播通过营造意见环境来影响和制约舆论，认知管理是风险管理的重要内容。

根据管理对象的不同，认知管理包括媒体认知管理与公众认知管理两个部分。媒体与公众是网络舆论场的两大活跃主体，是构建网络舆论的两大关键角色。媒体认知管理与公众认知管理相辅相成：公众是媒体传播的受众，有效的媒体认知管理离不开对公众认知的管理；有效的公众认知管理，也需要经过媒体认知管理这一载体。

认知管理以与风险共生为理念，强调在风险中迎接挑战，抓住机会，能够转危为机，得到发展。认知管理贯穿风险管理与危机管理，意味着风险管理与危机管理也是以风险为养料，谋求与风险共生。当前，无论是风险管理，还是危机管理，尤其是策略与计策环节的危机应对，往往视风险为敌人，不重视声誉的修复，不能从风险中找到风险管理的支点。这导致危机管理疲于处理应接不暇的问题，但组织的声誉并没有得到好转，舆情风险得不到有效的管控。

②操作流程

媒体认知分析包括对传统媒体、网络媒体、监管媒体的认知分析，其重要性由媒体属性所决定。监管媒体的报道通常决定了舆情风险的性质，决定了舆情风险是违规还是违法，以及违规或违法的严重程度等。传统媒体的报道立场、信息选取、态度倾向等，与网络媒体的相互作用，共同影响了舆情风险的扩散速度、范围、烈度、控制难度等。

③评估工具

PORM 对于媒体与公众认知的研究，是基于三大指标体系。

A. 媒体与公众认知评估指标体系

媒体与公众认知评估是媒体与公众对于组织风险的认知所进行的评估，风险认知是关注、了解、解释与记忆相关的风险事件与信息的过程。媒体与公众认知评估指标体系包括四个认知方面的评估，即对于风险信息的关注程度、对于危机事件的态度倾向、对于危机事件的道德取向、对于组织声誉的认知取向。

B. 主动传播效果评估指标体系

是针对舆情风险管理在媒体与公众认知方面所起到的效果的评估，指标体系包括传播内容、传播路径、传播过程三个维度，共有 13 个一级指标、29 个二级指标。

C. PORM 共生指数

PORM 共生是指组织与外部环境潜在风险的共生，是在风险社会系统中迎接挑战，抓住机会，获得收益，并不断增强抵御风险能力的过程。PORM 共生指数需要考虑风险交流、粉丝经济、环境互动等问题。

（2）风险管理

①概念

在开始定义舆情风险管理之前，我们必须先定义风险。风险是一种不确定性，同时，在舆情风险管理的环境下，风险不但包括危机引起的损失，还包括机会带来的收益，是任何偏离预期的可能性。那么，舆情风险是因舆情导致组织偏离目标的不确定性，舆情可能由组织内部引发，也可能从组织外部引发。该定义是从风险的定义中延伸出来的，其内在逻辑有两个层次：首先，风险最初是由舆情层面引发的；其次，舆情风险的结果导致组织偏离目标，但是偏离目标并不一定代表必须是损失，在一定的条件下也可以转换为机遇。

风险管理是一个复杂的过程，是针对风险所采取的指挥和控制组织的协调活动。那么，舆情风险管理就是针对舆情风险所采取的指挥和控制组织的协调活动，是把管理计划、策略、程序和操作方法等系统地应用到一系列的协调活动中的过程。移动互联网时代，舆情风险成为风险管理中最复杂、牵涉面最广、不确定性最强的难题。

②风险管理循环

舆情风险管理循环主要过程中的三个步骤：风险识别、风险量化、风险决策制定。

第一，风险识别

风险识别是对风险从发现到分析，再到初步测量的过程，风险识别由三

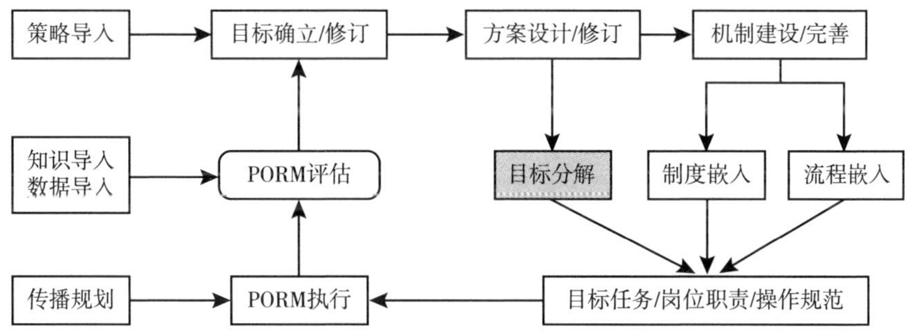

图 2　PORM 循环

注：PORM 评估是 PORM 循环的开始，是风险识别与风险量化的过程。在 PORM 循环的第二个环节即风险量化过程中，开展 PORM 能力评估的同时，需要推进 PORM 策略导入、知识导入、数据导入与传播规划问题。决策制定作为 PORM 循环的第三个环节，需要基于 PORM 策略目标、方案、机制、制度、流程的修订与嵌入，以及目标任务的确立与岗位职责、操作规范的修订。

个部分构成。

a. 风险分类和定义

风险分类和定义主要是构建一个已知潜在风险的全面清单，即风险清单，包括风险类别、风险部门、风险本身及其定义描述等。

其中风险类别主要基于舆情沙尘暴、舆情暴风雪、舆情双暴聚合、舆情雾霾四种类型的划分。

舆情沙尘暴：在舆情风险领域，曾发生的负面事件会使公众产生负面刻板印象，相关的负面消息在网络舆论中沉积，并持续沙化。对于沙化现象，如果没有进行舆论对冲与修复，网络传播“先入为主”的影响会使刻板印象进一步强化与放大。当遇到某些能够诱发舆情风险的刺激性因素时，这些沉积之沙就会被扬起，形成舆情沙尘暴现象。舆情沙尘暴屏蔽公众视线，并带来负面刻板印象的进一步放大。刻板印象是舆情沙尘暴的主要特点，因此舆情沙尘暴具有刻板印象的一些特点：以偏概全，一旦形成难以改变，纠错成本高。舆情沙尘暴的刺激、诱发因素有很多，如同复杂多变的风，因而“扬沙”是组织可能要面对的常态，需要纳入舆情风险管理体系中给予重点治理。

舆情暴风雪：在舆情领域，我们用舆情暴风雪这个概念描述那些危害程度极高、严重伤害组织声誉的事件及其所带来的危害。最初，这些事件可能是微小的、不被重视的，与暴风雪看起来毫无关系。舆情暴风雪通常属于系统性风险，一旦发生，会对组织造成整体的、灾难性的打击，会使公众丧失对组织的信心，甚至给整个社会带来负面影响。舆情暴风雪造成非常大的危害，且这种危害常常难以恢复，因此舆情暴风雪是舆情风险管理工作的重中之重。

舆情双暴聚合：舆情双暴聚合所引发的舆情风险，既有舆情沙尘暴的特点，又有舆情暴风雪的特性，是舆情沙尘暴与舆情暴风雪的聚合。典型的案例是我国近年来的邻避运动与冲突。

舆情雾霾：舆情雾霾通常是组织中常见的瑕疵、局部的问题、个体性失误等。它们通常不会给公众造成明显的损失，也不会造成大规模的破坏。因此，舆情雾霾风险的特性是双容忍，即公众对于舆情雾霾的容忍度高，虽然公众因为这些问题也会产生负面情绪，但他们仍能够接受现状，不会伤及对组织的信心；同时，由于舆情雾霾短时期内不会给组织带来重大的损失，企事业单位等作为舆情雾霾风险的制造者对于舆情雾霾也有较高的容忍度，它们通常会忽视舆情雾霾。

b. 定性风险分析

定性风险分析是确定风险后果的等级和发生可能性的过程，是对于风险的定性评估调查和估计。风险分析的主要目的是对风险清单中的风险进行评级与排序，并把它们精简为关键风险的列表。对于关键风险的分析，其还能支持新风险的识别，有助于发现风险分类和定义环节中被忽略的某些重大的潜在风险。而这些可能是组织必须提高警惕的致命风险，如傲慢和集中风险。这类风险容易识别，能够产生许多危害，并且经常产生危害，但是其危害的严重程度通常又难以被组织承认和重视。

定性风险分析的流程包括征求与组织的关键风险相关的内部人员的意见，以及对每个潜在的关键风险发生的可能性和影响的严重程度进行高水平的定性评分，并最终形成关键风险清单。

c. 进一步风险测量

舆情风险测量是针对潜在的关键风险，初步确定其敏感程度、隐藏深度、暴露程度、危害程度与控制难度的过程，是对潜在关键风险的进一步评估，以形成更详细、完整、深入的风险描述。在风险分类和定义阶段，风险清单已经具有了风险类别、风险部门、风险本身及其定义的描述，这主要是关于关键风险的横向描述。而经过进一步风险测量，风险清单变得丰满起来，这包括新增加的横向风险描述，如风险源、风险点、风险事件、风险原因等描述，还包括对关键风险在敏感程度、隐藏深度、暴露程度、危害程度与控制难度方面的纵向风险描述。

通过进一步风险测量，关键风险清单就形成了比较详细的风险数据库，这个过程也有助于组织内部人员对于关键风险进一步达成共识。进行了风险测量之后，PORM 循环就可以进入到风险量化阶段。

第二，风险量化

风险量化是 PORM 循环过程中的基石。它提升了 PORM 循环中的前一个环节，即风险识别环节中关键风险清单的准确性；同时，它也为组织 PORM 的下一个环节即风险决策制定提供了必要的信息。风险量化通过使用 PORM 能力评估的方法，基于 PORM 模型，来支持风险决策。

风险量化是依据对组织价值的影响来量化风险，并将风险和收益联系起来。计算舆情风险给组织带来的价值影响，主要是指风险的危害程度，这包括品牌声誉、资金安全、市场地位、人才流动等方面所受到的影响。

风险量化过程包含三个部分。

a. 计算风险后果

风险量化的开展，首先要确定风险后果。风险后果的评估包含了对于风险可能带来的损失与收益的整体考虑，这是按照预期的偏离程度来定义和量化的。在操作层面，预期以及对预期的偏离程度主要通过财务数据来测量。当然，舆情风险给组织的声誉带来影响，而这种影响最终也可以体现在财务数据上。在舆情风险管理中，预期通常是通过组织的战略计划来反映，因此确定风险预期是一种基于战略规划的内部评估。

b. 量化个别风险敞口

量化个别风险敞口是依据风险后果来对每个关键风险的多个确定性风险情境进行量化。

风险情境是风险的确定性场景，既有上行情境，即能够给组织带来收益的风险；也有下行情境，即能够给组织带来损失的风险。

每一种关键风险往往有多种风险情境，对这些风险情境需要逐一进行量化，量化工作是确定每个风险情境的发生可能性与风险后果大小。个别风险情境量化的结果，将决定关键风险最终的级别。

c. 量化组织风险敞口

组织风险敞口是指经过多个风险情境的风险聚合之后，多个关键风险共同给组织带来的风险后果。

在组织风险敞口的量化工作中，重点是计算个别风险情境之间的相关性，因为个别风险情境之间，以及多个关键风险之间都可能发生风险聚合，即风险之间的交互作用。风险聚合导致风险的放大与抵消，从而影响舆情风险给组织带来的最终后果，而该最终结果是组织进行风险决策的重要参考依据。

风险量化所需工具是风险测量指标体系、风险管理能力测量指标体系、风险模型。

第三，决策制定

在 PORM 循环中，决策制定是将舆情风险管理纳入决策制定，并进行风险沟通的过程。风险决策要综合考虑损失和收益，其目的不但要减少风险带来的损失，将风险控制在一定的风险敞口之内，还要力求提升组织价值，带来良好的声誉。

a. 确定风险偏好

风险偏好是组织管理人员对组织风险敞口水平的判断，风险偏好的确定需要经过组织内部的深入讨论，并达成一致意见。

b. 确定风险限额

当组织层面的风险偏好水平得以确定时，就可以将其分配到低于组织层面的部门中，即分配风险限额。分配风险限额是分散风险敞口的过程，这既可以防止将注意力过于集中于一个领域的风险敞口，又可以指导各部门运用各自的风险限额进行风险决策。

c. 风险决策

风险决策是做出决定，并基于风险沟通，推动风险管理决策执行的过程。

（3）危机管理

①概念

危机管理是围绕危机事件所采取的指挥和控制组织的协调活动。危机事件是风险的具体呈现形式，通常会引起公众关注，并带来舆情压力。但是，危机事件也有转危为机的机会，有带来收益的可能性。

危机管理是风险爆发之后的干预，是灭火抢险的过程。风险管理是组织的全局性、战略性活动，是危机管理的战略指导与策略导向。危机管理则强调对于特定危机事件的具体干预，是包括监测、预警、分析、研判、修复等活动在内的一系列活动。

对于危机事件，组织的管理策略通常包括风险厌恶、风险容忍、风险接受、风险规避、风险分担、风险应对等。而围绕危机管理策略，组织所采取的具体的干预方式与方法，即危机应对。

②PORM 框架下的危机管理

PORM 框架下的危机管理与当前被众多舆情服务机构所实践的危机管理有所不同。

PORM 框架下的危机管理倡导舆情 2.0 时代，要求改变当前视风险如大敌的风险观念，能够视风险为机会和养料，从风险中寻求机会，乃至为寻求机会而承担或增大风险。同时，PORM 框架下的危机管理强调危机关口前移与全程管理，基于组织风险源与风险管理能力的测量，制定更为有效的危机管理预案，并根据风险源动态跟踪测量评估与提升风险管理能力有关的效果，形成指导与修正危机管理预案的系统反馈回路，不断增强危机管理预案的有效性。

PORM 框架下的危机管理也倡导开启舆情 3.0 时代，基于关键风险列表所形成的重大风险专项管理，实现舆情风险的精准管理。舆情风险是组织表现在舆情层面的风险，但是其根源通常在于组织内部，甚至也在于组织所处的外部环境中。因此，PORM 框架下的危机管理强调识别组织舆情风险源，基于风险识别，进行危机管理。这有别于当前的危机管理与危机应对，后者往往缺少前瞻性与及时性，不能降低组织危机管理的难度与成本。

PORM 框架下的危机管理包括两项内容：脆弱性管理、重大风险专项管理。

脆弱性管理是基于风险源识别而进行的风险管理，其使用的工具是 PORM 反脆弱指数。

重大风险专项管理同样是基于风险源识别而进行的风险管理，其使用工具是 PORM 风险测量指标体系与 PORM 管理能力指标体系。

二　PORM 体系实证分析——以 A 公司为例

A 公司是国内工业企业中某排名较前的公司，早年发展迅速，但近年由于大环境的不景气，行业进入过冬期，A 公司业务发展受到一定程度上的影响，内外部风险逐步显现。受 A 公司委托，我们为其制订了一系列声誉风险管理的方案，并推动 A 公司落地实施，这个过程可视为 PORM 体系的全程实践。现将过程整理如下，供研究人士参考。

第一，对 A 公司进行舆情风险测量

舆情风险测量是工作起始阶段最重要的工作之一。只有对 A 公司所面临的外部风险、内部风险了如指掌，才能开展后续相关的舆情培训、声誉风险管理工作。为了保证指标的科学性，风险测量指标的设立经过了若干个步骤：首先根据网络资料、论文等提出假设指标；其次是对少数典型公司人员进行预评估，以改进指标的提问方式和顺序，最终确定面向集团公司的问卷调查清单，构建测评体系。

最终 RRM 实验室为 A 公司制定的舆情风险测量指标包括五个维度，分别为敏感程度、危害程度、隐藏深度、暴露程度和控制难度。敏感程度的一级指标包括：媒体敏感度、监管部门敏感度、网民敏感度、意见领袖敏感度；危害程度包含的一级指标为：品牌声誉损害、资金安全损坏、市场丢失侵蚀、销售利润下滑、供应链受损、关键人才流失；隐藏深度包含的一级指标为：信息透明度、本源性盲区、易感知程度；暴露程度包含的一级指标为：风险敞口、风险因子、防护措施；控制难度包含四个一级指标：产品属性、行业属性、地域属性、企业属性等。根据这些指标，RRM 实验室设计了相应的问题问卷向集团公司发放。

在董事长办公室、高管团队、集团各事业部、子公司员工的专访记录和问卷收回后，RRM 实验室通过数据分析师和建模师确定了 A 公司的舆情风险清单，进一步得出 A 公司的关键风险清单。

第二，撰写风险评估报告

在网络调研和实地调研结束后，RRM 实验室团队开始撰写关于 A 公司的风险评估报告。舆情风险报告针对工业行业和 A 公司的舆情风险做了清晰梳理，也对 A 公司的网络形象进行画像，对 A 公司的负面标签及其沉积量做了梳理。并且根据 A 公司舆情风险特征，我们将 A 公司的舆情风险确定为舆情沙尘暴、舆情暴风雪、舆情双暴聚合三类。

风险情境设计和转化是舆情风险管理中的重要环节。RRM 实验室团队在风险源识别与风险管理能力评估的基础上，集合舆情风险专家、组织方面的当事方、各行业领域的专家等多个群体的意见，通过头脑风暴的方式来进行。科学的情境设计，保证了舆情风险管理决策的有效性。如舆情沙尘暴在何种情况下会被触发？何种情况下会转换成舆情暴风雪？风险评估师通过集体讨论一一确定。

第三，知识共建

舆情风险管理是战略性工程，企业的舆情风险源多来自战略层面，且舆情风险管理需要多部门的有效协同。因此，舆情风险管理需要企业高层领导的认同与支持，是一个从上到下积极推进的过程，同样也是一个知识共建的过程，而培训是达到这一目的的最好手段。

由于舆情风险管理对于企业的决策层、执行层、操作层有不同的职责要求与任务分工，因此针对 A 公司培训的内容也有所不同。

决策层级培训：针对决策层级的培训在调研阶段已经进行。培训的目的

是使他们了解舆情风险管理的重要性和必要性，了解舆情风险管理的产品体系、流程、方法等核心内容，对于舆情风险管理的理念、原则、目的和意义等达成共识，对于企业的舆情风险现状形成定论，对于舆情风险管理的后续开展给予积极支持，推动舆情风险管理从上到下的开展。

执行层级培训：针对执行层级的培训，在评估开展阶段和方案设计阶段进行。培训的目的，一是了解舆情风险管理知识体系，对舆情风险管理形成正确认知，对于舆情风险管理的理念、原则等达成共识；二是明确各相关部门的工作职责与分工，为舆情风险管理的开展提供具体的支持与协调，包括岗位细则、风险评估标准、风险沟通流程、绩效评估标准等方面规范的制定，以及内外部资源支持等。

操作层级培训：针对操作层级的培训，在评估开展阶段和方案设计阶段进行。培训的目的是使处在不同岗位的操作层明确各自的岗位职责与要求，掌握舆情风险管理相关环节如风险识别、风险评估、风险方案设计、风险决策制定等方面的方法与工具，以保证舆情风险管理被有效、有序地执行；同时，使操作层具备基本的媒介素养，具备舆情危机应对的基本能力，能够正确识别企业关键舆情风险的情境，并能够采用合理的舆论引导口径，以增强操作层在舆情风险管理方面的实战能力。

通过连续多场次的培训，各个岗位人员建立了舆情风险管理的知识和意识，为今后的舆情风险管理和沟通工作奠定了基础。更重要的是，通过培训，不同身份角色的人员都达到了 PORM 舆情风险管理能力提升的目的。

第四，将舆情风险管理理念导入企业，形成风险基因

舆情风险管理知识共建，最终是要达成文化共建的目的，唯有文化共建，将舆情风险管理知识体系融入企业文化中，成为企业文化的一部分，才能保证企业组织基因进化功能的实现，使企业从基因上具备与风险共生的能力。在 A 公司，RRM 实验室团队说服高管层将声誉风险管理纳入企业的战略中，从战略层面进行整体规划，保证企业具备抵御风险、修复风险以及从风险中受益的能力，使企业在复杂的舆论环境与不确定的风险社会中具备持续经营的生命力，建设积极的生态文化。A 公司最终也采纳了这一建议，在

后续的工作中，A 公司文化和品牌宣传部举办了系列问答活动和宣讲会，将风险管理工作简化为三十余字的、容易记忆传播的短语，确保管理层、执行层和操作层均能够了解，也能够从内心深处真正重视舆情风险的危害，让风险防范基因深深植入 A 公司的企业文化中去。

第五，品牌宣传和推广与《重大舆情风险舆论引导口径集》

因应危机，重要的一个环节是通过媒体发布系列稿件，对谣言、负面舆情、不利于公司形象的消息进行对冲。在调研的过程中，我们详细调查了 A 公司的媒体资源。如：建立日常沟通机制的中央级媒体、地方媒体、海外媒体、行业媒体、商业门户网站、知名意见领袖、知名自媒体有哪一些；能够直接和主编层级或以上联络的媒体有哪一些。调研结果显示 A 公司的媒体联络以行业媒体和地方媒体为主，这就意味着 A 公司的品牌形象推广可能受众面很小，另外，当 A 公司真正爆发危机，造成舆情沙尘暴、暴风雪的时候，能够依靠的媒体可能无法解决实际问题，因此，人民网舆情监测室 RRM 实验室给出扩展媒体资源的建议，并且提供了标准明晰的媒体清单。

A 公司一个重要的需求是进行品牌宣传和推广，对照现有的行业情况和媒体清单，我们将 A 公司本年度的重要事项一一列出，制定出舆论引导总体策略并制定出要事策划指南，如一些旨在吸引青年人关注的活动可通过一些网络红人推广，而一些正面形象塑造的活动则需要中央权威媒体发声支持。当然，以上陈述仅为简单概括，在实际操作中，每件要事的传播都需要一系列的策划方案。

基于对 A 公司的风险评估报告和风险情境集，RRM 实验室梳理了 A 公司涉敏岗位可能遭受的舆情危机，相应地，RRM 实验室为 A 公司制定了一份《重大舆情风险舆论引导口径集》，旨在为 A 公司处于涉敏岗位的人员提供实际的参考。比如，遭遇质量安全事件有可能引起何种舆情风险，媒体和舆论通常会有哪些反应，在何种情况下公众的情绪还会扩大化，次生灾害会有哪些，媒体采访和公众质疑如何应对。过去 A 公司对这些问题均未做过系统总结，应对好坏均凭个人水平，但《重大舆情风险舆论引导口径集》则给相应人员做了风险提示和因应上的准备，深受 A 公司涉及风险管理业务的人员欢迎。

三 总结与展望

移动互联网时代，PORM 知识体系是组织进行舆情风险管理的理论基础与指导。但是，知识体系在组织系统的导入，需要借助培训、风险管理方案或危机应对预案的制定与执行、重大舆情风险专项管理等一系列实践活动来实现。根据近两年的实践经验，基于 PORM 知识体系的舆情风险管理主要存在如下问题。

（一）复杂性的知识体系增大了组织的接纳难度

PORM 知识体系包括了目标管理、系统反馈与动力驱动、组织进化等多领域内容，不仅构建了舆情风险管理的新内容，也改变了舆情风险管理的思维方式。因此，对于目前多数仍处于舆情风险管理 1.0 时代的组织机构而言，PORM 知识体系下的舆情风险管理是个新事物，其跨学科、跨领域带来的复杂程度，往往使其不能被组织机构轻易接纳，而是需要一个反复沟通的过程。

（二）全面的风险探查带来了排异反应

PORM 知识体系下的舆情风险管理是基于组织风险源的识别、测量与决策，建立有效的关键风险清单是舆情风险管理取得良好效果的前提。但是，关键风险清单的建立是一个发现问题、承认问题的过程，尤其是对于那些不易暴露的、被故意隐藏的且可能给组织带来致命后果的风险，其利益相关部门可能出现排异反应，如不配合、持抵制态度、拒绝有关的舆情风险管理活动等。排异反应导致舆情风险管理无法推进，使组织的潜在风险长期存在。并且，由于风险源不能被准确识别，其危机管理活动也可能缺乏针对性，增大了危机管理的难度与成本。

（三）受制于数据库平台技术

舆情风险管理是基于风险信息系统的管理活动，需要风险数据库来提供决策支持。如，评估媒体与公众认知管理方案所取得的效果、对关键舆情风险进行风险信号侦测、对舆情风险管理十项能力提升的动态评估等，这些活动的开展，除了要有来自舆情风险专家群体的研判与分析，还需要来自风险信息系统丰富数据的支持。但是，在目前的舆情服务行业中，舆情风险专家群体与舆情风险数据平台往往分布在不同的舆情服务机构中。如果双方之间没有适度的合作与资源共享，舆情风险管理的某些实践活动可能会受到影响。

参考文献

王楠：《免疫视角下企业风险管理要素与风险管理绩效关系研究》，博士学位论文，吉林大学，2015。

西姆·西格尔：《基于价值的企业风险管理》，裘益政译，东北财经大学出版社，2013。

纳西姆·尼古拉斯·塔勒布：《反脆弱》，雨珂译，中信出版社，2014。

郑和顺：《创建“世界风险社会”背景下环境传播的公共新闻模式》，硕士学位论文，重庆大学，2011。

彼得·德鲁克：《管理的实践》，齐若兰译，机械工业出版社，2015。

乌尔里希·贝克：《风险社会》，何博闻译，译林出版社，2003。

W. Lippmann, *Public Opinion* , New York：Free Press, 1922/1997.

Anthony Giddens, *Modernity and Self – Identity : Self and Society in the Late Modern Age* , Cambirdge：Polity, 1991.

B.5

助力经济转型与社会管理：中国大数据的新理念与新实践

孟 晔 潘永花 高红冰*

摘 要： 本文指出了近期业界对大数据的深化认识理念，描绘了浮现中的大数据生态体系，揭示了大数据在促进中国经济转型、推动中国社会管理上的巨大价值，并指出了未来中国大数据发展将面临的问题。

关键词： 大数据 经济转型 社会管理

一 对大数据的深化认识

进入 21 世纪的第二个 10 年，“大数据”毫无疑问是全球最受关注的信息技术概念之一。

伴随着这一领域关键技术的突破、应用模式的创新和实施效果的显现，人们对它的认识也从“启蒙”逐渐走向深入。什么样的大数据更具想象空间？大数据与云计算关系如何？大数据的经济属性如何？中国的大数据探索正让这一系列问题得到廓清。

（一）“活数据”更具想象空间

数据规模（volume）大、包含形态（variety）多、产生速度（velocity）

---

* 孟晔，阿里研究院高级专家；潘永花，阿里研究院高级专家；高红冰，阿里研究院院长、阿里巴巴集团副总裁。

快、内涵价值（value）高是前几年业界谈到大数据时必提及的“4V”。在“4V”基础上再进一步，“活数据”更具想象空间。

“活数据”包含了三个要点，即在线、自然记录和业务闭环，反映了站在前沿的互联网公司对大数据的切身体会。

在线的数据比离线的数据更有价值。在线的数据时效性更强，更反映现实的动态变化，而离线的数据更像是对历史的一种记录，对动态的跟进不够。终端的广域部署，互联网、物联网的强力渗透，云计算的日益采用，让在线的数据使用更具有经济性。

自然记录的数据比收集来的数据更易操作。业务数据化已成各界共识，也构成与用户互动、功能进一步叠加的现实基础。随之而来自然记录的数据也越来越多，对其加以利用、形成“数据产品”的空间也越来越大。相对而言，收集来的数据要付出的资金成本更高、人力耗费更多、标准统一更难。

形成业务闭环的数据更具扩展性。形成业务闭环，指的是数据的每一次使用，都能带来今后使用结果的迭代优化。以搜索引擎为例，众多用户每一次在搜索框中输入关键词后，在结果列表中选中满意页面的每一次点击，都可能造成下一次搜索同样关键词时搜索结果的优化，这体现了知识积累的正反馈。

善用“活数据”，将让大数据应用迈上一个新台阶。

案例：预售榜单、排片建议——活数据威力显现①

“淘票票”是国内领先的电影票在线预售应用，具备提前一个月购票、线上支付、折扣价格、提出一起看电影的邀请、网上社区讨论等功能，深受用户喜爱。参考谷歌的报告，线上预告片对观众购票决定有相当大的影响，经由新浪微博平台上的“淘票票”和电影主页进行宣传，在优酷土豆上播放预告片，还有预售榜单公布，使得影片提前获得了潜在观众的持续关注。关注者在新浪微博的电影主页上点击“想看”，就可在影片上映前获得及时

① 参考阿里研究院：《互联网+：从 IT 到 DT》，机械工业出版社，2015。

提醒，这培养了用户预先释放观影决策。

这些精细化服务的背后，是对潜在观众行为数据的收集。基于电影票的预售量、用户关注程度、与电影宣传的互动数量、收看预告片的数量等，数据分析显示出威力，给出了非常有价值的排片建议。既有首映日排片建议，也有根据反馈而滚动的后续建议，充分利用了高价值的“活数据”。

杭州 ▼ | 新远国际影城 ▼ | 今天01-05 | 明天01-06 | 后天01-07 | 01-08 | 01-09 | 01-10

	预售排名及票房		评分	口碑	建议排片
博物馆奇妙夜3 新上映	1	20123012元	↑7.2 ↑8.1 ↑7.5	7575 万阅读 1471 热议	白天场 30% 晚上场 36%
智取威虎山 动作 冒险 第三周（14天）	2	16123012元	↑7.9 ↓8.7 ↑7.5	290000 万阅读 14778 热议	白天场 30% 晚上场 24%
十万个冷笑话	3	12123012元	↑7.9 ↓8.7	57000 万阅读 14778 热议	白天场 22% 晚上场 12%

图 1　“淘票票”排片指数

这一举措为院线排片提供了优质建议，有助于减少院线收入风险，避免了过于依赖院线经理个人经验产生的问题。行为数据配合专业人士的素养，将无往而不胜。基于数据的排片建议也深得投资方推崇，令其在影片推广上平添说服的力度。“淘票票”从院线获得了更大比例的折扣，可以返利于观众，形成了对潜在观众的黏性。观众也不会因院线排片不慎而失去观看佳作的机会。大数据排片建议令院线、投资方、“淘票票”和潜在观众都获得了“数据”流转价值，一举多得，扫除了电影产业链条中存在的信息不透明现象。

（二）大数据与云计算密不可分

云计算和大数据进入人们的视野有先后，但实践却让它们走到了一起。

它们之间关系紧密，恰似一枚硬币的两面。

云计算提供了如水、电一般通用、灵活、低成本的计算资源，掀起了一场“计算革命”。而要实现对它的广泛使用和持续发展，源源不断的场景才是核心。先有海量数据的存储，再有快速的数据处理，还有丰富的数据服务，“大数据”当之无愧成为云计算的场景来源。大数据在各行业攻城拔寨，让云计算大展身手。

在云计算平台之上，不同来源的数据存储其中，实现了与强大数据处理能力的靠近，减少了传输上的开销，避免了通信带来的瓶颈；在云计算平台之上，数据之间的交换更好操作，软件上的协同创新也更易实现。云计算显著降低了大数据的使用成本，使其更具性价比。

国际上云计算服务的领军企业——亚马逊 AWS、微软 Azure、谷歌和阿里云等，无一例外都在其平台上既提供了弹性计算、CDN、云安全等传统计算服务，又提供了数据库、大规模并行计算等大数据服务，体现了大数据与云计算的“一体两面”。

（三）大数据成为生产要素

历经了数十年的信息化进程，大数据成为和资本、劳动力同样重要的生产要素，信息技术的指数级突破，形成了数据在量和处理能力上的新局面，“大数据时代”已成为新的经济标签。

既有数据驱动的应用（data - driven application，如电子商务业务数据、金融业务数据等），也有数据产品（data product，以数据为基础，形成新用途、创造新价值，如实时路况信息），它们的研发打开了数据价值挖掘的新疆域。经济、社会各方面大数据的聚集与流动、处理与使用，产生了前所未有的洞察和智慧，有效地促进了生产率的跃升，呈现了能量巨大的创新力量。

随着云计算和大数据技术与应用的推陈出新，我们清楚地感受到计算资源正变得商品化、泛在化，数据正挣脱既有的捆绑，在涌动和共享中成为更根本的生产要素。我们可以继续在量的方面加码数据投入，也可以在质的方面探查数据富矿并获得新智慧，技术进步由此演进，生产率增长更有保障。以集中控制为标志的信息技术（IT）被以激活生产力为目的的数据技术（DT）所取代。

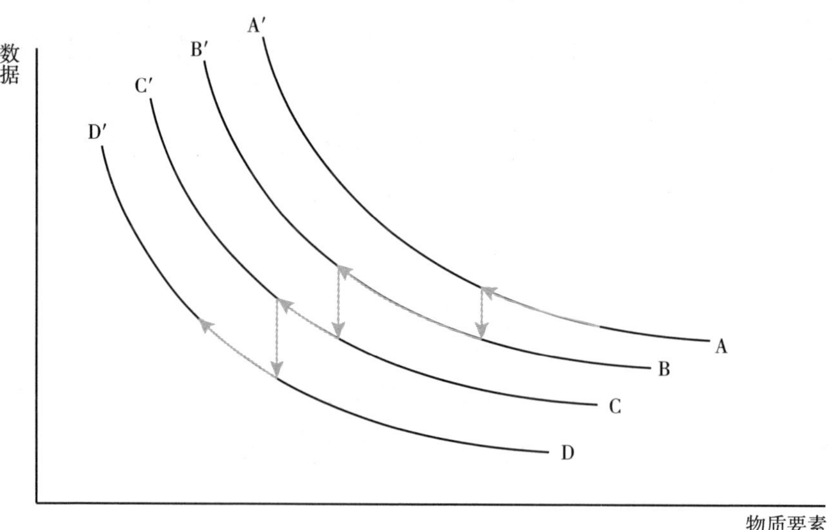

图 2　数据投入推动技术进步[*]

*参考马克斯·博伊索特：《知识资产：在信息经济中赢得竞争优势》，张群群、陈北译，上海人民出版社，2005。

二　大数据生态体系浮现

IT（信息技术）打开了信息采集、处理与沟通的魔盒，便利了大众生活及社会生产。近 30 年来，计算技术、存储技术、互联网技术与通信技术飞速发展，以“摩尔定律”为指引，CPU 计算能力、存储能力、联网主机数量和网络带宽呈现了指数级增长态势。

21 世纪的第一个 10 年，多种技术的量变带来了质变，并由于紧密结合而形成了“井喷”效应。

从本体论来讲，数据就是事物的状态，因此海量数据一直静静地等在那里有待我们去利用。而只有拥有了强大的数据处理能力，才能从“富矿”中提炼出“贵金属”。

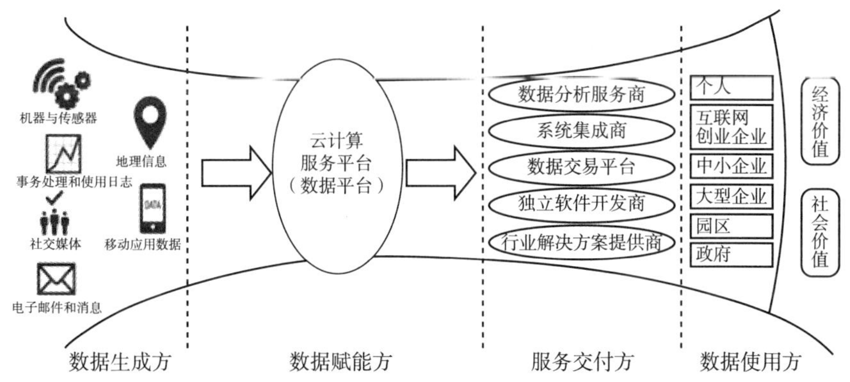

图3　大数据生态体系

如今，数据终于作为一种生产要素，介入了财富创造的过程。IT 到 DT（从信息技术到数据技术）的升级，将让“数据经济”成为未来社会的主流经济现象。

由于终端设备的飞速发展变化，尤其是智能手机和物联网设备的发展，带动了产生数据的能力，也就形成了大数据发展的重要源泉。数据采集、存储、处理、分析、展现等技术的全面成熟，为人们挖掘这一宝藏提供了强有力的工具。

我们可以看到蓬勃兴起的“数据经济”体系，源源不断的数据正在生成（如机器和传感数据、事务处理和使用日志、社交媒体信息、电子邮件和消息、地理信息和移动数据等），云计算服务平台（数据平台）为数据赋能（存储、处理、分析），再经由服务交付方（他们在云平台上处理数据），将增值后的数据（知识）提供给用户（个人、互联网创业企业、中小企业、大型企业、园区和政府机构等），以此实现特定的经济和社会价值。

在这一“数据经济”体系中，云计算服务平台（数据平台）起到了聚集生产要素（数据）的作用，赋予参与方数据处理的强大能力，驱动看似毫无意义的数据变成信息、知识，甚至成为智慧。云计算服务能力的增强，将支撑基于平台的组合式创新，产生更好的经济与社会效益。

三　大数据促进中国经济转型

（一）大数据促进传统产业转变

中国传统企业，尤其是第二产业为主的工业制造企业在经济转型中依然扮演着重要角色，“互联网+”需要赋予这些传统产业以新的活力，实现快速升级转型，才能促进中国经济的持续健康发展。在适应多变的市场环境，走上以效率驱动替代投资驱动的新型道路方面，将传统的信息化应用转变为利用大数据进行创新是互联网+传统产业的基石。在这个过程中，互联网就会从面向消费者的“消费互联网”，向面向生产领域的“产业互联网”加速转变。

第一步：企业要主动联网，从线下转为线上，与消费者、合作伙伴对接，主动建立长期关系。

第二步：企业要在联网基础上，加强与消费者、合作伙伴的互动，了解市场需求、把握供应链变化，更好地匹配供给与需求，让资源与能力相契合，实践个性化定制、柔性化生产、社会化物流。

第三步：企业要与其他企业加强数据交换和分工合作，形成价值网络，为消费者提供全方位增值服务，不断引发新需求、创造新价值。

这种转型，其背后是数据采集、存储、处理、分析、交换的高水平运作，只有大数据技术与云计算、物联网、移动互联网等技术密切配合，才能实现这种高水平运作。对于传统产业的现代转型而言，大数据应用的决定性地位可见一斑。

案例：德澜科技公司大数据应用：实现向价值链高端拓展

大型家电厂商在以不同方式提升家电智能化水平，加速家电物联网化能力。在2013～2014年度由于云计算服务的成熟和大数据技术的进步，家电物联网产品已经进入实质性发展阶段，大型的家电厂商有多个新产品进入批量生产阶段。

如德澜科技与美的、海尔携手，依托阿里云计算平台实现了物联网与云计算、大数据的紧密配合，从而将智能家电推向商用，增强了产品的功能（如智能空调的更多使用模式、远程遥控），提升了消费者的体验（根据用户使用习惯自动调节），加强了厂商设计、生产与维护的能力（消费者的使用偏好、使用区域及年限、配件状态等）。在产品类别方面，空调和热水器由于远程遥控的需求，是最先和最容易物联网化的。特别是空调，由于中国产量巨大（全年超过9000万台），目前是物联网家电最主要的市场。2014年预计物联网空调的产量在50万台左右，2015年达到百万级的规模。基于中国巨大的市场，智能家电状态和用户使用习惯的海量数据将日益成为重要资源，其有序流动将激活中国庞大的生产能力。大数据和云计算服务的广泛采用，将带来中国生产制造领域的变革，实现向价值链高端环节的拓展。

目前德澜科技已为20多家企业提供了整体解决方案或部分方案，包括美的、海信科龙、长虹、鸿雁、太阳雨、史密斯等一线品牌。产品涉及空调、冰箱、洗衣机、热水器、空气净化器、净水机、厨房类电器、冲奶机、米桶、其他小家电等的智能化。产品实现智能化的同时，实现了与终端用户直接互动，通过依托云计算的大数据分析升级了家电企业的售后服务、研发、生产体系，推动其在制造外探索租赁等商业模式。

（二）大数据促进新产业涌现

聚集了20多亿用户的Facebook，其积累的社交关系数据令人叹为观止；受到拥趸追捧的APPLE，Siri形成的语音数据达到现象级别；拥有10亿多种商品的淘宝，它的商品数据量史无前例……

随着种类丰富的数据资源持续产生，智慧服务就有了进一步开发的空间。与传统IT依赖BI总结历史经验，再应用于未来场景不同，大数据驱动的智慧服务更像连绵不断的水流。数据通过机器学习等手段，驱动算法的自动生成和优化，再透过产品界面，获得输入并向人类输出智能服务。在此局面下，算法是因时而动、由反馈而改善，借由人工智能超越传统经验，这正是新产业的涌现。

案例：秒级小贷：互联网金融的数据引擎①

蚂蚁金融服务的目标是实现普惠金融，数百万家电商卖家，贷款金额多则不过百万元，少至几万元。其小贷所有信息的采集和决策均由计算机后台完成——商家线上提交申请，几秒钟内系统自动审批，之后实时贷款汇入卖家账户。

蚂蚁小贷能够得到潜在客户的数据，如卖家正在卖哪些商品、生意好不好、经营是否勤快、有否不诚信行为、其朋友信用如何等，数据种类和准确程度远高于传统金融机构。

在贷款的算法上，工程师们建立了模型来处理数据，给客户打信用分，区分欠贷不还和准时还贷的人。基于在线数据和算法的模型实时迭代。

用户新行为的数据不断输入，分值每天更新。算法模型不断迭代，改变了一套固定算法包打天下的局面。算法根据还款预测和实际结果进行动态调整，每周进行更新。

“贷不贷”“贷多少”“收多少利息”遵循相同的原则，只是所需数据的种类和数量不同。客户的数据越来越丰富，运用到的参数越来越多，算法模型也越来越可靠，风险控制的成本越来越低，贷款人的体验也越来越好，覆盖的贷款用户范围也越来越广。

（三）大数据促进创新创业兴起

在总量上成为世界经济的领航者之后，经济活力的重要性与日俱增，

---

① 参考曾鸣、郭力、尼古拉斯·罗森鲍姆：《智能商业：数据时代新范式》，《哈佛商业评论》，2016年2月。

全民创新正在成为国家创新体系的核心组成部分。在2014年9月夏季达沃斯峰会上，李克强总理指出："要破除一切束缚发展的体制机制障碍，让每个有创业意愿的人都有自主创业空间，让创新创造的血液在全社会自由流动，让自主发展精神蔚然成风。借改革创新的东风，在960万平方公里大地上掀起大众创业、草根创业新浪潮。"善用新信息基础设施和大数据生产要素，正是这一轮创新创业的关键。大数据产业正为这种努力做出基础性贡献。

案例：Face + + 人脸识别——大数据支撑人工智能进步

人脸识别已经成为支付宝钱包的身份识别方式之一，大数据支撑的人工智能已来到我们身边。

旷视科技是人工智能技术商业化的领军者。"85后"的三位清华学子创办了这家企业，专项突破人脸识别、图像识别及深度学习技术，获国家、国际级发明专利接近200项，因其在人脸识别、文字识别等方面的优势突出，企业估值已超两亿美金。

Face + + 是旷视科技的首个产品，已成为全球最大的人脸识别技术平台，它为开发者提供人脸检测、分析和服务的调用接口，其API全球调用量已经累计超过62亿次。进行人脸识别时，需要处理大量面部特征信息，对结构、五官、肌肉和动作等方面的数据进行分析，强大的数据处理能力是其成功运行的保障。

目前旷视科技的人脸识别技术在金融、安防、教育、交通等多个领域得到应用，已为中信银行、平安银行、小米金融、万科集团、上海虹桥机场、市级公安局等多家企业和事业单位提供基于人脸识别的金融远程实名验证、线下实名验证设备、智慧社区、通道式实时布控等服务及试点服务。

旷视科技正在把人脸识别技术输出到更多传统行业中，通过互联网数据和行业数据精炼机器学习模式，使其潜入更多场景。如旷视科技推出的互联网身份验证服务Face ID，基于全球最大的人脸脱敏数据训练库，超过

1.2亿张图片，不断增加数据来源，增强对人物的刻画，实现大数据驱动人脸技术革命，并将其应用到金融行业核心业务中，帮助柜台人员进行身份认证。

（四）大数据促进新经济深化发展

在中国经济步入新常态之际，新的发展动力来自技术变革引发的全要素生产率提高，在我们这一时代就是抓住大数据、云计算、物联网、移动互联网技术带来的历史机遇，促进经济的结构优化和制度变革，以此深化新经济发展。

新经济的基本形态是："平台经济""共享经济"和"微经济"三位一体，相辅相成。互联网平台显著降低了各方沟通成本、直接支撑了大规模协作的形成，向全社会共享能力，从而激发微经济活力，组织内外，"平台+小企业（个人）"的模式日益成为主流。数据、计算、物流、金融、交易等能力充分共享，促进了竞争水平的增强、创新效率的提升。

"共享经济"的深刻影响体现在其对经济发展的全局贯穿性上。

大规模协作引发的"共享经济"能量释放，是建立在贯通的数据流动和新信息基础设施建立，以及社会环境（制度、法律、政策等在内）完善的条件上的。

令工农业基础设施、通信基础设施、互联网平台、生产及生活服务体系、生产者/服务者/消费者/自由连接体等各层均卷入其中，并提供了超越单一所有权的向其他层次对服务、产品、才能、制度等的扩展性接入。现代农业、现代制造业、现代流通业等新业态均建立在这一基础之上。以山东曹县的淘宝村为例，经营农民演艺服装的小企业在众多服务商（物流、营销、运营、设计、数据等）的帮助下，在淘宝网电商平台的依托下，在能力充足的电信网络支撑下，在良好的政策环境中，创业热情得到激发、财富显著增加，"共享经济"的深度可见一斑。

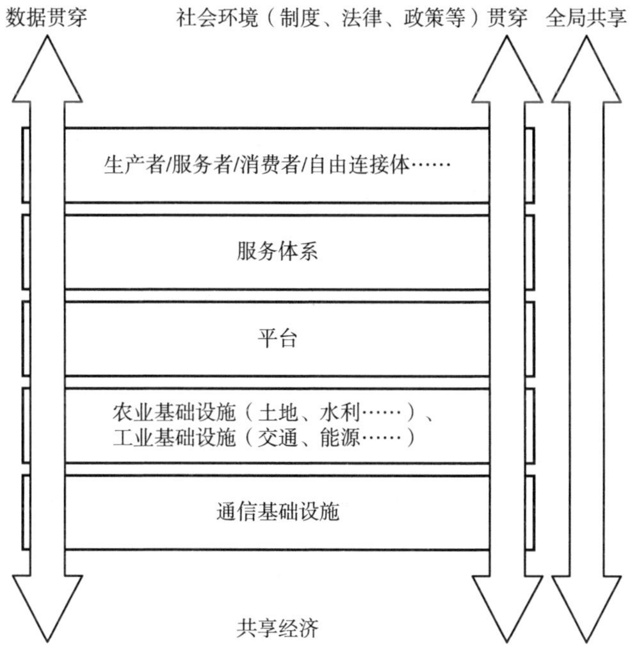

图4　数据保障引领共享经济的全局贯穿性*

*参考孟晔执笔，梁春晓、王俊秀、高红冰指导，《新经济框架：从行业分工到平台共享》，阿里研究院，2016年3月。

四　大数据推动中国社会管理

（一）推动可持续发展

在日益趋紧的能源约束和严峻的生态挑战下，可持续发展成为中国经济和社会发展的重要原则，十八大提出的五大理念又对其予以强调。数据作为新的生产要素，在寻求经济增长的前提下，可以减少物质资本投入，从而成为决定可持续发展的新依托。

- 以数据驱动制造业的C2B转型，“以销定产”和“个性化生产”能够减少积压产品和过剩产能，削减无效的资源和能源耗费。

• 以数据改造物流业，能减少盲目的长途运输，降低排放。

• 以大数据、云计算和移动互联网手段，能为环境监测提供众包的工具，公众参与、群策群力，制止污染行为的发生。

可持续发展理念和实践的深化，离不开大数据技术及其应用，该理念也已经牢牢贴上了“大数据”的标签。

案例3：“货车帮”：数据化物流，推动可持续发展①

借助移动互联网，基于大数据和云计算技术，通过撮合空车与货源，减少空驶，“货车帮”在2014年帮助中国货车司机节省空驶油费约100亿元。

同发达国家相比，中国的公路物流信息化程度很低，而社会物流成本高企。除了产业结构、流通效率等因素，运力分散也是主要原因。85%以上的大型货车属于个体户经营的700万辆中长途货车和近2000万辆的中短途货车。货车空驶带来了巨大的能源浪费和环境污染。

“货车帮”APP，让货车司机实现只用手机就能发布空车信息、寻找货源、计算运费和计算投保等。“货车帮”已经聚集了认证物流企业近30万家，认证货车超过100万辆，每天有超过200万条中长途货运信息发布，每日成交5万多单，运费超过5个亿。2014年“货车帮”为货车节省的空驶油费超过100亿元。

“货车帮”最大的价值在于挖掘了庞大的卡车司机的数据和信用。为保证货源真实性和司机诚信度，“货车帮”对货主和车辆有严格线下认证流程，并在发布信息真实性、信用担保、交易、支付、在途监控、索赔、客服等方面做了大量的工作。

基于“信用”这个富矿，“货车帮”意图试水互联网金融。例如跟太平洋保险合作推出货运险，基于大数据和基础平台分析，保险公司可以根据司机的信用状况及不同路线的风险系数、路况、货物损害率等，给出不同的费率，信用好的司机可以享受更低费率。又比如，现在很多司机从接货到最终

① 参考姚玉洁：《货车帮：搭建空车与货源的交互平台》，《经济参考报》，2015年7月3日。

拿到运费的链条很长，随着用户群的增加，“货车帮”正探索引入供应链金融，帮助货主垫付运费。

图 5 “货车帮”以大数据助力可持续发展

（二）推动政府治理能力提升

2015 年 8 月 31 日，国务院发布的《促进大数据发展行动纲要》指出：“大数据应用能够揭示传统技术方式难以展现的关联关系，推动政府数据开放共享，促进社会事业数据融合和资源整合，将极大提升政府整体数据分析能力，为有效处理复杂社会问题提供新的手段。建立‘用数据说话、用数据决策、用数据管理、用数据创新’的管理机制，实现基于数据的科学决策，将推动政府管理理念和社会治理模式进步，加快建设与社会主义市场经济体制和中国特色社会主义事业发展相适应的法治政府、创新政府、廉洁政府和服务型政府，逐步实现政府治理能力现代化。”

政府开展大数据分析，可以在提升科学决策水平、加强社会管理能力、

提高公众服务水平方面大有作为，从而全面提升政府治理能力。

通过对决策研究、制定和实施做到全流程监控，使决策更具时效性和针对性。可以扩展信息来源、扩大决策范围、树立考核标准、缩短反应时间和推动部门协同达到新的水平。如通过互联网大数据监测物价水平、中小企业活跃度和区域经济发展动态。

打通数据流通过程，让服务阳光化，可以显著提升就业、教育、医疗、交通等公共服务的供给效率和均等化水平，减少浪费、普惠民众。如高德地图根据北京交警提供的道路拥堵预警数据，进行数据分析和信息播报，保障市民出行。

数据驱动社会管理带来响应速度的飞跃和处理能力的升级，实现公共安全、污染防治、食药监控等领域无死角覆盖，切实保证社会和谐和公众安全。如最高人民法院与芝麻信用进行合作，限制“老赖”购买机票、租车、贷款等，督促失信被执行人还清债务。

案例：浙江政务网：依托大数据实现数据跑腿

浙江政务服务网自2013年11月启动建设，2014年6月25日上线运行。已初步形成集行政管理、便民服务、政务公开、数据开放等功能于一体，省市县统一架构、多级联动的电子政务平台。到2016年1月，网站注册用户人数达180万，日均访问量150余万次，体现了服务型政府、法治政府建设的创新探索。

“阳光政务”版块体现网上晒权的功能。通过浙江政务服务网，浙江省在全国率先晒出了行政权力清单和部门责任清单，并同步公布企业投资负面清单、财政专项资金管理清单。依托全省统一的电子监察系统，在互联网上公告全省政府部门的每一笔审批业务，办理流程、时效、结果一目了然，实现全程透明运行，让网民监督行政权力的行使。同时各级政府围绕“三公”经费、考试招生、征地拆迁、工程建设等群众关心、社会关注的领域，推出多个重点事项予以公示。

“行政审批”版块体现网上行权的功能。省、市、县三级政府的所有行政审批事项已纳入政务服务网，面向互联网用户提供办理指南、表格下载、评价查询等服务，并按照统一申报、统一认证、统一查询的要求实现全部或部分环节网上办理。围绕网上办事业务，开辟全省统一的网上咨询、投诉等渠道，全省3300多个政府部门，10000余名政府工作人员负责定时登陆政务服务网后台，在规定时限内答复与公众办事相关的疑问；49个省级单位还开设了149个在线值班岗位，在岗期间以即时通信的方式为办事对象提供实时答疑的辅助性服务。

“便民服务”版块体现网上惠民的功能。紧扣群众需求最迫切、办事频率最高的婚育收养、教育培训、求职执业、纳税缴费、就医保健、社会保险、福利救助、房屋租售、交通旅游、证件办理、场馆设施、公共安全、司法公证、环境气象、三农服务等15类专题，汇聚省、市、县三级政府及社会机构的400余项服务资源，以统一的导航形态提供给全省服务对象。此外集成6.9万个办事机构和公共场馆信息的空间地理位置信息，形成便民服务一张图，为公众提供实用的网上引导。

“数据开放”版块促进政务数据社会化开发利用。2015年9月23日，浙江政务服务网推出“数据开放”版块，成为国家《促进大数据发展行动纲要》发布后，全国各省份中第一个推出的政府数据统一开放平台。共开放68个省级单位提供的350项数据类目，其中包括100项可下载的数据资源，137个数据接口和8个移动APP应用。同时，依托法人、空间地理基础数据库和信用浙江、电子证照库等成果，推出电子证照、信用信息、档案数据等8个专题数据应用版块。

五　中国大数据发展的挑战

中国大数据产业发展愈发显示出其起飞态势，溢出其对经济和社会管理的积极影响。未雨绸缪，扎实研讨数据开放与共享、数据跨境流动等相关问题，寻求解决方案势在必行。

（一）数据开放与共享相关问题

•数据商品化需要先解决标准化问题

数据的应用场景和价值标准化并不容易做到。工业时代的商品是以实体为主，投入原料、基于标准，通过工厂大规模生产出来；而目前，数据应用水平不高，数据标准化程度很低，无法按照传统模式进行销售。同样的数据在不同的应用场景下体现的价值也不同。

通过技术标准的制订，数据交易行业互联互通的基础条件才能形成，从而迎来规范业务、提高效率、解除发展瓶颈的新局面。数据商品化需要标准化先行，否则数据商品化缺乏根基。

•缺乏行之有效的数据交易机制和运营模型

企业需要盘活数据资产，打破“数据分割”“数据孤岛”的局面，建立可靠的数据交易市场机制，形成合理的数据交易运营模型势在必行。

通常企业之间的大数据交易有几种类型：

一是两家或两家以上的企业，服务行业不同，拥有客户不同方面的信息，通过数据交易可以增加一方或双方的价值。

二是企业利用爬虫技术获得互联网上的社交数据，期望带来新的业务增长点或提供更好的客户服务。

三是企业对政府部门的公开信息进行大数据级别的整合，产生新商业模式、新业务，或改进客户服务。

四是对可能会新形成的外部大数据进行整合，如某企业进行对外部大量弱相关数据的整合，当数据总量达到一定规模，也有可能会对其业务产生巨大价值。

虽然第三方数据交易平台陆续成立，但数据流通机制仍不成熟。大数据交易急需形成共生、共赢的生态环境。为规范成员的数据交易行为，有些大数据交易平台颁布了公约或规则，试图通过自律建立秩序，但仍显不足。

•数据商品定价、估值存在困难

目前作为商品的数据，其定价模式主要有三种：

一是物权定价，即成本加品牌溢价，数据产品边际成本为零，这种方式不太适合。目前有些企业，在按照数据加工成本来定价，如数据堂。

二是知识产权定价，类似于软件许可证模式，按照使用权定价。

三是收益定价，即按照数据使用的收益来定价，情况也比较复杂。

数据衍生产品定价则更为困难，大多是根据稀缺程度进行定价。

数据有价首先要明确数据权属，强调数据使用权、发展基于数据的增值服务更有利于整个产业发展。

数据交易离不开数据市场，数据商品化和数据资产化。从数据商品化角度看，交易对象可分为源数据、数据产品/服务/应用/模型、数据衍生产品等，其核心内容是数据产品和服务的定价模型问题。从数据资产化角度看，数据本身就是资产，数据资产化的主要内容又包括了确权、价值评估、资产运营等方面，核心内容是数据资产化方式及数据资产价值评估与管理问题。

- 数据隐私保护和数据安全仍需加强

随着大数据交易平台的设立，个人信息保护显得尤为重要，在没有法律规范的情况下，在更大的范围开展数据交易，有可能使数据集市沦为数据黑市。

互联网用户和商家都对个人隐私保护越来越重视，但相关法规不完善，对数据交易、交换产生了制约作用。

相关研究需要将数据隐私分类、分环节进行分析。从数据全生命周期来看，采集者、使用者、交易平台对数据的处理工作有很大差异，对这些不同的角色也要区别进行研究。

在个人隐私保护方面，中国互联网企业已经进行了很多尝试，如通过对数据的安全等级进行划分以保护个人隐私数据。目前法律和实践之间有很大的空白地带，应把企业最佳实践转化为行业自律规范。

对于数据收集者来说，可识别的个人身份信息不离开平台应作为基本原则。实践上应力争做到系统可用、人不可见，可以定向为某个人推送广告，但内部管理人员看不到其个人信息，当然可以引入外部审计和认证以确保原则的落实。在数据使用过程中，不应加重采集端责任，而应严管使用数据的人，形成与用户的互动及纠错机制。

（二）数据的跨境流动问题

数据可否跨境流动关系经济发展活力，直接影响互联网时代的全球经济与贸易发展。根据麦肯锡《数字全球化：全球流动新时代》报告，全球连接的属性已经发生根本性改变，由货物贸易转向数据流动，跨境带宽流量自2005年以来增长了45倍，12%的全球货物贸易是通过跨境电商进行的。

在互联网企业业务快速发展的过程中，数据跨境流动成为一个绕不开的现实问题。主要表现在：

• 各国在跨境数据存储和传输监管方面缺少统一的规则，如何了解并遵循当地的监管规则是个最直接的挑战。比如，一些国家数据本地化留存的相关法规会大幅增加互联网企业的运营成本。

• 全球各地用户都访问我国境内网站，数据链路非常长，消费者体验差。

• 互联网企业建立海外数据中心时，会遇到其他国家在法律政策上的要求，同时对我国关于数据本地留存的要求也形成挑战。

• 缺乏可遵循的跨境数据流动实践指南和国际标准体系。

基于现有体制和法律法规，我国在数据跨境流动监管方面也面临着挑战：

• 目前的政策法规主要以强制本地化数据存储限制为主，规则过于简单，缺少对跨境数据流动的可行规则和指引。例如，现有行政法规和部门规章基本上都是以数据本地化存储为基础或限制为前提的。同时，缺乏对数据流动的可行性指导政策和规定，也没有提供诸如合同、例外原则等机制为企业跨境业务提供指引。

• 缺乏关于个人数据保护的法律法规，在跨境数据流动管理方面缺少独立统一的监管机构，导致我国无法达到其他国家认同的充分性保护水平，将使我国企业全球化战略受到影响。我国关于个人数据保护的法律法规只有零散规定，存在效力层级低、法律法规协调性弱、保护内容片面等立法不足等方面的问题；同时关于数据跨境流动管理目前主要由行业主管机构进行，缺少独立的统一的监管机构，没有形成统一的标准和执法体系。这将使走向全球化的互联网企业和电信企业无法将境外数据回传国内加工、分析，不利于这些企业的国际化布局。

• 我国尚未参与跨境数据流动相关国际规则和信任机制，阻碍我国从全球数据自由流动中获得收益以及占据主动权。目前，一些国家以及国际组织在推动区域内数据跨境流动方面制定相应规则为区域内企业进行跨境贸易和业务提供便利。比如美国和欧盟之间的“隐私盾”协议，APEC 的跨境隐私规则体系以及美国牵头的 TPP 都开始在区域内跨境数据流动管理方面起到关键作用。

B.6
IP价值：泛娱乐时代的管理新领域

张 穗 吴石忠*

摘 要： 基于互联网的庞大用户基础与文化产业的多领域共生，IP深度运营已逐渐成为文化产业的发展趋势，其他行业也越来越多汲取IP价值，由此衍生出相应的知识产权管理及一系列企业管理挑战。本文以泛娱乐行业生态现状分析为基础，对IP价值挖掘过程中所涉及的知识产权管理、企业管理等进行探讨和解析，并提出管理建议。

关键词： IP 泛娱乐 知识产权管理 资本运营管理

一 泛娱乐时代IP生态现状

据国家统计局2016年8月30日发布的数据，2015年，全国文化及相关产业增值27235亿元，比2014年名义增长11%，增速远高于同期GDP增速，呈快速增长态势。随着庞大的互联网用户基础形成及移动端渠道覆盖，更为便捷的平台和通道得以建设，文学、动漫、音乐、影视、游戏等娱乐形式围绕着共同的主题IP构建出泛娱乐产业生态圈。

“泛娱乐”概念首次提出，缘于腾讯公司副总裁程武在2011年中国动画电影发展高峰论坛上提出的以IP打造为核心的“泛娱乐”构思。之后，程武在2012年3月21日“UP2012腾讯游戏年度发布会”上，正式发布腾讯

* 张穗，九次方大数据信息集团研究院高级研究员；吴石忠，北京科技大学教授，编审。

游戏的泛娱乐战略，即以 IP（知识产权，Intellectual Property）授权为轴心，以游戏运营和网络平台为基础展开的跨领域、跨平台的全新商业模式。[①]

时至今日，泛娱乐指的是基于互联网与移动互联网的多领域共生，打造明星 IP 的粉丝经济。其核心是 IP，IP 可以是一篇小说、一个角色或者其他任何有大量用户喜爱的事物。泛娱乐已成为打通游戏、文学、动漫、影视、戏剧等多个文化创意业务领域的互动娱乐新生态，能实现各领域多方联动，相互衍生。

（一）IP 已成为新的战场

对 2016 年国内提出或实践“泛娱乐”战略的上市公司进行梳理，共有 74 家。如图 1 所示，身处文化传媒行业的上市公司数量占 57%，即有 43% 的跨行业上市公司同样提出或布局“泛娱乐”。这 32 家跨行业企业中，除了 10 家归属互联网信息服务行业外，还涉及餐饮旅游（号百控股）、食品饮料（皇氏集团）、通信服务（富春通信、电广传媒等）、轻工制造（奥瑞金、帝龙新材、德力股份等）、有色金属（宁波富邦、刚泰控股等）、化工（新都化工）、建筑材料（围海股份）等多个行业。

在泛娱乐大时代，IP 不仅成为文化传媒行业企业的核心竞争力，IP 经济更是实现了跨行业扩散。如阿里旅行于 2016 年 7 月对外公布“万游引力”度假 IP 战略。其以北极光为主题的旅游 IP 产品，不仅包括直飞芬兰观赏北极光的“极光专线”旅行，还包括同一主题的摄影比赛、与中国新歌声联合举办的“极光音乐会”等跨界混搭。

（二）泛娱乐产业布局与 IP 价值

1. IP 变现方式多样化，覆盖全产业链

目前国内正版化进程正在加速，IP 变现方式逐步多样化。有价值的内容越来越多地被挖掘出衍生价值，粉丝经济能量凸显。近年来，多个事件已

① 《古力九段和三大机构加盟 腾讯游戏泛娱乐大师团升级》，腾讯游戏新闻，2013 年 4 月 18 日，http：//game. qq. com/webplat/info/news_ version3/128/5477/5530/5565/m3977/201304/201046. shtml。

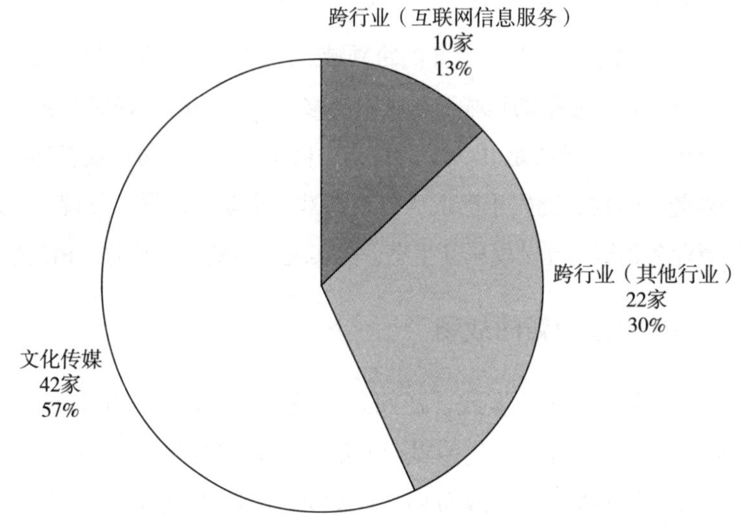

图1　2016年中国泛娱乐概念股行业分布

资料来源：同花顺、东方财富网等，数据统计截至2016年8月31日。

经充分证明这一点。以实施“SIP + X”战略的华策影视为例，其2016～2017年拟出品的30部影片包含多个知名IP，如改编自知名文学IP的《微微一笑很倾城》《水仙已乘鲤鱼去》《此间的少年》《末等生》，已成功运作的热播电视剧《亲爱的翻译官》《怒江之战》《寻秦记》《太阳的后裔》等大IP，鉴于这些IP具有十分可观的粉丝数量，华策影视选择在此基础上进行系列化运作。

超级IP甚至能够衍生出一整条吸金产业链，它们延伸至产业链的上、下游，形成囊括影视剧、书籍、手游、电商、APP等多种产品的新生态。国外迪士尼的IP产业运作，成为业内比照和学习的标杆。随着移动端用户量的激增，泛娱乐也逐渐向移动端转移。

2. 在BAT等行业巨头引领下，国内泛娱乐产业生态链已初步构建

BAT是布局泛娱乐产业链的典型企业。腾讯一直是泛娱乐的力推者，旗下有四大泛娱乐平台；阿里巴巴组建“大文娱板块”；百度在泛娱乐领域启动了“航母计划”等。BAT的布局和力度，加速了内容与平台的融合，

有力促进了以 IP 为核心的泛娱乐生态系统的建设。

泛娱乐 IP 产业链的上游主要是文学。网络文学作品可以延伸至电影、电视剧、游戏等其他领域，展现出巨大的增值空间。阅文集团、掌阅科技、百度文学、中文在线等是其中的佼佼者。2016 年 6 月，中南文化以 4.5 亿元现金收购北京新华先锋文化传媒有限公司 100% 的股权，创下民营出版业历史上最高额的收购纪录。究其原因，新华先锋的核心价值正是其旗下包括南怀瑾、季羡林、严歌苓、天下霸唱等在内的两千多名作者带来的文学 IP 资源。

电影、电视剧、动漫和音乐覆盖产业链的上游和中游，游戏主要集中在中游和下游，都是 IP 变现非常好的渠道，也是众多优秀公司集中的领域。对 2016 年泛娱乐行业 74 家上市公司的泛娱乐布局关键词进行梳理，排名前三的关键词依次是影视、游戏和动漫，其中在影视领域有所布局的为 26 家，游戏领域为 21 家，动漫领域为 11 家。其他关键词还包括综艺、电竞、视频、主题乐园等。

值得一提的是手游市场持续升温，成为 IP 主要变现渠道之一。TalkingData 移动数据研究中心的数据显示，2016 年上半年，移动游戏收入规模已达到 290.5 亿元，推动市场增长的贡献主要来自于精品移动游戏、优质 IP 内容，以及影视、动漫、网络文学、游戏联动和精准营销推广。

与此同时，玩具、出版、运营平台企业都在这一生态链中，成为 IP 的受益者。

3. VR、直播及视频逐渐成为泛娱乐内容的重要输出方式

2016 年泛娱乐行业的 74 家上市公司中，有 19 家企业在 VR（虚拟现实）领域有所涉猎，占比达 25.68%。它们或是并购、投资了 VR 公司，或是涉足 VR 产业，或是与 VR 企业深度合作。泛娱乐正期待 VR 的沉浸式体验能够为其内容输出带来更强大的吸睛能力，VR 行业硬件和用户体验的日益成熟将赋予内容产业更多惊喜。

2016 年直播和视频风生水起。据统计，2014 年知名直播平台融资额约 7.9 亿元，2015 年增长为 23.7 亿元，增长率达 200%。有的公司整合秀场、

游戏、户外、音乐、科技、财经等多个频道，拟搭建全品类的泛娱乐直播平台。甚至连音乐 APP 也开始尝试，如酷狗音乐最近更新的 8.0 版本系列就新增了直播与线下演出的功能。

令人欣喜的消息是，在线视频付费用户已进入快速增长期，各视频企业开始大力推广用户付费。以爱奇艺为例，在上海电影节期间，爱奇艺官方宣布，截至 2016 年 6 月 1 日，爱奇艺有效 VIP 会员数量已突破 2000 万，一年内会员数量实现 4 倍增长。这意味着，各视频企业未来也将加大资源投放力度用以采购内容版权。

（三）IP 价值挖掘与管理衍生出管理难题

第一，泛娱乐时代，作为最大的 IP 源头之一，处于产业链条前端的网络文学，衍生出纸质图书出版、电视剧、电影、游戏等多种载体形式。资本对原创 IP 的关注和投入、企业对用户流量入口的争夺，在繁荣文学市场的同时，带来了知识产权管理的更大考验。

第二，资本运营管理逐渐成为现代企业绕不开的命题。仅以全国中小企业股份转让系统的挂牌数据为例，截至 2016 年 7 月，新三板挂牌公司达 7917 家，总市值达 31673 亿元，而 2015 年 12 月的时候，新三板挂牌公司是 5129 家，短短 7 个月的时间，增加了 2788 家，总市值增加 7088.58 亿元。越来越多的企业希望借助资本的力量实现企业的快速发展。

第三，产业发展格局的变迁带来管理上的巨大挑战。如表 1 所示，2016 年泛娱乐行业因为主营业务变化或战略调整进行更名的上市公司多达 12 家，在 74 家公司中占比达 16.22%。除了完美世界是因为业务重组、恺英网络是借壳上市之外，其他 10 家公司均是主营业务调整到泛娱乐产业上来。而其中 70% 的公司从开始转型到现在也不过是短短 2 ~3 年的时间。

第四，跨行业的业务变化必然带来管理上的调整和应对，企业商业模式如何随之进行调整和布局？公司运营管理如何进行变革以降低变化带来的压力？新业务是否有相应的人才匹配？转型从来都不仅仅是股权的调整，企业要在新的行业迸发活力，管理是重中之重。

表 1　2016 年泛娱乐行业进行更名的上市公司

证券简称	更名时间	变更前	变更后	转型开始时间	原主营业务	现主营业务
002292. SZ	2016 年 2 月	奥飞动漫	奥飞娱乐	2004 年	玩具制造业	动漫 + 泛娱乐
002517. SZ	2016 年 2 月	泰亚股份	恺英网络	2015 年借壳	鞋业	游戏产品 + 移动互联
600715. SH	2016 年 4 月	松辽汽车	文投控股	2015 年	汽车制造业	影视 + 游戏 + 其他文化娱乐
300431. SZ	2016 年 5 月	暴风科技	暴风集团	2015 年	互联网视频业务	互联网视频业务 + 广告 + 体育 + 影视
002445. SZ	2016 年 5 月	中南重工	中南文化	2014 年	金属制品业	文化产业
002502. SZ	2016 年 5 月	骅威股份	骅威文化	2011 年	玩具制造业	影视 + 游戏 + 体育
600136. SH	2016 年 5 月	道博股份	当代明诚	2014 年	化工业	影视产品 + 体育营销
300300. SZ	2016 年 5 月	汉鼎股份	汉鼎宇佑	2015 年	软件服务业	软件服务 + 金融 + 文化传媒
601599. SH	2016 年 6 月	鹿港科技	鹿港文化	2014 年	纺织业	纺织业 + 影视业
002113. SZ	2016 年 7 月	天润控股	天润数娱	2013 年	化肥行业	以游戏为主的泛娱乐生态公司
8267. HK	2016 年 7 月	斧子科技	蓝港科技	2014 年	电子产品业	游戏 + 影视 + 消费电子
002624. SZ	2016 年 7 月	完美环球	完美世界	2016 年业务重组	游戏 + 影视制作	游戏 + 影视制作

资料来源：同花顺、东方财富网等，数据统计截至 2016 年 8 月 31 日。

第五，对数据和新技术的重视也将列入企业管理的新命题。数据在企业内的重要性随着时间的推移在不断地演变。起初，数据只是用来支撑某种商业模式，以取得竞争优势；之后演变成使用数据来增强或改善现有的产品与服务。①

第六，将来的企业需要越来越多地考虑新生代的思维方式。精准营销伴随的用户画像、企业转型面临的人力资源管理挑战，都需要对文化进行更多思考、对流行有所把握。

① 〔美〕罗伯特·托马斯、帕特里克·马博兰：《大数据产业革命：重构 DT 时代的企业数据解决方案》，张瀚文译，中国人民大学出版社，2015，第 179 页。

二　泛娱乐布局下的 IP 管理创新

（一）知识产权管理迎来新的发展机遇

内容产业涉及的利益链条较长，过去一般是单线授权，现在已经越来越呈现贯通整条产业链的新业态，由此，IP 拆分和授权过多造成的混乱难以避免。IP 被售卖、转卖、囤积，由版权引发的纠纷也逐渐增多，2015 ~ 2016 年的热门 IP，如《芈月传》《花千骨》《鬼吹灯》等也先后出现编剧署名权、影视剧改编权等纠纷。表 2 对这两年部分热门 IP 版权纠纷事件进行了整理。

表 2　2015 ~ 2016 年部分热门 IP 版权纠纷事件

时间	事件	结果
2014 年 5 月	琼瑶向北京市第三中级人民法院提起诉讼，认为于正严重侵犯了《梅花烙》的改编权、摄制权。	2015 年 12 月 18 日终审判决认定，大陆热播剧《宫锁连城》侵犯《梅花烙》的改编权和摄制权，判令于正等 5 名被告公开道歉，停止传播《宫锁连城》，5 出品方共同赔偿原告琼瑶 500 万元人民币。
2015 年 3 月	中国电影股份有限公司北京电影营销策划分公司以提供播放链接及非法传播电影《狼图腾》，侵犯著作权为由，将百度、新浪微博及优酷网三家网站诉至法院。	
2015 ~ 2016 年	《芈月传》系列著作权纠纷	2015 年 6 月 9 日，蒋胜男就编剧署名权起诉王小平及花儿影视侵权；2016 年 4 月 17 日，王小平微博透露，已针对蒋胜男的名誉侵权行为向北京市东城区法院提起诉讼；2016 年 4 月 18 日，北京知识产权法院做出终审判决，认定《芈月传》编剧蒋胜男违约出版小说；2016 年 7 月 6 日，花儿影视以侵犯著作权为由，将蒋胜男及小说出版社和销售商一并告上法院，北京市海淀区法院正式受理。

续表

时间	事件	结果
2015 年 9 月	腾讯“企鹅 FM”由于上架改编自《花千骨》小说的有声读物，被晋江公司以侵犯著作权为由诉至法院并索赔 700 万元。	
2016 年 1 月	《鬼吹灯》作者张牧野（笔名“天下霸唱”）起诉《九层妖塔》侵犯著作权。	2016 年 6 月一审宣判，《九层妖塔》电影方被判在发行、播放和传播该电影时署名天下霸唱为原著小说作者，并就涉案侵权行为刊登声明、赔礼道歉、消除影响。

资料来源：根据中国新闻出版广电报、中国知识产权报等综合整理。

1. 国家版权局加大对网络侵权盗版行为的监管和打击力度

国家版权局为监管和打击网络侵权盗版行为一直在努力。“剑网 2015”专项行动共查处行政案件 383 件，行政罚款 450 万元，移送司法机关刑事处理 59 件。2016 年 7 月，国家版权局联合国家网信办、工信部、公安部启动“剑网 2016”专项行动，这也是国家版权局等四部门连续第 12 年开展“剑网”行动。

今年“剑网”专项行动创新监管手段，拟建立“黑白名单”制度，即在网络文学、APP、网络广告联盟等领域建立重点保护作品“白名单”库，同时公布侵权盗版互联网企业“黑名单”。国家版权局的监管，加大了对网络侵权盗版行为的打击力度，在维护权利人的合法权益和保护互联网版权方面起到重要作用。

2. 内容生产者的版权意识需要逐步增强

据国家版权局统计，2015 年我国作品登记达 1348200 件，比 2014 年的 992034 件增长了 35.90%。如图 2 所示，其中 2015 年文字作品登记达 489672 件，比 2014 年增长约 43.78%，文字作品总量也仅低于摄影作品，远高于其他各类作品件数。

国家知识产权局《2015 年中国专利调查数据报告》显示，仅有 54.6% 的企业设有专门管理知识产权事务的机构，61.0% 的企业具有统

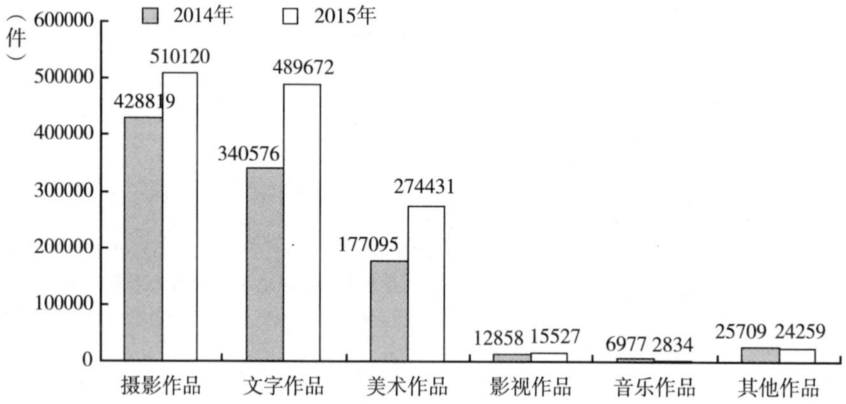

图2　2014 年、2015 年中国作品登记类型及数量分布

资料来源：国家版权局。

一的知识产权管理规章制度。事实上，这里的知识产权更多是面向专利的管理，而非著作权。原创 IP 的保护仍然需要个人、企业和行业的共同努力。

3. 无形资产价值需要更为科学合理的评估方式

文化企业无形资产评估涉及影响因素较多、识别难度较大、评估技术复杂，以及文化企业在上市、兼并重组、对外投资和融资过程中难以体现无形资产价值等因素。一直以来，文化类无形资产的评估都是难题。

中国资产评估协会于 2015 年 12 月和 2016 年 3 月分别发布了《知识产权资产评估指南》及《文化企业无形资产评估指导意见》，两份文件均自 2016 年 7 月 1 日起施行。《文化企业无形资产评估指导意见》将“文化企业无形资产”定义为“文化企业所拥有或者控制的，不具有实物形态，能够持续发挥作用并且带来经济利益的资源”，通常包括著作权、专利权、专有技术、商标专用权、销售网络、客户关系、特许经营权、合同权益、域名和商誉等。要求资产评估师在执行文化企业无形资产评估业务时，结合无形资产的特点，重点关注影响评估无形资产价值的主要因素。IP 价值的评估也可以参考这一意见。

（二）企业资本运营与战略管理面临新的挑战

《证券日报》对同花顺并购重组信息进行整理发现，从 2016 年 1 月 1 日至 2016 年 8 月 9 日，沪深两市合计发布了 2000 多条并购重组的相关公告，其中，有近七成的上市公司并购重组溢价率在 50% 以上，164 家上市公司重组资产溢价率超过 10 倍，9 家公司重组资产溢价甚至超过百倍。

对 74 家泛娱乐行业公司进行梳理，发现仅在 2015 ~ 2016 年披露涉及重大投资并购项目的企业占比就高达 82.43%，其他没有投资并购的企业也有或多或少的募资、增资或战略合作事项。资本运作已经成为企业必须面对并灵活运用的管理运营手段。

1. 资本运营监管的“冰火两重天”

国务院 2016 年 8 月 22 日发布的《关于印发降低实体经济企业成本工作方案的通知》提出，经过 3 年左右的努力，实体经济企业综合成本合理下降，盈利能力明显增强。这其中，有效降低企业融资成本是降低成本的有力举措之一。具体措施包括大力发展股权融资，合理扩大债券市场规模；引导企业利用境外低成本资金；鼓励实体经济企业将符合条件的经营性资产证券化，或通过金融租赁、融资租赁方式盘活存量资源等。

与此同时，上市公司的资本运营正面临更为严格的监管。证监会 2016 年 6 月 17 日就修订《上市公司重大资产重组管理办法》向社会公开征求意见，此次修订从认定标准、监管配套、中介机构责任等三方面对重组上市行为提出了严格的监管要求。而以 7 月 14 日深交所对《创业板行业信息披露指引第 1 号——上市公司从事广播电影电视业务》进行的最新修订文件为例，要求上市公司在年度报告中披露报告期内收入情况时，应当详细披露收入占公司主营业务收入前五名的电影、电视剧及其他类型影视作品的名称、合计收入金额及占公司同期主营业务收入的比例。涉及收购演职人员及其关联方公司股权的，应披露演职人员及其关联方出资作价的依据等。这一规范要求，固然是为了保护投资者的合法权益，也给业务相关的上市公司增加了运营难度，因为这些披露的信息将直接影响到投资者的信心。8 月 5 日，中国证监会进一步表示，将以上市公司行政监管措施公开实施为契机，贯彻落实依法监管、从严监管、全面监管精神，提高监管公信力。

沪、深两市如此，新三板和区域性股权交易市场（四板）的监管也日益规范化。《关于加强非上市公众公司监管工作的指导意见》（中国证监会，2015 年 7 月）、《全国中小企业股份转让系统自律监管措施和纪律处分实施办法（试行）》（全国中小企业股份转让系统，2016 年 4 月）、《全国中小企业股份转让系统挂牌公司分层管理办法（试行）》（全国中小企业股份转让系统，2016 年 5 月）等文件都从不同层面对新三板市场的日益规范化做了规定或者引导。

针对四板市场的监管，2015 年 6 月证监会发布《区域性股权市场监督管理试行办法（征求意见稿）》指出，在区域性股权市场进行私募证券的发行、转让及相关活动，应当遵循依法合规、公平自愿、诚实信用、风险自担的原则，接受运营机构所在地省级人民政府指定的监管部门的监督管理。

2. 并购投资或跨行业运营呼唤管理模式的转型

以分众传媒为例，其 2016 年 7 月 25 日晚间公告宣称，公司或下属子公司拟分别与杭州清科投资管理有限公司、沸点资产管理（天津）有限公司等四家公司设立四个投资基金。基金投资方向主要涉及互联网、高科技、文化娱乐、体育教育旅游等消费服务升级的产品或服务的非上市企业之股权投资。这是分众传媒“内生增长 + 外延并购”的战略体现。希望通过积极投资并购优秀标的，在保证主营业务发展的前提下，为公司的资本运作提供更有效的支持，助力公司加快生态圈建设步伐。

首先，企业收购能够帮助企业快速进入市场及拓展竞争力，成为推出新产品的一条捷径。与企业自己开发比较，收购行动在新产品的前景上具有可预测性，并且也容易快速进入市场。① 数据发现，很多公司都通过并购来完成跨界布局。如长城动漫 2016 年 6 月以 5.08 亿元收购灵境科技 100% 的股

① 〔美〕迈克尔 · A. 希特、R. 杜安 · 爱尔兰、罗伯特 · E. 霍斯基森：《战略管理：概念与案例》，吕巍译，中国人民大学出版社，2009，第 183 页。

权，以 2 亿元收购线下儿童体验馆迷你世界。长城动漫在原有焦化业务连续亏损的情况下自 2014 年开始转型，迄今为止已收购 9 家标的转型动漫游戏产业，已初步构建起原创内容研发、IP 授权、渠道发行、衍生品和虚拟实景体验的动漫游戏全产业链格局。

其次，为了减轻激烈的行业竞争对公司财务状况的影响，企业会采取收购战略来降低其对某种单一产品或市场的依赖程度。而这种对单一产品或市场依赖性的降低就会改变企业原来的竞争力范围。[①] 以天润数娱为例，公司收购点点乐（游戏公司）已经在 2016 年二季度完成并表，促使中报业绩将实现大幅增长，公司由此扭亏为盈，净利润从 2015 年 12 月的 -438.82 万元，增长为 1375.62 万元，这同时也标志着公司全面转向手游研发与运营业务。

再次，企业的发展会形成多元化的结构，平台之间的正向网络效应促使每个多元化的行业相互推动发展，帮助企业做大并增强特殊资源及能力，能在不确定的环境下，不断找寻源创新机会，为社会创造最大总价值。[②] 多元化行业的运营，需要匹配相应的多元化管理模式。

以大连圣亚为例，该公司主营业务为旅游服务。2016 年，公司计划以生活化、场景化为原则，用文化 + 旅游 + 娱乐的跨界融合思路，加快原创海洋文化 IP 的打造与衍生。与之配套，公司酌情主投资源优越、与主营业务强相关的项目；通过自主拓展与借力合作相结合进行项目拓展，并探索建立金融平台，支持公司业务发展的同时获得相应资本收益。由此引发了公司风险控制、项目管理及人力资源管理的压力。公司披露的《2015 年年度报告》中明确提出，2016 年管理工作计划是：2016 年将成为大连圣亚管理转型的元年，由单一业务和单一项目的小公司管理模式向多业务和多项目的投资、建设及运营的控股公司管理模式转型，同时，以大数据的应用为核心，建立可快速输出的项目管理和运营模式。

---

① 〔美〕迈克尔·A. 希特、R. 杜安·爱尔兰、罗伯特·E. 霍斯基森：《战略管理：概念与案例》，吕巍译，中国人民大学出版社，2009，第 184 页。

② 〔美〕谢德荪：《源创新》，五洲传播出版社，2012，第 183 页。

最后，资本运营面临的更高风险对企业风险控制管理能力提出了更高的要求。对同花顺的数据进行统计发现，从2016年1月1日至2016年8月9日，有144家上市公司宣告重组失败。在权衡投资哪里以及如何投资才适合当下公司的发展趋势时，企业应综合考虑自身业务结构、外部发展环境、行业发展趋势及企业文化等诸多因素，还需要为接下来将要面临的公司管理、市场开拓、人员结构调整等做好充分准备，寻找到能在高管层达成共识的办法，以确保战略得以有效执行。

具体来说，第一，企业可以借鉴证券市场的成熟制度，建立健全内控制度，落实责任制，在涉及资本运作时，对外严格遵守资本市场相关规则制度，对内不断完善管理配套制度，杜绝因制度性缺陷而引发的风险。第二，在与银行进行对接，完成股份交易或股权交易等相关操作时，要注意借助监管部门的实时监督来保证操作的严谨性和交易资金的安全。第三，充分注意企业财务信息的反馈，对企业的盈利亏损状况、运营状况做到实时了解，在选择资本运营方案和金融工具时，要充分评估资本运营需要的财务资源和可能带来的财务结果，做好应对。

3. 对大数据的把握成为现代管理日益重要的影响因素

波士顿咨询认为，数字化时代，机器学习、人工智能、自然语言处理和预测推理等技术将成为为资产管理行业带来巨大价值与见解的关键。如图3所示，资产管理者的分析能力将得益于信息的聚合和综合、数据报告和可视化，以及数据相关技术的应用和分析，尤其是语义分析、快速统计分析、算法或机器学习等。分析能力提升的背后，是结构化内部数据的支撑，以及开发定制化的分析和模型。

事实上，这一研究成果并不仅仅适用于资产管理类公司。数据会改变当前的业务流程并引入新的流程；将实现针对个人层面的个性化业务流程。①越来越多的公司看到了数据背后的价值。贵阳大数据交易所数据显示，2015

① 〔美〕罗伯特·托马斯、帕特里克·马博兰：《大数据产业革命：重构DT时代的企业数据解决方案》，张瀚文译，中国人民大学出版社，2015，第187页。

年全球大数据产业规模达到了 1403 亿美元，预计到 2020 年，这一数据将达到 10270 亿美元。随着数据资源开放及使用的逐步深入，应用创新成为大数据发展的主要驱动力。

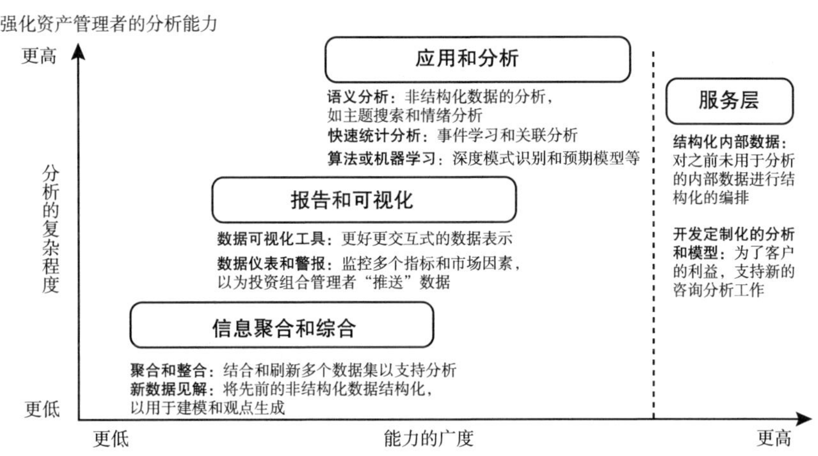

图 3　先进智能技术强化资产管理者的分析能力

资料来源：波士顿咨询公司。

作为一款基于数据挖掘的推荐引擎产品，"今日头条"通过依托一整套推荐引擎和机器算法，最终以关键词等元素判断用户的兴趣爱好，从全网抓取内容，将汇总的信息进行分类展示，从而实现内容的个性化推荐。其模式无疑是成功的，Big Data – Research 发布的《中国移动资讯分发平台市场研究报告》数据显示，截止到 2016 年第二季度，今日头条以 3871.1 万日活跃用户位列第三，仅次于腾讯新闻的 6579.7 万日活跃用户和 UC 头条的 4042.4 万日活跃用户。

浙报传媒很好地抓住了国家推动实施大数据产业的政策契机，依托现已建成的拥有 6.6 亿注册用户、600 万读者资源及 5000 万活跃用户的用户数据库，建设"互联网数据中心和大数据交易中心"；还整合设立"数据业务中心、产品研发中心、新媒体运营中心、浙江政务服务网事业中心、投资和研究中心"五大中心，公司以用户为核心的大数据、大传媒产业架构轮廓

初现，有效促进了其“互联网枢纽型传媒集团”的战略转型。2015 年度，浙报传媒集团实现净利润 88245 万元，同比增长 44.32%，发展势头良好。

（三）以腾讯互娱为例，探析 IP 管理全新商业模式

如图 4 所示，作为泛娱乐概念的提出者、实践者和力推者，腾讯互娱的商业模式以 IP 授权为核心，以旗下腾讯动漫、腾讯文学、腾讯影视和腾讯游戏等四大核心泛娱乐平台为基础，基于网络平台展开跨领域、跨平台的运营。对其全产业链布局进行研究，可以折射出时下泛娱乐的企业运营趋势。

第一，腾讯从品牌形象塑造和行业引领的高度出发，进行 IP 价值的生命力构建，从源头上做好文章。早在 2016 年 1 月，阅文集团在 2015 福布斯“中国原创文学风云榜”颁奖典礼上，发起成立行业内的“正版联盟”；在 2016 年度发布会上，吴文辉再次呼吁行业携手，提议将 2016 年作为“文学正版元年”。这无疑树立了一个业界的品牌形象，也赢得了原创 IP 们的认可。

图 4　2016 年腾讯互娱四大泛娱乐平台战略布局

资料来源：据 UP2016 腾讯互娱年度发布会资料整理。

第二，重视多领域的共生。在腾讯内部，每一平台都非常注意与其他平台保持良好互动。2015 年腾讯互娱提出“IP 多领域共生模式”，即在一个

世界观内核的基础上，多领域平行演绎，互动共建同一明星 IP。只有真正形成超越具体平台和形式的 IP 价值，才更具延展性。如腾讯动漫与腾讯影业合作《狐妖小红娘》等多部动画电影，与开心麻花合作《我叫白小飞》舞台剧，与啊哈娱乐合作《王牌御史》真人剧，与阅文集团和《漫画会》杂志联合出版《山河社稷图》单行本等。

第三，IP 价值来自共建而非交易，“先纵后横”推动 IP 增值。这一共建既来自于 IP 背后的粉丝，因为粉丝喜爱 IP 背后的情感；也来自于合作伙伴，如与郭敬明共同启动了关于《爵迹》的全面合作，包含参与电影，连载小说、动漫，改编游戏，创建粉丝站等，拟通过泛娱乐的方式打造《爵迹》全方位的 IP 影响力。

第四，腾讯的泛娱乐商业模式契合时代和人文的发展。腾讯在 2016 年度发布会上高调喊出“每个人都有不可被辜负的天分”这一口号，强调在泛娱乐时代里，任何普通人都可能实现梦想，都能成为 IP 的源头。这迎合了普通人的“小梦想”，将为其赢得更为广泛的用户群体。

第五，积极布局新技术领域。除了 VR、AR 等新技术领域的投资和布局外，2016 年腾讯正式公布“智能硬件”业务模块，并发布多款产品，包括腾讯首款儿童智能娱乐产品《梦想召唤王》，消费级无人机“空影 YING”，腾讯与联想、创维联合出品的跨屏全体验智能游戏机“mini Station”。

现在的商业模式指导我们对资源的投入方向要从内部走向外部，抬起头来，多注重横向的嫁接，要在企业外部做文章。① 腾讯泛娱乐布局的商业模式就是如此，布局立体，执行全面，具备足够的生命力和延展性。

（四）IP 价值挖掘与管理促进企业实现精准营销

泛娱乐的兴起和繁荣并非偶然，其背后是时代的发展趋势。

以传播方式的变迁为例，电视或视频满足的是基本的观影娱乐需求；而弹幕更进一步，迎合了观众之间的互动和吐槽需求；现在火热的直播，则把

---

① 李江涛：《大时代的商业模式》，东方出版社，2014，第 59 页。

观众间的互动拉得更近。内容主播往往会很好地保持与观众的交流，直播设置的打赏和等级模式，有利于观众和主播建立心理上的强联系。传播方式的变迁，背后是网民娱乐方式的变迁，自拍、直播迎合了网民表现自己、传播自己的心理诉求。

泛娱乐背后的群体文化，使精准营销在应用上产生了很多启发。以社交媒体营销为例，展示自我、网上互动和网上购物等行为产生了大量的社交数据，对这些数据进行深入挖掘，有利于找出与用户特点、行为习惯以及与当前社会热点相关的规律性的结论，进而增强营销效果。收集到足够的数据后，经过云计算的处理分析，可以获得用户偏好等分析结果，将这些结果用于精准营销、实时推荐系统之中，通过移动互联网，为用户提供更为定制化、个性化的应用或服务。

（五）泛娱乐引发对企业文化和员工价值观的更多关注

《德勤 2015 全球人力资本趋势报告：引领新时代工作风尚》对全球 106 个国家超过 3300 位人力或商业部门领袖进行的调研发现，文化与员工敬业度是全球企业面临的最紧迫问题。87% 的企业将文化与敬业度列为它们最大的挑战；50% 的企业认为这一问题“非常紧迫”，这一数字是上一年调查结果的两倍。

随着信息化时代的到来，企业越来越高度透明化；多层次资本市场的建立和发展，也将引领更多中小企业走向公众视野。与此同时，公司内外部的信息流动都在增强，公司的很多决定都将以最快速度被媒体曝光并接受公众评价。由此，公司的行为方式和文化底蕴，很可能成为公司的核心标签，在人员招聘、投资等方面产生影响。

德勤认为，从根本上来说，公司的领导层需要推动企业文化和敬业度建设。如果企业采取激进的投资计划，面临财务压力或者正在经历裁员和并购，那么企业便会面临文化上的剧变。在这一剧变的过程中，管理者需要采取更多的措施，来保持企业的核心价值观及增强员工的凝聚力。

恰如《消费社会》中的描述，“重要的不再是‘自身努力’、‘经受考验’，而是要寻找与他人的接触及他人的赞许、恳请他们的评判和他们积极的认同”。[①] 每个人都关心自己是否在他人的视线中，在意他人的评价，在他人的反馈中找寻、肯定自我的价值。

三　泛娱乐未来的 IP 价值挖掘与管理期待

近年我国娱乐文化消费不断攀升，中产阶级的崛起显著促进了娱乐文化消费。2005 年以来，我国人均教育文娱消费支出持续增长。据统计，2015 年人均在教育文娱服务领域的消费支出较 2014 年同比增长 11%，达到 2383 元。与之对应，我国文化产业正繁荣发展，文化产业成为国民经济的支柱性产业。文娱产业的泛娱乐未来及 IP 价值挖掘，势必为未来产业发展和企业管理带来更多影响。

（一）IP 管理以内容为核心，从源头延伸至终点

2016 年 4 月，中国信息通信研究院《2015 年中国网络版权保护年度报告》指出，IP 成为“互联网 + 文化”的发展主线与核心价值。泛娱乐时代的趋势之一，是媒介载体边界的日益模糊。未来的内容生产者，也将迎来其作品“纸屏联动”“一人多屏”的娱乐互动。

载体的多样化，意味着粉丝群体的扩大化，这时候，作品的优秀与否，成为制胜的关键，体现“内容为王”“价值为王”。以南派泛娱为例，旗下拥有《盗墓笔记》《老九门》《藏海花》《沙海》《怒江之战》《大漠苍狼》等核心 IP，公司成立半年不到即获得乐视 A 轮投资；2015 年 9 月获得小米、顺为和乐视 A + 轮以及 A 轮投资，融资金额近 1 亿元人民币。2016 年 1 月，又获得了小咖投资 1 亿元人民币的投资，估值直接翻五倍达 15 亿元人民币。可以说，只要经受住市场的验证，IP 的价值将获得加倍扩张。

对文化传媒各垂直领域进行分析，以电竞为例，游戏的大规模发展，尤其是移动游戏的日益普及，引发了电子竞技产业的热度。2016 年 9 月，“电

① 〔法〕让·鲍德里亚：《消费社会》，刘成富等译，南京大学出版社，2008，第 170 页。

子竞技运动与管理”位列教育部公布的2016年13个普通高等学校高等职业教育（专科）增补专业名单。

文学、音乐、动漫的移动端渗透率持续上升，各项应用功能日益多维和立体化；同时，智能硬件和社交在泛娱乐生态链中起到重要作用。毋庸置疑，粉丝经济将成就未来泛娱乐蓝图的多种可能性，未来二次元衍生价值将更为凸显，从内容端到客户端，从源头到终点，IP管理将贯穿始终。这给利用IP的企业带来了线性的管理趋势，需要对IP整个链条进行更多的考量、版权保护及价值发现。

（二）IP价值挖掘以资本为载体，管理将更多倾向于资本与产业

以资本促进产业发展的呼声由来已久。以文化产业为例，2013年11月出台的《中共中央关于全面深化改革若干重大问题的决定》，提出“鼓励金融资本、社会资本、文化资源相结合”，“推动文化企业跨地区、跨行业、跨所有制兼并重组”，对文化产业资本化、跨地区跨行业跨所有制并购大开“绿灯”，以提高文化产业规模化、集约化、专业化水平。

未来的管理者，需要具备产业发展知识结构和资本运营能力，对资本运营、国内外资本市场运作手段等有所涉猎，从战略层面把握投融资理论与实践，将有效促进公司的治理和发展。在高管的选择上，现代化、国际化的高级应用型管理人才是需求趋势。管理者要对国际、国内资本市场的现状及趋势有所了解，能够根据企业自身的特点进行并购重组分析及方案选择，还要清楚创投投资流程，尤其是风险投资和私募股权的投融资、管理、退出各阶段的运作方式及策略。

（三）泛娱乐时代，文化相关企业面临管理变革

十三五规划指出，国家将扶持优秀文化产品创作生产，推动文化产业结构优化升级，发展骨干文化企业和创意文化产业。加强网上思想文化阵地建设；推动传统媒体和新兴媒体融合发展，加快媒体数字化建设，打造一批新型主流媒体。

良好的产业发展形势也带来相关企业的管理变革要求。以故宫为例，在故宫宣布在阿里电商平台上开设旗舰店后，2016 年 7 月又宣布将与腾讯达成长期 IP 开发合作。合作将以“NEXTIDEA 腾讯创新大赛”为平台，故宫博物院经典 IP 形象或相关传统文化内容为原型，在 QQ 表情、手机游戏、影视内容等方面展开合作。为了满足游客对于故宫文化的了解需求，故宫正在利用互联网技术和手段尝试建设数字故宫社区。①

（四）管理需要更多关注 IP 价值背后的粉丝经济

市场的开放性、资本的逐利性以及网络平台的庞大用户基础引发的 IP 热，使得一批具备创作才能的新作家、导演不断涌现。如南派泛娱、灵龙文化、竺灿文化等作家创业公司均获得较高估值，江南、南派三叔、天下霸唱等作家成为公司创始人或高管，与其形成深度绑定。

狂热的背后是粉丝的参与。IP 时代的精髓体现在优秀内容具有足够圈粉能力。未来的发展趋势是以用户为核心的“按需定制”，在优秀内容的基础上将更加注重与粉丝的互动。粉丝的参与度将远远超过以往，互动的增加有利于增强黏性，进而促进 IP 价值的更多衍生。

① 缪定纯：《故宫版〈天天爱消除〉将上线，马化腾称故宫是中国最大的文化 IP》，36 氪，2016 年 7 月 6 日，http：//36kr. com/p/5049160. html。

B.7
“宝万之争事件”的管理启示

中国管理科学学会企业管理专业委员会

摘　要：本文简要介绍了本次万科股权之争有关各方的基本情况，论述了本次事件的基本过程及最新进展，梳理了有关各方的代表性观点，最后对其进行分析，得出启示。

关键词：宝万之争　万科　宝能系　华润

一　企业简介

（一）宝能系

1. 宝能系

宝能系是指以宝能集团为中心的资本集团。公开资料显示，深圳市宝能投资集团有限公司，是宝能系的核心。工商资料显示，宝能集团成立于2000年，注册资本3亿元，姚振华是其唯一的股东。宝能集团旗下包括综合物业开发、金融、现代物流、文化旅游、民生产业等五大板块，下辖宝能地产、前海人寿、钜盛华、广东云信资信评估、粤商小额贷款、深业物流、创邦集团、深圳建业、深圳宝时惠电子商务、深圳民鲜农产品多家子公司。

2. 钜盛华

前海人寿与深圳市钜盛华实业有限公司，是宝能系进行资本运作的核心。作为宝能系的金融平台，前海人寿51%的股权由钜盛华持有，而钜盛华则有67.4%的股权被宝能集团所持。而前海人寿的其他股东，包括深圳市深粤控股有限公司、深圳粤商物流有限公司等绝大部分皆为宝能系成员。

3. 前海人寿

作为保险界的一匹黑马，前海人寿是宝能系大量投资的主要筹码。前海人寿2011年9月获准筹备。2012年2月获得保监会批准成立，2013年度规模保费就突破百亿元，达143.1亿元，在全国人身险公司中排名第13位。2014年达到348亿元。2015年前十个月，前海人寿保费规模已达618亿元。前海人寿2014年公开宣称的目标是，当年（规模）保费达500亿元左右，2015年目标1000亿元。

（二）万科

万科企业股份有限公司成立于1984年5月，是目前中国最大的专业住宅开发企业，也是股市里的代表性地产蓝筹股。总部设在广东深圳，至2009年，已在20多个城市设立分公司。2010年公司完成新开工面积1248万平方米，实现销售面积897.7万平方米，销售金额1081.6亿元。营业收入507.1亿元，净利润72.8亿元。这意味着，万科率先成为全国第一个年销售额超千亿元的房地产公司。这个数字，是一个让同行眼红，让外行震惊的数字，相当于美国四大住宅公司高峰时的总和。在企业领导人王石的带领下，万科通过专注于住宅开发行业，建立起内部完善的制度体系，组建专业化团队，树立专业品牌，以所谓“万科化”的企业文化（简单不复杂；规范不权谋；透明不黑箱；责任不放任）享誉业内。

二 事件回顾

（一）事件经过

2015年1月：宝能系开始买入万科股份；

7月10日~8月26日：宝能系连续三次举牌，成为万科第一大股东；

8月31日~9月1日：华润两度增持万科，持股比例升至15.23%，重夺第一大股东之位；

11 月 27 日：钜盛华买入万科股份，宝能系再次成为万科第一大股东；

12 月 4 日～12 月 7 日：宝能系增持至 20.008%，安邦系买入万科 5% 股份；

12 月 10 日：深交所向钜盛华发出关注函，宝能系将战场转至香港市场；

12 月 11 日：截至 12 月 11 日，宝能系共持有万科约 22.45% 的股份，占第一大股东宝座；

12 月 15 日：钜盛华回复深交所质询函：资金来源合法，信息披露合规；

12 月 17 日晚 8 点左右：万科董事会主席王石就宝能系举牌，万科内部讲话流出，措辞强硬，称不欢迎宝能系成为第一大股东；

12 月 18 日凌晨 4 点：2015 年 12 月 18 日，宝能集团在官网发表声明称，公司重视风险管控，重视每一笔投资，恪守法律，尊重规则，相信市场的力量；

12 月 18 日：宝能系于 12 月 15、18 日两次增持万科 A 股后，持股比例上升至 24.26%，万科 A 股深交所申请下午 13：00 起停牌；

12 月 19 日上午 8 点多：王石微博转发题为“这两个人的对决，决定了万科股权大战的走向”的文章，暗指宝能系来者不善；

12 月 20 日：宝能系旗下前海人寿发布声明，对外界关注的万能险以及自身经营的合规性进行了说明；

12 月 23 日：万科和安邦保险同步官网发文支持对方，显示拥有万科 6.18% 股份的安邦保险正式和万科结盟，共同对抗宝能集团；

12 月 26 日：万科 A 另一份公告称，公司管理层希望获得所有股东的支持；

12 月 29 日晚：万科发布澄清公告，就有媒体报道万科与宝能系、安邦三方召开和谈会基本达成和局，且安邦未来有可能受让宝能系股份成为本公司大股东一事进行说明，称公司从未参与传闻所述会议，对传闻所述内容亦不知情，该传闻不属实；

2016 年 1 月 5 日深夜：万科发布公告，公司 H 股于 1 月 6 日复牌，A 股继续维持停牌。

（二）后续发展

1. 华润发声

2016 年 3 月 8 日，全国政协委员、华润集团董事长傅育宁遭遇记者围堵，被问及有关万科股权之争时，傅育宁表示，现在市场比较敏感，不能多说。但他认为万科是个好企业，华润集团会全力支持。作为万科原第一大股东，华润在万宝之争期间一直保持沉默，此番是第一次发声支持。

2. 与深圳地铁合作

2016 年 3 月 12 日万科与深圳市地铁集团签署合作备忘录，万科将购买地铁集团下属公司的全部或部分股权。目标公司在双方签署正式的交易文件时，地铁集团将注入部分优质地铁上盖物业项目的资产。初步预计交易对价介于 400 亿 ~600 亿元。万科拟采取以向地铁集团新发行股份为主，如有差额以现金补足的方式收购地铁集团持有的目标公司全部或部分股权。

3. 华润再次发声

2016 年 3 月 17 日，万科 A（000002）继续停牌的议案获得股东大会高票通过，但万科的第二大股东华润集团却发出了不一样的声音。一直在万科背后默默支持的华润，在股东大会上却发出了不同的声音。在股东大会结束后，华润方面代表，突然对万科与深铁合作中的一些程序性行为提出异议。上述华润集团股东代表表示，万科与深圳地铁合作公告，没有经过董事会的讨论及决议通过，是万科管理层自己做的决定。

4. 华润联手宝能

华润有意接手“宝能系”所持万科股份，但双方因交易价格等问题，目前尚未达成一致方案。这意味着万科的股权争夺战还远未结束，而大家也似乎都明白了华润何以在 3 月 17 日万科临时股东大会结束后对万科管理层意外呛声。

5. 万科公告与股东大会

2016 年 6 月 26 日，万科公告宝能系提请召开临时股东大会，以罢免王石、郁亮等董事会全体成员和除职工监事之外的监事会成员，该议案在市场上引起轩然大波。在 6 月 29 日召开的万科年度股东大会上，万科总裁郁亮称，罢免议案提出后，部分已经签约和销售的项目面临解约风险，银行对万科的信用评级慎重考虑，合作方调整条款，猎头在打万科员工的主意，“管理层感到有心无力”。

6. 万科股票

2016 年 7 月 4 日，万科 A 股复牌，截至午间收盘，万科 A 股报 21.99 元，跌 9.99%。与此同时，万科 H 股开盘小幅下跌后转涨，截至午间收盘，涨 8.68%，报 16.52 港元。

7. 恒大增持万科

2016 年 8 月 5 日，恒大发布公告，称此次以财务投资者的身份，耗资 91.1 亿元人民币，持股万科的比例已达总股本的 4.68%。

三　各方观点

2016 年 7 月中国管理科学学会下属单位中国房地产经理人联盟（以下简称中经联盟）就万宝之争进行了学术研讨，中国房地产经理人联盟秘书长陈云峰主持了本次会议。

中经联盟第三任轮值主席、润物控股总裁陈顺：到今天我们如何看待这个事情，由于每个人经历不同、位置不同，对这个事情有不同的观点，今天是畅所欲言的会议。随着社会发展和各种各样的事情发生，万科可能不是第一类，只不过由于万科是地产界一个旗帜，王石是充满魅力的一个人，你看他今年 65 岁，仍然担任亚洲赛艇协会的主席。这样的人、这样的企业使得这个事情非常引人注目。以后资本市场中各种各样的事情还会出现很多，有些和房地产市场瓜葛少一些，实际上也是一样的事情。现在自媒体非常发达，上市公司信息披露和自媒体发声，还是有一些时间差，我认为在这起事件中，有关各方应当给予对方包容和理解，达成合作。另外，相关的信息披露不够及时和充分，例如宝能并未及时披露自己增资万科的资金来源，万科的信息披露也稍显被动；政府在此事件中不应过度干涉，让市场处于主导地位。

首都经济贸易大学土地系主任、教授赵秀池：第一，王石与姚振华并无对错，作为股东，谁对谁错，谁能给我带来盈利，谁能让我赚钱，我支持谁。第二，他们产生矛盾原因，西方经济学已经给出答案，就是市场失灵时产生的委托－代理问题。姚老板作为委托人追求的是利益最大化；而王石作为代理人追求的是工资最大化，此外，还可能要兼顾其他目标，或者有情怀，或者做公益等，这就可能与股东利益不一致，出现委托－代理问题。委托－代理问题的原因就是目标不一致，信息不对称。解决之路，按照中国传统，中庸之道。坐下来谈这个问题。第三，对行业有什么好处？包括政府部门，将来行业会越来越规范，包括收购、兼并、重组。职业经理人要做好分内的事，必须换位思考，为对方考虑，位置才能坐得好，坐得稳，实现多赢、共赢。

北京联合大学工商管理系主任、教授陈琳：无所谓对错，但是结果对谁有利，要衡量，对万科有利，还是利益相关者，还是对政府有利，这是一个平衡现期利益与未来长远利益的问题。第一，从这个角度来分析中国民营企业的上市，一般要经过一个比较痛苦的蜕变过程。民营企业家族制企业改造成公司制企业，但仍保有家族式企业作风，有创始人管理风格，这是一个基因，已经埋在里面。这样的企业在改制以后有一些风险，比如说它的公司控制权可能随时会失去，在市场经济比较健全的法律制度下，创始人失去控制权是一种常规事件，按理说不会引起很大争议，可是为什么今天万科引起大家这么关注，可能就是和我们的传统文化、传统家族式企业管理冲突，和我们的情怀冲突。这方面我认为对于行业的启示，无论房地产行业，还是其他行业，上市的时候要充分估计到可能会对企业，对创始人，以及相关者、社会、中小股民来说，带来哪些风险，并且能不能在之前制度设计当中，公司章程当中将其考虑在内。比如说万科，万科在公司章程当中，尤其在股权比

较分散情况下，有没有把这个风险考虑到，这是很重要的方面，我们要懂得这个制度，懂得这个制度可能给我们带来的风险。第二，这样一个事件，其实对我们这个国家市场经济体制来说应该是一个拐点，我在观察包括政府相关部门的一些行为。政府应该真正找准自己的位置，有所为，有所不为，市场能够解决的，市场解决，只有这样的环境下，才能让企业大浪淘沙，实现成长，尽管过程很痛苦，有风险。第三，如何理解人力资本——最重要的资源？知识资本在投资运作、价值创造当中如何计量？传统资本和人力资本之间怎么在分配当中体现，这对于我们职业经理人的地位以及未来的发展成长，甚至对整个行业发展来说，都是很重要的问题。如果还是工业经济条件下，可能资本说了算，但是今天也不完全是这样，还是需要尊重、协商。

中经联盟监事会主席、天同安泰地产总裁王哲：第一，站在历史的角度来看这个事情，王石在万科的真正角色并非职业经理人，好比华远的任志强，王石是万科的创始人，精神支柱。第二，万科股权之争是在特定时间、特定行业以及特定的人之间发生的，具有很强的偶然性和特殊性，类似事件发生的可能性很小。第三，这件事对于全行业影响，可能今后经营权、所有权界定会发生巨大变化，包括很多有抱负、有想法的经理人，创业的时候也可能把这次事件当成典型案例。可能也会对公司法，包括公司章程的制定起到一个重大推动作用。

中国管理科学学会秘书长张晓东：十三五规划，今年开始，未来五年，我个人认为，是中国发展非常关键的五年，矛盾非常多，万科股权的事出在这个点上，我们的看法与其说坏事，不如说是好事。它对于转型和变革，对于进入到深入阶段的中国经济，对于国家治理管理规范，意义非常大。从管理角度，对所有行业，所有管理，无论学术还是真正的实践和国家治理，有重大意义。

中国管理科学学会企业管理委员会秘书长，北京理工大学 MBA 教育中心主任周毕文：通过万宝事件反思，在现行制度中，应该更加尊重和发挥职业经理人的作用。认为：第一，职业经理人地位应当上升到人力（智力）资本地位。第二，企业制度和企业家或者说资本家和职业经理人要共同发挥作用，使企业可持续发展。第三，资金资本所有者，即资本家、大股东，要充分尊重人力（包括智力、知识）资本创造的价值，实现企业、资本家、职业经理人、劳动者、股民多方共赢！

东湖集团武汉公司总经理孙德刚：第一，当前形势下，从人性角度讲，经理方与投资方达到一定程度，冲突不可避免，我们的经营管理层需要自律，自律也是对自己的保护，同时也需要有自己的组织，能够发出自己的声音，能够对损害经营管理层利益的这种行为和实践有自己的发声渠道。第二，宝能收购万科是合理合法的，政府保持克制态度，我还是点赞，有利于今后公司章程、公司治理向法制化方向发展。第三，本次事件至少是一个转折点，标志着资本市场上企业收购与并购已经成为常态，在此之前也是常态，只不过没有这次事件影响大。要习惯这种场景，习惯对于自己未来退出机制进行规划，无论投资方、创始人，还是管理层，发展到一定层次就会有人夺你的股权，自己会失去公司控制权、经营管理权，实属正常，虽然情感上难以接受。游戏规则之下，更多要思考，之前我们与投资方之间关系怎么定位，我们与资本方之间如果一旦有资本方入侵怎么抵御，同时自己怎么退出，要有自己的退出机制。

盛同华远董事长胡碧绅：未来股权变更会成为常态，我们应学会适应并做出积极应对；万科股权之争不同于20世纪的股权变更，它更为复杂，在此过程中难分对错，只是如果事先有足够的沟通和协商可能效果会更好。

中经联盟文化艺术俱乐部主席、凯德中国质量督导王越：从情感层面，2003年，我跟王石一块在深圳吃一次饭，当时不太熟悉，很低调的一个人。他的谈吐非常有个人魅力。我很崇敬他。我在龙湖做过几年，很多方针政策方式模仿万科。万科确确实实是中国房地产历史发展当中的标杆企业。有一句话，人民创造了历史，英雄创造了奇迹，我的心目当中，王石应该是属于英雄人物。技术层面考虑，凯德跟万科做过很多次交流，有很多合作，我们很佩服的国内标杆企业。我们公司在一些实际操作过程当中，对万科工匠精神，也是特别赞许。但是我觉得将来不管资本方还是管理方，我们都不希望万科倒下去，还是希望万科继续作为中国标杆走下去。

识博教育总经理车肇恩：第一，朋友角度认为万科是一个非常优秀的企业，它有着很强的盈利能力和一支优秀的团队。第二，万科知名度可能比宝能高一些，一开始情绪化姿态，觉得宝能道德角度上来说不是特别好，其实我个人感觉无可厚非。法律法规角度讲它并没有做错什么，是正确的，我们应该很客观、公正判断一个企业的行为。第三，从社会公众角度，王石个人身份并不是企业家，有点像影视明星，才会出现这么热的关注。其实这种举牌收购在资本市场，尤其现在资本市场开放，三板，注册制，社会化企业越来越多，每天都存在，只是大与小，牵扯金额多少。资本合作，合纵连横，每天都存在，成为社会经济生活当中不可或缺的一部分。我们并没必要评是非对错，存在即合理，然后每个人从自己的角度，从事件上获取一些进步和收益，这也是最好的。

人民交通出版社文化创意发展中心主任邵江：无论我们身处何种情况，都应该遵守游戏规则；职业经理人分很多种，有对公司未来长远负责的经理人，也有只对目前的高薪负责的经理人，无论怎样的经理人都值得资方去善待；投资方与管理层相互关系处理三阶段：彼此接受、充分沟通、相互融合。

中经联盟秘书长陈云峰：法制化环境尤为重要，站在资本与经理人的角度都不希望万科倒下。确实最近咱们国家热点不断，包括昨天南海，包括经济界的万科股权之争，加上咱们社会还有很多热点。因为中国改革开放现在进入深水区，在十三五期间各种矛盾仍然会激化，关键是什么？关键就是法制。这次万科股权之争研讨会，最后结论，法制条件下，应该去行政，应该去情怀。可以做道义上声援，但要从国家层面完善法律环境，在企业层面遵守法律；在知识经济、互联网经济来临的时候，资本方要摒弃工业时代一言堂的工作习惯，更尊重职业经理人群体；而职业经理人群体也要学会尊重资本在法律上的权力。这个事有现实意义，否则就会出现大股东提交议案，要求董事会开会，议题是什么，罢免董事会，结果董事会开了一个会，决议就是我们不同意罢免董事会。这是真实发生在我们身边的事。所以我们更愿意看到这个事，能够让中国法制环境更加健全。特别是在资本马上就会大规模进入房地产行业，资本风暴来临的时候，法制应该更加健全。中经联盟定位为为职业经理人鼓与呼，但经理人中很多人创业了，也许企业会寻求上市，知道股权多么重要。对应你对企业的管控方法，应该更加科学。董事会权力、股东权力、监事会权力，包括章程里，也有经理人权力。这些权力，都应该更加严谨科学，这个才是这次万科股权之争能够给行业、中国所带来的学术意义和价值。像各位嘉宾所表述的，我们希望看到一个前进的万科，我们希望看到资方能够行使自己的法律权力，但是优秀的管理团队，不应该被大规模撤换。为什么？让企业能够像原来一样，带领行业向前走。万科提倡住宅产业化，走向国际化。这个过程当中，我们多么想看到万科更好，而不是眼睁睁地在我们面前倒下去。如果从这件事之后，万科一蹶不振，王石出局创业，郁亮带着团队出来创业，万科不再是原来的万科，业绩下跌马上体现在报表里，这是全社会不愿意看到的现象。我们倡议所有房地产行业的职业经理人，大家都从维护行业健康发展，维护法律环境角度，去表态、发声、参与，让行业更健康。因为房地产行业在整个经济发展当中确实太重要了。中国正在改革奋进，别袖手旁观，你我都是历史见证者和亲历者，更是参与者，让我们祝福我们的万科企业，能够一如既往发展，让我们祝福我们的房地产行业能够更加造福中国经济，祝福我们的祖国能够在法制环境道路上，走得越来越好。我们希望这次的万科股权之争成为一件好事，能够让中国的上市公司治理环境更好。讲法亦当有理有情，资方和经理人应该学会互相尊重，这是一个重要课题。

四　分析与启示

（一）宝能收购万科的动机

1. 垂涎万科廉价资金

万科作为房地产行业龙头的最大优势——低廉的融资成本及 3A 的信用评级。万科 2015 年 11 月发行债务的票面利率为 3.5%，宝能 2014 年贷款的融资成本大于10%。宝能收购万科的目的之一：其未来可能把自身的地产项目注入万科，借助万科的品牌上市平台获得低廉的融资成本。

2. 改善财务报表的现实需求

岁末之际，宝能及其一致行动人前海人寿频频举牌或许出于其改善财务报表的现实需要。以前海人寿来说，按照保监会的要求，保险公司无论上市与否都要公开披露年报，而年底举牌可以增加投资收益和增厚净资产，提高偿付能力。

3. 提高收益的需要

目前，中小保险公司主要依靠扩大万能险和分红险等保险规模在业务上寻求突破。以万能险为例，其结算利率普遍在5%以上，保单负债端成本较高，加之渠道费用及管理费用，实际负债端成本大致为7%～8%。因此，为了追求更高收益，在固定收益类产品收益率无法覆盖保险资金负债成本的情况下，加大权益类投资力度便成了必然选择。

4. 觊觎万科的地产

无论宝能系是不是财务投资，其巨量买入万科股份都不会吃亏。让前海人寿最为觊觎的是万科即将生产出的庞大的商业地产、物流地产、养老地产。前海人寿可以凭借巨量股份在万科董事会上拥有话语权，然后促成万科商业、物流、养老层面的持有经营物业与前海人寿深度合作。

（二）宝能收购万科的资金来源

一是股权质押。宝能系主要通过钜盛华和前海人寿、宝能地产和举牌的万科进行股权质押，从去年至今累计质押宝能地产6.7亿股，质押前海人寿22.1亿股，质押万科A7.1亿股。姚振华还将宝能的30%的股权进行质押。

二是资管计划融资。通过7个带杠杆的资管计划共取得资金182.5亿元。

三是前海人寿保费收入。前海人寿的资金大部分来自两款万能险，即海利年年和聚富产品。其累计耗资100多亿元，约有75亿元来自保险产品资金，约有22亿元来自自有资金，另有8亿元来源暂且不明。当然，上述只是我们在网络上找到的一些数据，对于其真实性，尚且无法判断。事实上，依靠万能险扩大保费规模参与资本市场投资并非个案。

（三）险资持股产生的风险

大同证券首席策略分析师胡晓辉指出：“险资带着巨大的杠杆进入，存在很多的不确定因素，建议观望。”上海明伦律师事务所律师王智斌就表示：“使用杠杆资金收购万科股权的确会存在较高的风险。因为恶意收购的情况通常会引起被收购标公司的不稳定，使得双方内购加剧，这样公司股价也有可能存在极不稳定的状态，一旦下跌到一定幅度，买入方也将面临被强行平仓的风险。”

（四）险资持股的原因

一是经济及利率下行的资产荒。在经济下行期及利率下行期，资产端收益覆盖负债端成本的压力较大。因此，在有限的资产配置渠道下，为了追求更高收益，部分保险公司加大了高收益权益资产的配置。同时，由于理财性险种的险期较短，配置流动性较差的非标类产品，一旦下一年保费销售不达预期，将会带来流动性偿付风险，因此也使保险资金加大了对流动性更好的二级市场投资。

二是享受会计处理变更带来的投资收益。我们认为，保险公司选择年底增持，与保险公司对股权投资的会计处理有关。年底举牌主要原因在于增加投资收益和增厚净资产，提高偿付能力。目前保险公司持有的股票类资产会计处理主要分为交易性金融资产、可供出售金融资产和长期股权投资。保险公司年底举牌增持，除了提高投资收益和净资产外，更重要的是享受会计处理变更带来的投资收益。如安邦财险 2014 年公司年报显示：公司投资收益中“公允价值计量转权益法核算确认的当期收益”达到 184 亿元，主要由所持有金融资产公允价值升值贡献。以安邦保险为例，旗下各子公司 2014 年安邦财险、安邦人寿、和谐健康实现投资收益 226 亿、137 亿和 43 亿，同比分别增长 275%、2000% 和 187%。2014 年安邦财险的净利润达 163 亿元，但已赚保费仅为50.3亿元，承保利润仅为1.34亿元，盈利主要依靠高达225.97亿元的投资收益和交易类金融资产的公允价值变动收益。

（五）万科管理层为什么反对收购

一是万科股权分散，管理层地位岌岌可危。以王石为首的万科管理层所持有的万科股份非常少，万科的整个管理层所持股份比例仅有4.14%，王石个人持股仅5712901股，占总股份（11014968919）的0.0518%。所以王石于万科来说，本质上就是一个打工仔（职业经理人）而已。这些年来，以王石为核心的公司管理层能够完全掌控万科，全赖万科第一大股东华润的支持。而且华润的特殊能力，给万科推荐的独立董事李小加（后为港交所行政总裁）和陈茂波（前为香港会计师公会会长，后任职香港政府）都是行业翘楚，在万科的公司治理结构上扮演重要角色。所以一旦第一大股东的地位易主，以王石为核心的管理层的绝对领导权就岌岌可危了。

二是宝能系信用不够，能力不够。宝能系的信用不够，宝能的发家靠“一进、一拆、一分”，成为万科大股东会影响万科的信用评级，进而影响万科的营运成本，损害中小股东的利益。宝能系的能力不够，“去年宝能的整个房地产交易几十亿元，其中一部分还是关联交易，通过这种水平的系统，来管控万科，能力是远远不够的”。宝能系是走钢丝的暴发户，“宝能系层层借钱，循环杠杆，没有退路，一旦撑不下去，后果不堪设想，1990年美国有接近60家寿险公司破产”。宝能前靠万能险，后靠短期杠杆层层借钱，质疑宝能购买万科股票的钱是从哪儿来的。

（六）万科反收购的策略思考

1. 毒丸计划

万科要实施毒丸计划，也面临着两道坎。其一，华润是国企，且处于反腐等多事之秋，其介入重大资产重组，需要严格而烦琐的申报手续，其应该不会贸然卷入这场资本市场的战争。其二，万科能否实施“定增”的核心在于定增方案能否通过股东大会决议，稳坐第一大股东的宝能系必然反对万科管理层的方案。万科管理层唯有获取多数中小股东的支持才有获胜的把握，但这绝非易事。

2.“白衣骑士”资金困难

(1) 王石想要对宝能系构成防御阻击之势，须至少增持10%方可确保胜算。而万科A总市值2699亿元，万科企业总市值2531亿港元。王石方面以最低成本增持10%，也需要至少253亿港元，更何况抢筹过程势必推动股价上涨（受近期股权之争影响，万科股价至18日停牌已上涨近六成)，直接导致交战各方的增持成本上升。(2) 为了吸引“白衣骑士”，当然也要付出一定代价。比方说给予白衣骑士一些优惠条件，以便购买目标公司的资产或股份。这也使得资金需求更大。

（七）启示

1. 为什么万科成为猎物

(1) 股权分散。万科作为国内最著名的房地产开发商之一，早年即已通过上市实现了公司的股份化、市场化改革，在此次宝能系“入侵”之前，虽然万科也有华润这个大股东坐镇，但实际上华润在万科更像是一个财务投资者，因而可以认为万科的股权比较分散化，并不存在具有实际控制权的大股东，万科的实际控制人是王石和郁亮带领的万科职业经理人团队。这种结构为万科的壮大提供了机制上的基础，但同时也埋下了控制权争斗的隐患。

(2) 制度不健全。虽然万科很早就上市，但是关于预防被恶意收购的制度却没有建立起来，而且万科的管理层早年间通过大量的减持套现，持有万科的股票本身就比较少，所以导致容易被恶意收购。所以其他房企，尤其是家族类型的房企，需要在这方面作出修改。包括在公司章程等方面，需要建立一个有防火墙机制的公司治理模式。

2. 相关监管机构的启示

宝能收购万科股份的操作模式具有示范效应，如果金融监管层对于用高杠杆资金收购蓝筹股和权重股的行为置之不理，那么，资本玩家就会用高杠杆配资放肆地控制越来越多的中国蓝筹股和权重股，后果将是毁灭性的。

五　结论

关于“万宝之争”见仁见智的评论很多。笔者的看法颇为简单：一切应以《公司法》《证券法》以及其他相关的法律和监管条例，再加上万科的公司章程为准绳。大框架确定之后，就是凭证据说话，而不是拿“莫须有”来说事。至于万科及其管理层对中国经济和房地产业的贡献之类的煽情说法是无法与法律、监管条例和公司章程的原则“叫板”的。再伟大的企业及其管理层都必须服从其股东或主要股东的意志，在既定的法律和监管原则下运作，包括以各种方式竞争及保护自己的权力和利益。实际上，资本市场的运作原则与民主选举颇为相似，只不过不是以合格的选民（即不包括其他无投票权的公民）为计量单位，而是以股票为计量单位：一股一票，少数服从多数（一定的提案需要参加投票的 2/3 多数的支持）；董事会服从股东会的多数意志（包括治理结构和程序）；管理层执行由董事会根据股东会多数意志制定的公司治理和战略；监管部门确保所有参与者（股东，董事会成员，管理层）都根据法律、监管条例和公司章程行事。人们只要将参与者假设成合格选民（当然也有放弃投票权的），民意代表机构（但是不是“立法”机构，虽然在法律和监管框架下制定和执行公司章程）、行政单位，以及政府立法和监管部门就是一个具备各基本要素的民主程序。如果我们的专家、学者可以更多地从各种相关的“规矩”上考虑和分析“万宝之争”，较少地从包括管理层在内各参与者的“背景”、特点和动机来评判各种行为和说法的话，“万宝之争”则不仅是一个提高投资者成熟度的案例，而且也是立法和监管部门值得研究，并且也许需要调整相关法律和条例的案例。

管理教育篇

Management Education

B.8

创新型高端人才的培养

——以我国博士后管理工作为例

王修来　张玉韬　付新彦*

摘　要：　本文研究分析了2015年度全国博士后站点建设情况、博士后招收情况、博士后工作综合评估情况以及中国博士后科学基金使用情况，发现全国博士后工作存在区域发展不均衡、站点建设不平衡、待业人员有扩大的趋势等问题，并就加强博士后管理，培养创新型人才提出相关建议。

关键词：　博士后工作　博士后管理　创新型人才

* 王修来，教授、博士生导师，全军博士后管理信息中心副主任、南京总医院博士后科研工作站站长，研究方向为人力资源管理、信息系统管理；张玉韬，南京理工大学博士，全军博士后管理信息中心工程师，研究方向为管理科学与工程、人力资源管理；付新彦，全军博士后管理信息中心工程师，研究方向为高等教育管理、人力资源管理。

1984 年 5 月 21 日，著名物理学家李政道向邓小平同志建议，借鉴国外的博士后制度，在中国设立博士后科研流动站，实行博士后制度。1985 年 10 月，在我国的 72 个高等院校和学术单位设立 102 个博士后科研流动站，这标志着我国博士后制度的诞生。2015 年恰好是我国博士后制度实施 30 周年，“30 年来，在各方面高度重视和共同努力下，博士后制度从无到有、从小到大，走过了不平凡的历程，博士后群体已成为国家创新型人才中的一支骨干力量。目前，博士后科研流动站和工作站覆盖全部学科门类和经济社会发展主要领域，广大博士后活跃在经济发展、社会事业、科学研究、产业升级一线，作出了独特贡献”。① 2015 年度我国博士后工作也取得了很多新业绩，博士后研究人员展现了新风貌。

一 2015年度全国博士后工作情况分析

（一）2015年全国博士后站设置情况

1. 博士后科研流动站的设置情况

（1）设站数量

博士后科研流动站，是指在高等学校或科研院所的某个一级学科范围内，经批准设立的可以招收博士后研究人员的组织。自 1985 年我国首批设立 102 个博士后科研流动站之后，每年新增设流动站的数量或多或少，少者如 1986 年、1999 年各增加 2 个流动站，多者为 2012 年，一年新增加流动站 554 个。据统计，1985 ~ 2014 年，全国共批准设立博士后科研流动站 3029 个（见图 1），后因部分学科调整、合并或评估整改后仍不合格而被撤销的流动站有 18 个。故 2014 年年底，全国博士后科研流动站为 3011 个。2015 年，没有新增博士后科研流动站，因综合评估

① 李克强：《着力培育更多高层次青年人才　实施创新驱动　促进双创发展》，中央人民政府门户网站，http：//www. gov. cn/2015 - 12 - 01。

不合格还撤销了1个流动站，所以到2015年年底，全国共设有博士后科研流动站3010个。

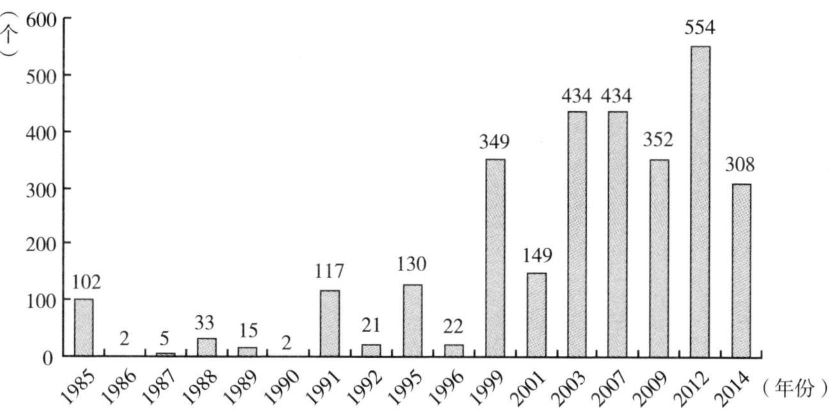

图1　1985～2014年全国博士后科研流动站设站情况统计

注：博士后科研流动站设站数据来源于中国博士后办公系统。

（2）学科分布

我国博士后流动站的设立（含增设），必须由已获得博士学位授予权单位，严格按照国务院学位委员会颁布的学科、专业目录中的一级学科进行申报，同时规定必须已培养出一届以上的博士毕业生，所以博士后流动站的学科分布，与我国高校博士点的设置紧密相关。从2015年全国博士后科研流动站站点设置的学科分布情况看，以工学和理学为主，其设站数量分别占到17.97%、38.34%，合占流动站总数的56.31%，医学和管理学分列第三位、第四位，分别占流动站总数的8.54%、6.48%，其余学科所占比例均不超过6%（见图2）。

（3）区域分布

通过对全国各区域博士后科研流动站设站单位和科研流动站设站数量的分析，可以从一个侧面反映出该地区的科研与人才发展情况，同时也可透视出地方政府对培养高端人才的重视程度。从2015年全国博士后流动站设站单位（494个）及其下属科研流动站（3010个）的

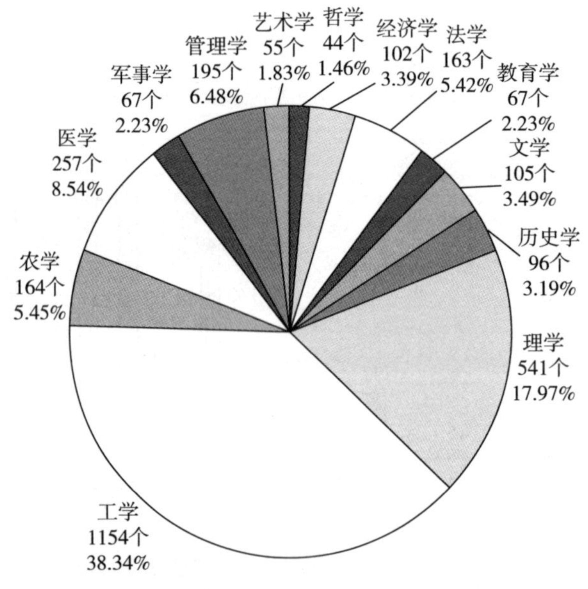

图2　2015年全国博士后科研流动站学科分布比例

注：博士后科研流动站各学科门类数据来源于中国博士后办公系统。

区域分布来看，在北京范围内的设站单位有114个、设科研流动站数量546个，均远超其他省、自治区和直辖市，但因为北京的部属高校和中央直属机关较多，实际上北京市属设站单位只有8个，设科研流动站的数量也只有51个。江苏、上海博士后科研流动站设站单位数量均超过了30个，设站数量分别为303个、220个。广东、湖北、辽宁、陕西、四川博士后科研流动站设站单位数量均在20个及以上。广西、贵州、内蒙古、宁夏、青海、西藏等西部经济欠发达地区，博士后科研流动站设站单位和数量相对较少，其中西藏为“双零”（详见表1）。可见，博士后流动站数量与高校数量密切相关，这反映出我国博士后制度发展区域严重不均衡，这主要是由于优质高等教育资源分配不均所导致的。

表 1　2015 年全国博士后科研流动站区域分布情况

单位：个

区　域	设站单位	设科研流动站	区域	设站单位	设科研流动站
安　徽	11	73	辽　宁	22	116
北　京	114(市属 8)	546(市属 51)	内蒙古	4	19
福　建	10	86	宁　夏	1	3
甘　肃	11	50	青　海	2	4
广　东	20	147	山　东	19	127
广　西	6	21	山　西	9	49
贵　州	3	11	陕　西	25	174
海　南	1	2	上　海	33	220
河　北	11	58	四　川	21	100
河　南	10	64	天　津	10	77
黑龙江	15	97	西　藏	0	0
湖　北	26	190	新　疆	8	30
湖　南	13	133	云　南	12	35
吉　林	10	91	浙　江	13	82
江　苏	38	303	重　庆	8	74
江　西	8	26	合　计	494	3010

注：各省、自治区、直辖市博士后科研流动站设站数据来源于中国博士后办公系统。

2. 博士后科研工作站的设置

（1）新增工作站

2015 年共有 1435 个单位申请设立博士后科研工作站，经过评审最后有 628 个单位获得批准，获批率为 43.76%。（详见表 2）

表 2　2015 年博士后科研工作站申请与获批情况

单位：个

省、自治区、直辖市	申请数量	获批数量	省、自治区、直辖市	申请数量	获批数量	省、自治区、直辖市	申请数量	获批数量
安　徽	36	17	湖　北	72	29	陕　西	48	12
北　京	132	75	湖　南	39	11	上　海	48	25
福　建	80	19	吉　林	18	1	四　川	35	13
甘　肃	10	3	江　苏	224	102	天　津	23	5
广　东	170	77	江　西	51	29	西　藏	6	2

续表

省、自治区、直辖市	申请数量	获批数量	省、自治区、直辖市	申请数量	获批数量	省、自治区、直辖市	申请数量	获批数量
广　西	18	8	辽　宁	16	7	新　疆	20	10
贵　州	16	4	内蒙古	18	7	云　南	17	7
海　南	7	5	宁　夏	5	2	浙　江	75	30
河　北	27	10	青　海	2	1	重　庆	24	5
河　南	40	19	山　东	116	73			
黑龙江	24	15	山　西	18	5	合　计	1435	628

注：各省、自治区、直辖市申报博士后科研工作站的数据来源于中国博士后办公系统，获批数据根据国家通知文件信息整理所得。

由表2可知，江苏有224个单位申报，申报数量最多，获批数量为102个，位居第1位；广东申报单位数量次之，为170个，获批数量77个，位居第2位；青海申报单位最少，仅有2个，获批数量1个。从获批和申报比例来看，海南获批率最高，为71.43%，吉林的获批率最低，仅有5.56%，远低于全国的平均获批率（43.76%）。北京、上海、黑龙江、山东、江西的获批率均超过了50%。

2015年江苏新增工作站数量超过北京，总数量也接近北京。从2015年博士后科研工作站增设情况来看，除北京、江苏、广东、山东外，一些中西部省份和地区如河南、湖北、西藏等的增幅也较大。但地区之间特别是东西部地区的差距仍很明显，2015年北京、江苏、广东、山东共新增科研工作站327个，超过全国新增科研工作站总数的50%。

（2）设站数量

博士后科研工作站，是指在企业、科研生产型事业单位和特殊的区域机构内，经批准可以招收和培养博士后研究人员的组织。1994年，我国设立第一个博士后科研工作站（上海宝山钢铁公司科研工作站），此后每年有所增加，少则增加1个，多则增加644个。到2015年年底，全国经批准成立的博士后科研工作站达3485个，因评估不合格或其他原因撤销、注销工作站116个（其中2015年撤销14个），截至2015年年底，全国博士后科研工作站为3369个（见图3）。

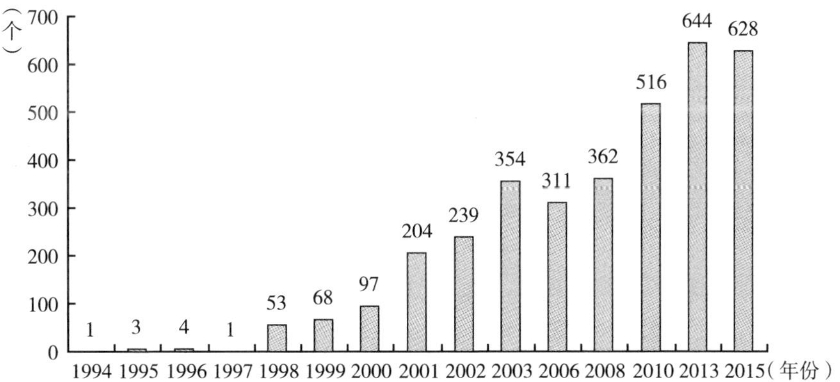

图 3　1994～2015 年全国博士后科研工作站设站情况

注：博士后科研工作站数据来自中国博士后办公系统和 2015 年新增博士后科研工作站的通知文件（不含军队系统博士后科研工作站信息）。

（3）区域分布

从全国博士后科研工作站的区域分布看，设站数量较多的地区，往往经济发展水平比较高，科研创新能力比较强，人才资源集中度也比较高（详见表 3）。

表 3　2015 年全国博士后科研工作站区域分布情况

单位：个

省、自治区、直辖市	工作站数量	省、自治区、直辖市	工作站数量	省、自治区、直辖市	工作站数量
安　徽	100	湖　北	125	陕　西	92
北　京	407	湖　南	77	上　海	149
福　建	103	吉　林	29	四　川	77
甘　肃	33	江　苏	400	天　津	66
广　东	363	江　西	89	西　藏	4
广　西	45	辽　宁	85	新　疆	52
贵　州	32	内蒙古	32	云　南	43
海　南	18	宁　夏	14	浙　江	203
河　北	73	青　海	3	重　庆	58
河　南	143	山　东	306		
黑龙江	114	山　西	34	合　计	3369

注：各省、自治区、直辖市博士后科研工作站的数据根据博士后办公系统和 2015 年新增博士后科研工作站数据整理所得（不含军队系统博士后科研工作站信息）。

由表2可知，截至2015年年底，北京博士后科研工作站的数量最多，为407个；江苏次之，为400个；青海博士后科研工作站的数量最少，仅有3个。从区域分布上来看，博士后科研工作站主要集中在中东部地区，如北京、江苏、广东、山东、浙江、上海、河南、湖北、黑龙江、福建等省、直辖市博士后科研工作站的数量均超过了100个。

（二）2015年全国博士后进站情况

2015年，我国进站博士后研究人员达16041人（含留学归国博士3312人）。其中，进入科研流动站博士后13421人，进入科研工作站博士后2584人，项目博士后36人。比2014年进站博士后总数多出1077人，增幅达7.20%。

1. 进站博士后学科分布

2015年，进站博士后所在学科门类的分布情况，如表4、图4所示。

表4　2015年进站博士后所在学科情况

单位：人

序号	学科门类	进站数量	序号	学科门类	进站数量
1	哲　学	183	8	工　学	6163
2	经济学	846	9	农　学	739
3	法　学	684	10	军事学	20
4	教育学	219	11	医　学	1478
5	文　学	437	12	管理学	911
6	历史学	264	13	艺术学	117
7	理　学	3980	合　计		16041

由表4、图4可知，2015年进站博士后研究人员所在学科的比例，与前几年的情况类似，工学、理学和医学位列前三名。其中，工学进站的人数最多，为6163人，占进站总人数的38.42%；其次是理学，为3980人，占进站总人数的24.81%；再次是医学，为1478人，占进站总人数的9.21%。这3个学科门类进站人数加起来，占全年进站博士后总人数的72.44%。其

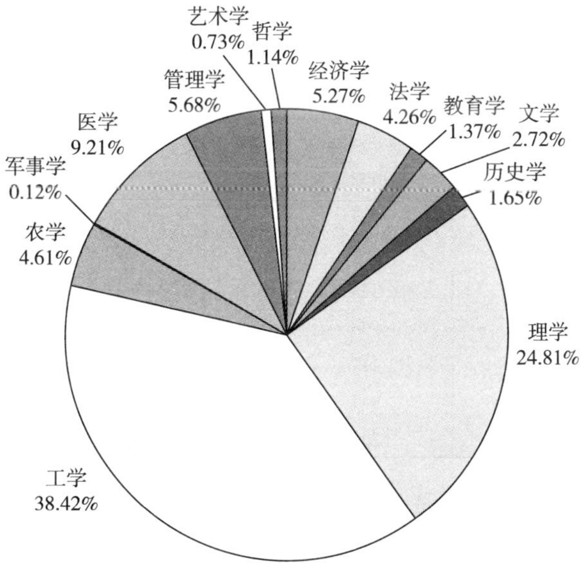

图 4　2015 年进站博士后学科分布比例

注：相关数据来自中国博士后办公系统。

他 10 个学科门类进站博士后研究人员比例均在 6.00% 以下。但同样是位列前三名，工学、理学和医学间的差距也比较明显，医学进站博士后人数同工学、理学进站人数之比，分别是 23.98∶ 100、37.13∶100。

2. 进站博士后区域分布

2015 年进站博士后区域分布情况如表 5、图 5 所示。

表 5　2015 年进站博士后所在区域情况

单位：人

序号	省、自治区、直辖市	进站数量	序号	省、自治区、直辖市	进站数量
1	北　京	4160	17	湖　北	617
2	天　津	386	18	湖　南	296
3	河　北	146	19	广　东	1212
4	山　西	59	20	广　西	97
5	内蒙古	42	21	海　南	9
6	辽　宁	425	22	重　庆	243

续表

序号	省、自治区、直辖市	进站数量	序号	省、自治区、直辖市	进站数量
7	吉　林	390	23	四　川	534
8	黑龙江	734	24	贵　州	52
9	上　海	1453	25	云　南	96
10	江　苏	1517	26	西　藏	2
11	浙　江	637	27	陕　西	787
12	安　徽	344	28	甘　肃	88
13	福　建	233	29	青　海	7
14	江　西	117	30	宁　夏	3
15	山　东	941	31	新　疆	81
16	河　南	333	合　计		16041

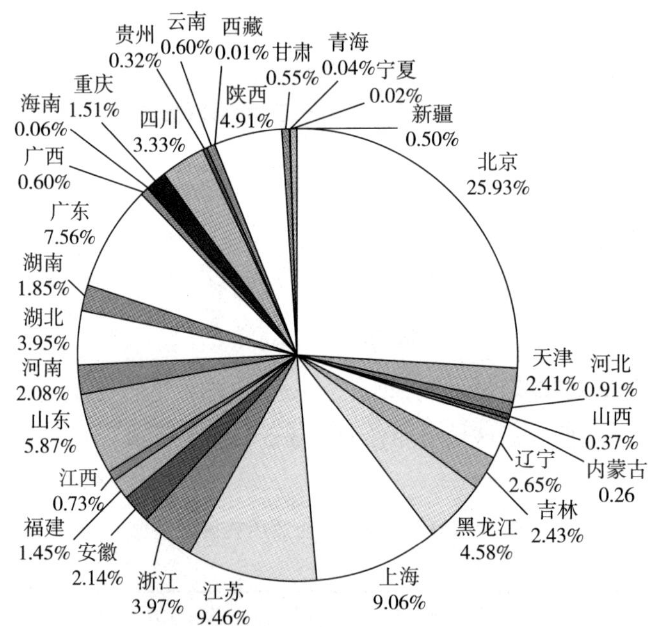

图 5　2015 年进站博士后区域分布比例

注：相关数据来自中国博士后办公系统。

由表 5、图 5 可知，2015 年进站博士后研究人员分布在国内的 31 个省、自治区和直辖市。其中，北京进站人数最多，为 4160 人，占进站总人数的

25.93%；其次是江苏，为1517人，占进站总人数的9.46%；再次是上海，为1453人，占进站总人数的9.06%；进站人数最少的是西藏，仅有2人，占进站总人数的0.01%。2015年进站博士后研究人员之所以区域分布不均，这同各地区的经济社会状况，以及教育发展情况有着密切的联系，与各省、自治区和直辖市设站单位数量多少直接相关。比如，北京设有546个博士后科研流动站、407个博士后科研工作站，设站数量及进站博士后人数一直位居全国首位；江苏设有303个博士后科研流动站、400个博士后科研工作站，设站数量及进站博士后人数一直位居全国第二位；西藏仅设4个博士后科研工作站，无博士后科研流动站，进站博士后人数少自然在情理之中。

3. 进站博士后年龄结构

2015年，进站博士后研究人员的年龄结构，如表6、图6所示。

表6　2015年进站博士后年龄结构情况

单位：人

序号	年龄段	进站数量
1	30岁及以下	7467
2	31～35岁	5496
3	36～40岁	2741
4	40岁以上	336
5	异常年龄	1
合　计		16041

注：本表中所说的异常年龄，是因数据库中有1人未填报真实年龄，故视为异常年龄或异常数据。

从表6、图6中可以看出，2015年进站博士后研究人员中，年龄在30岁及以下的人员最多，为7467人，占进站总人数的46.55%；31～35岁的进站人员次之，为5496人，占进站总人数的34.26%；40岁以上进站人员为336人，占进站总人数的2.09%。前3个年龄段进站博士后研究人员，占进站总人数的97.90%。这种年龄结构，契合了2015年国务院办公厅《关于改革完善博士后制度的意见》（国办发〔2015〕87号）关于“博士后申请者一般应为新近毕业的博士毕业生，年龄应在35周岁

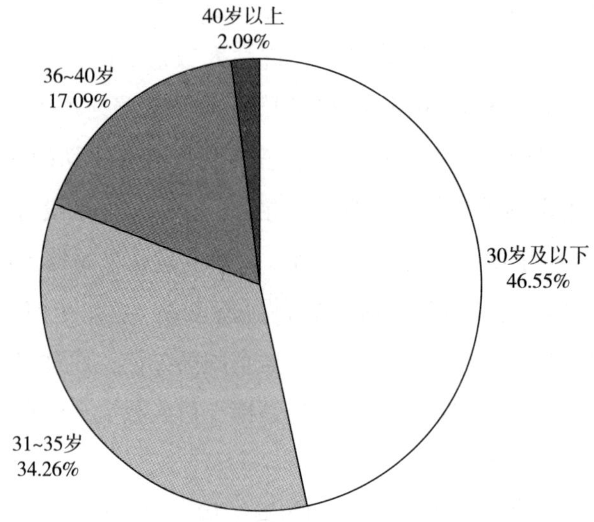

图6 2015年各年龄段进站博士后所占比例

注：相关数据来自中国博士后办公系统。

以下”的规定，也有利于深入实施人才优先发展战略，更好发挥博士后制度在培养高层次创新型青年人才、推动大众创业万众创新中的重要作用。适当招收少量40岁以上博士后研究人员进站，也符合国家关于博士后招收对象年龄一般在40岁以下的规定，照顾到了一些特殊紧缺领域的人才需求。

（三）2015年全国博士后出站情况

2015年，全国出站博士后研究人员8815名，其中科研流动站出站博士后7008人，科研工作站出站博士后1766人，项目博士后41人，比2014年出站博士后总数多297人，增幅达3.5%。

1. 出站博士后学科分布

2015年，出站博士后中工学的人数最多，为3459人，占出站人数的39.24%；其次是理学，为2098人，占出站人数的23.80%；再次是医学，为747人，占出站人数的8.47%（见表7、图7）。

表 7　2015 年出站博士后所在学科情况

单位：人

序　号	学科门类	出站数量	序　号	学科门类	出站数量
1	哲　学	116	8	工　学	3459
2	经济学	549	9	农　学	375
3	法　学	370	10	军事学	2
4	教育学	105	11	医　学	747
5	文　学	271	12	管理学	518
6	历史学	136	13	艺术学	69
7	理　学	2098	合　计		8815

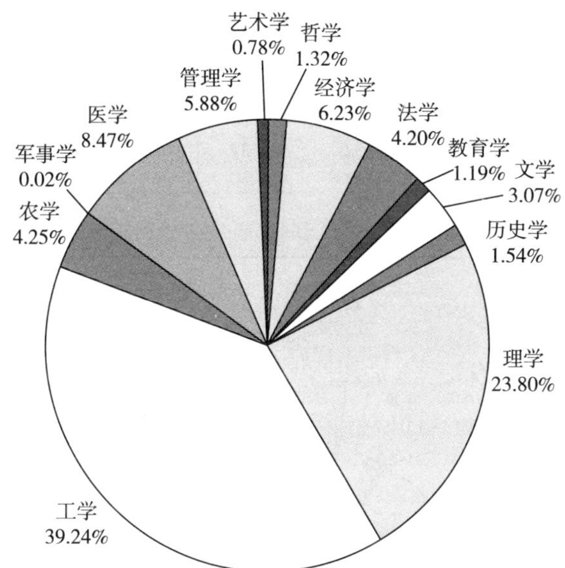

图 7　2015 年出站博士后所在学科分布比例

注：相关数据来自中国博士后办公系统。

2. 出站博士后区域分布

2015 年出站博士后中北京的人数最多，为 2951 人，占出站人数的 33.48%；其次是上海，为 895 人，占出站人数的 10.15%；再次是江苏，为 722 人，占出站人数的 8.19%；西藏无博士后研究人员出站。2015 年北京出站人数比例（33.48%）超过了往年进站人数比例（25% 左右），这可能与其博士后研究人员在站时间相对较短有关，大多数博士后都能在 2 年左右时间内完成研究任务后如期出站（见表 8、图 8）。

表 8　2015 年各地区博士后出站情况统计

单位：人

序　号	省、自治区、直辖市	出站数量	序　号	省、自治区、直辖市	出站数量
1	北　京	2951	17	湖　北	346
2	天　津	183	18	湖　南	165
3	河　北	76	19	广　东	542
4	山　西	49	20	广　西	24
5	内蒙古	21	21	海　南	7
6	辽　宁	229	22	重　庆	92
7	吉　林	219	23	四　川	199
8	黑龙江	360	24	贵　州	17
9	上　海	895	25	云　南	54
10	江　苏	722	26	陕　西	220
11	浙　江	387	27	甘　肃	45
12	安　徽	171	28	青　海	4
13	福　建	132	29	宁　夏	3
14	江　西	32	30	新　疆	60
15	山　东	392	合　计		8815
16	河　南	218			

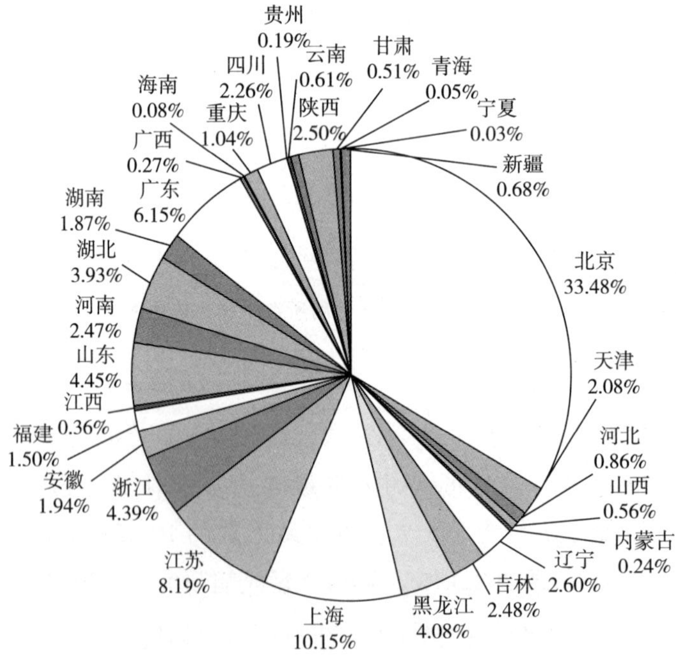

图 8　2015 年出站博士后所在地区分布比例

注：相关数据来自中国博士后办公系统。

3. 出站博士后去向分析

2015 年，在出站的 8815 名博士后中，选择回原工作单位的人数最多，为 2989 人，占出站人数的 33.91%；其次是流动到新单位，为 2829 人，占出站人数的 32.09%；2230 人选择留站工作，占出站人数的 25.30%；进入二站（下一个博士后站点）做博士后的人数不多，为 150 人，占出站人数的 1.70%（见表 9、图 9）。从我们掌握的出站博士后最终去向分布情况来看，有 57.39% 的出站人员通过流动到新单位或留设站单位找到了新的工作单位；有 33.91% 的博士后因为进站前是在职人员，出站后仍选择回原单位工作；选择做二站博士后的人员很少，一方面是因为部分人员受到二次进站年龄的限制不能继续做博士后研究；另一方面，是因为大部分人员都找到了比较理想的工作，不想继续博士后研究工作。另外，选择回原籍待业的博士后有 265 人，占出站人数的 3.01%。这一现象应当引起高度重视，避免培养的高层次人才的浪费。

表 9　2015 年全国出站博士后去向情况

序　号	出站去向	出站数量(人)
1	留设站单位	2230
2	流动到新单位	2829
3	回原工作单位	2989
4	进二站	150
5	出　国	200
6	回原籍待业	265
7	其　他	152
合　计		8815

（四）2015年博士后科学基金资助情况

1. 2015年博士后科学基金面上资助情况

2015 年，中国博士后科学基金面上资助共分两批进行。其中，第 57 批面上资助（含“西部资助计划”），全国共有 8030 人申报（不含军队系统），

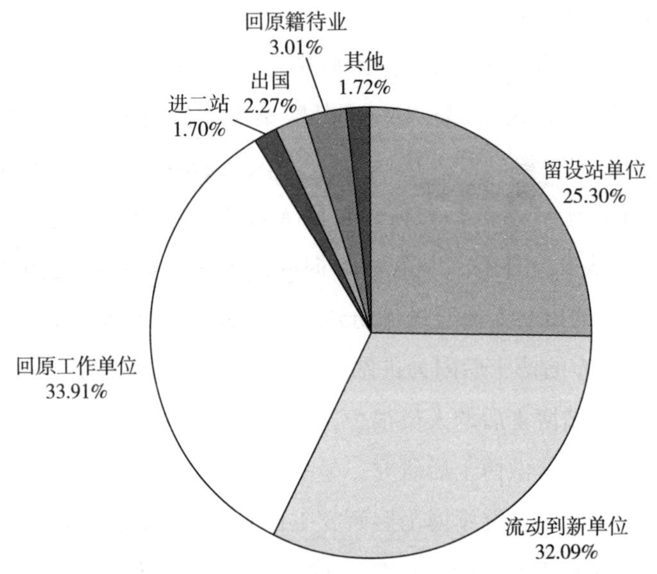

图 9　2015 年出站博士后去向分布比例

注：相关数据来自中国博士后办公系统。

获得资助的有 2629 人，资助比例为 32.74%。其中，获一等资助 867 人，获二等资助 1762 人，获"西部资助计划"40 人。第 57 批面上资助（含"西部资助计划"）总金额为 1.5946 亿元人民币（不含军队系统）。第 58 批面上资助（含"西部资助计划"），全国共有 8417 人申报（不含军队系统），获得资助 2742 人，资助比例为 32.58%。其中，获一等资助 896 人，获二等资助 1846 人，获"西部资助计划"40 人。第 58 批面上资助（含"西部资助计划"）总金额为 1.6958 亿元人民币（不含军队系统）。为方便表述和读者的理解，下面分别报告 2015 年第 57 批、第 58 批面上资助，以及"西部资助计划"的具体资助情况，并做简要分析。

（1）第 57 批面上资助情况分析

①学科门类分布

从学科门类分布来看，2015 年第 57 批面上资助覆盖了 13 个大学科门类。其中，工学获资助的人数最多，为 980 人（一等资助 324 人，二等资助 656 人），占资助人数的 37.28%；理学获资助人数次之，为 612 人（一等资助 203 人，二等资助 409 人），占资助人数的 23.28%；医学获资助人数第三，为 275 人（一等资助 87 人，二等资助 188 人），占资助人数的 10.46%；军事学获二等资助 1 人，占资助人数的 0.04%（见表 10、图 10）。

表 10　博士后基金第 57 批面上资助学科门类分布情况

单位：人

序号	学科门类	资助总人数	一等资助人数	二等资助人数
1	哲　学	33	10	23
2	经济学	116	37	79
3	法　学	142	46	96
4	教育学	31	10	21
5	文　学	101	35	66
6	历史学	47	16	31
7	理　学	612	203	409
8	工　学	980	324	656
9	农　学	121	43	78
10	医　学	275	87	188
11	军事学	1	0	1
12	管理学	149	49	100
13	艺术学	21	7	14
合　计		2629	867	1762

②资助区域分布

从资助区域分布情况来看，全国有 28 个省、自治区、直辖市获得第 57 批面上资助，其中，北京获得资助的人数最多，为 608 人，占面上资助总人数的 23.13%；江苏获得资助的人数次之，为 319 人，占面上资助总人数的 12.13%；海南 1 人，占面上资助总人数的 0.04%（见表 11、图 11）。

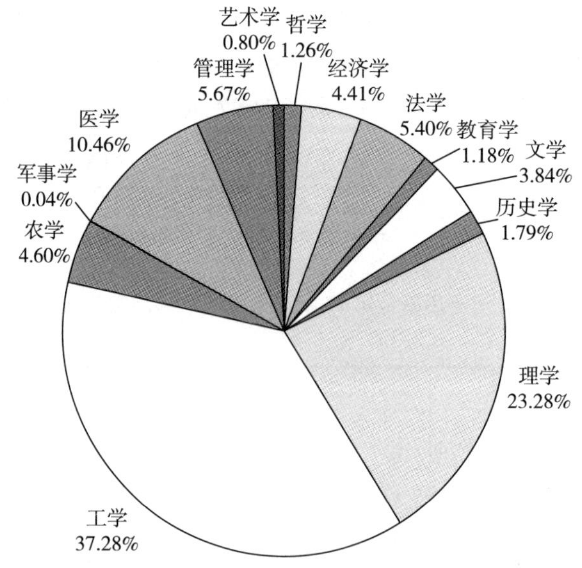

图 10　博士后基金第 57 批面上资助人员所在学科门类比例

注：相关数据根据中国博士后科学基金第 57 批面上资助人员的通知文件整理所得。

表 11　博士后基金第 57 批面上资助区域分布情况

单位：人

序号	省、自治区、直辖市	资助人数	序号	省、自治区、直辖市	资助人数
1	北　京	608	16	河　南	36
2	天　津	27	17	湖　北	152
3	河　北	14	18	湖　南	60
4	山　西	13	19	广　东	200
5	内蒙古	2	20	广　西	7
6	辽　宁	73	21	海　南	1
7	吉　林	55	22	重　庆	45
8	黑龙江	101	23	四　川	75
9	上　海	258	24	贵　州	3
10	江　苏	319	25	云　南	11
11	浙　江	104	26	陕　西	159
12	安　徽	61	27	甘　肃	18
13	福　建	38	28	新　疆	8
14	江　西	18	合　计		2629
15	山　东	163			

注：2015 年青海、宁夏、西藏因没有在站博士后研究人员申报，故没有获得第 57 批博士后基金面上资助。

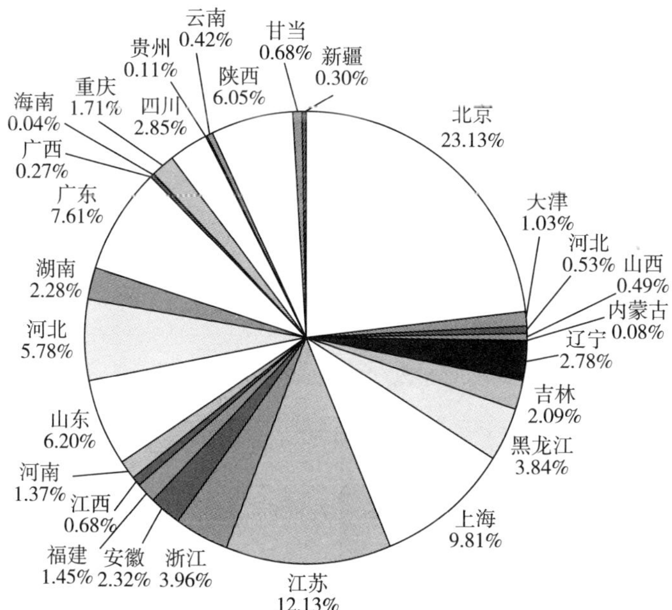

图 11　博士后基金第 57 批面上资助各区域所占比例

注：相关数据根据中国博士后科学基金第 57 批面上资助人员的通知文件整理所得。

③资助的设站单位分布

从设站单位的分布情况看，第 57 批面上资助中，985 院校设站单位获得资助人数最多，为 1050 人，占面上资助总人数的 39. 94%；211 院校设站单位获得资助的人数次之，为 506 人，占面上资助总人数的 19. 25%；普通高校设站单位获得资助 432 人，占面上资助总人数的 16. 43%；中科院设站单位获得资助 249 人，占面上资助总人数的 9. 47%；其他设站单位获得资助 392 人，占面上资助总人数的 14. 91%（见表 12、图 12）。

表 12　博士后基金第 57 批面上资助设站单位分布情况

单位：人

序　号	设站单位分类	资助人数
1	中科院	249
2	985 院校	1050
3	211 院校	506

续表

序　号	设站单位分类	资助人数(人)
4	普通高校	432
5	其　他	392
合　计		2629

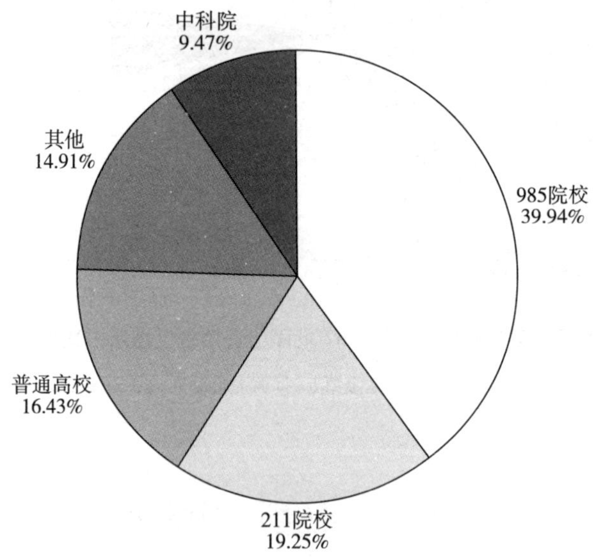

图 12　博士后基金第 57 批面上资助各类设站单位所占比例

注：相关数据根据中国博士后科学基金第 57 批面上资助人员的通知文件整理所得。

④获资助人数居前 10 名的设站单位

获第 57 批面上资助人数位居前 10 名的设站单位，共有 755 人获得资助，占资助总人数的 28.72%。其中，清华大学 121 人获得资助，位居榜首；山东大学 84 人获得资助，排名第 2；武汉大学、华中科技大学均有 45 人获得资助，并列第 10（见表 13）。

表 13　获博士后基金第 57 批面上资助人数位居前 10 名设站单位

单位：人

名次	设站单位	一等资助人数	二等资助人数	面上资助总人数
1	清华大学	58	63	121
2	山东大学	25	59	84
3	浙江大学	28	49	77
4	西安交通大学	28	46	74
5	复旦大学	26	41	67
6	中国社会科学院	22	33	55
7	江苏大学	10	38	48
8	哈尔滨工业大学	18	29	47
9	南京大学	19	27	46
	北京大学	15	31	46
10	武汉大学	17	28	45
	华中科技大学	10	35	45
小　计		276	479	755

注：相关数据根据中国博士后科学基金第 57 批面上资助人员的通知文件整理所得。

（2）第 58 批面上资助情况分析

①学科门类分布

第 58 批面上资助同样覆盖了 13 个学科门类。其中，工学获资助人员最多，为 1095 人，占面上资助人员的 39.93%；理学获资助人员次之，为 658 人，占面上资助人员的 24.00%；艺术学有 19 人获得面上资助，占面上资助人员的 0.69%；军事学获资助人员最少，仅有 1 人，占面上资助人员的 0.04%（见表 14、图 13）。

表 14　博士后基金第 58 批面上资助学科门类分布

单位：人

序号	学科门类	总资助人数	一等资助人数	二等资助人数
1	哲　学	29	9	20
2	经济学	101	35	66
3	法　学	124	39	85
4	教育学	34	10	24
5	文　学	90	31	59

续表

序号	学科门类	总资助人数	一等资助人数	二等资助人数
6	历史学	52	16	36
7	理　学	658	216	442
8	工　学	1095	358	737
9	农　学	141	45	96
10	医　学	247	81	166
11	军事学	1	1	0
12	管理学	151	49	102
13	艺术学	19	6	13
合　计		2742	896	1846

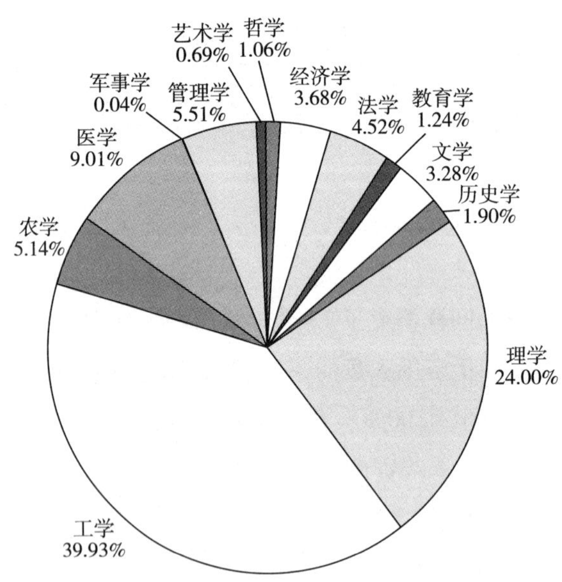

图 13　博士后基金第 58 批面上资助各学科所占比例

注：相关数据根据中国博士后科学基金第 58 批面上资助人员的通知文件整理所得。

②资助区域分布

从区域分布来看，第 58 批面上资助覆盖了全国 29 个省、自治区、直辖市。其中，海南、西藏无博士后研究人员获得资助。北京获得资助人数最多，为574人，占面上资助人员的20.93%；江苏获得资助人数次之，为347人，占面上资助人员的12.65%；宁夏只有1人，占面上资助人员的0.04%。河北、山西、江西、广西、云南、贵州、甘肃、青海、新疆获得面上资助人员的比例均不足1%（见表15、图14）。

表15　博士后基金第58批面上资助区域分布

序号	省、自治区、直辖市	资助人数(人)	序号	省、自治区、直辖市	资助人数(人)
1	北　京	574	16	河　南	57
2	天　津	52	17	湖　北	151
3	河　北	16	18	湖　南	59
4	内蒙古	1	19	广　东	182
5	山　西	2	20	广　西	5
6	辽　宁	71	21	重　庆	55
7	吉　林	50	22	四　川	71
8	黑龙江	106	23	云　南	5
9	上　海	287	24	陕　西	229
10	江　苏	347	25	甘　肃	18
11	浙　江	99	26	宁　夏	1
12	安　徽	81	27	青　海	2
13	福　建	28	28	新　疆	6
14	江　西	7	29	贵　州	3
15	山　东	177	合　计		2742

③资助的设站单位分布

获第58批面上资助的设站单位分布情况：985院校设站单位获得资助人数最多，为1256人，占面上资助人员的45.81%；211院校设站单位获得资助人数次之，为595人，占面上资助人员的21.70%；普通高校设站单位获得资助人员403人，占面上资助人员的14.70%；其他设站单位获得资助人员249人，占面上资助人员的9.08%；中科院获得资助人员239人，占面上资助人员的8.72%（见表16、图15）。

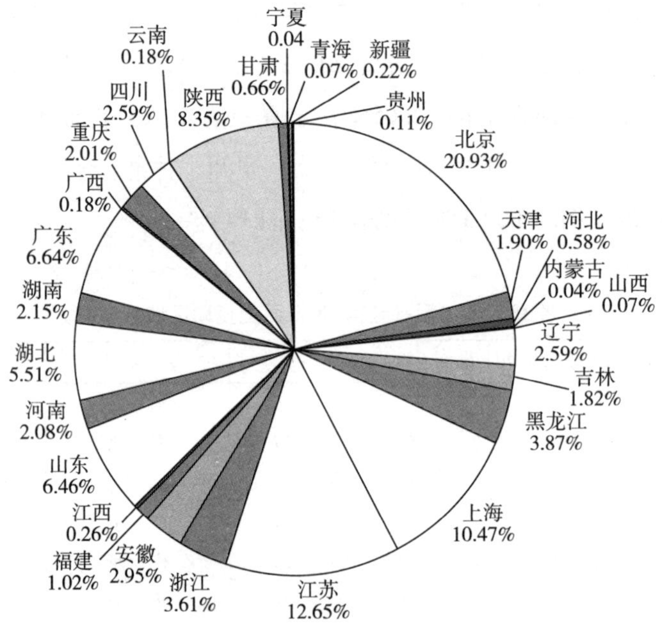

图 14　博士后基金第 58 批面上资助各区域所占比例

注：相关数据根据中国博士后科学基金第 58 批面上资助人员的通知文件整理所得。

表 16　博士后基金第 58 批面上资助设站单位分布

单位：人

序　号	设站单位分类	资助人数
1	中科院	239
2	985 院校	1256
3	211 院校	595
4	普通高校	403
5	其　他	249
合　计		2742

④获资助人数居前 10 名的设站单位

获得第 58 批面上资助前 10 名的设站单位，共有 770 人获得资助，占资助人员总数的 28.08%。其中，清华大学人数最多，为 125 人；西安交通大学次之，为 98 人；中国矿业大学有 40 人获得资助，位居第 10 位（见表 17）。

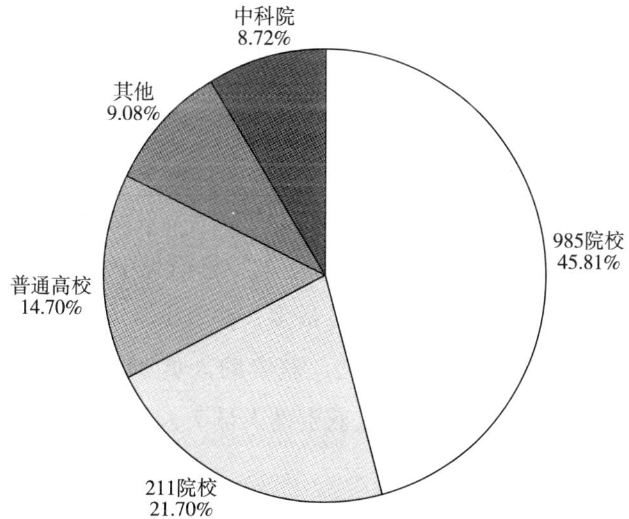

图 15　博士后基金第 58 批面上资助设站单位分布比例

注：相关数据根据中国博士后科学基金第 58 批面上资助人员的通知文件整理所得。

表 17　博士后基金第 58 批面上资助前 10 名设站单位

单位：人

名　次	设站单位	一等资助人数	二等资助人数	资助总人数
1	清华大学	45	80	125
2	西安交通大学	40	58	98
3	山东大学	19	47	66
	复旦大学	25	41	66
4	浙江大学	19	43	62
5	上海交通大学	19	41	60
6	北京大学	23	36	59
7	中国科学技术大学	24	31	55
8	武汉大学	15	33	48
	中山大学	20	28	48
9	中国社会科学院	17	26	43
10	中国矿业大学	15	25	40
小　计		281	489	770

注：相关数据根据中国博士后科学基金第 58 批面上资助人员的通知文件整理所得。

2. 2015年博士后基金特别资助情况分析

2015 年博士后基金（第 8 批）特别资助，全国共有 2987 人申报（不含军队系统），有 1073 人获得资助，资助比例为 35.92%，资助金额为 1.6095 亿元人民币（不含军队系统）。

（1）学科门类分布

第 8 批特别资助 1073 人，分布在 13 大学科门类中的 12 个大学科门类（缺军事学）。其中，工学获资助人员最多，获资助人员 435 人，占资助人员的 40.54%；理学获资助人员次之，获资助人员 216 人，占资助人员的 20.13%；艺术学获资助人员最少，获资助人员 7 人，占资助人员的 0.65%（见表 18、图 16）。

表 18　博士后基金第 8 批特别资助学科门类分布

单位：人

序　号	学科门类	资助人数	序　号	学科门类	资助人数
1	哲　学	11	8	工　学	435
2	经济学	53	9	农　学	50
3	法　学	63	10	医　学	106
4	教育学	15	11	军事学	—
5	文　学	35	12	管理学	59
6	历史学	23	13	艺术学	7
7	理　学	216	合　计		1073

（2）资助区域分布

第 8 批特别资助的区域覆盖了全国 25 个省、自治区、直辖市。其中，海南、内蒙古、宁夏、青海、贵州、西藏等省、自治区无博士后研究人员获得特别资助。北京获得资助人数最多，为 209 人，占资助人员的 19.48%；江苏获得资助人数次之，为 138 人，占资助人员的 12.86%；广西有 1 人获特别资助，占资助人员的 0.09%（见表 19、图 17）。

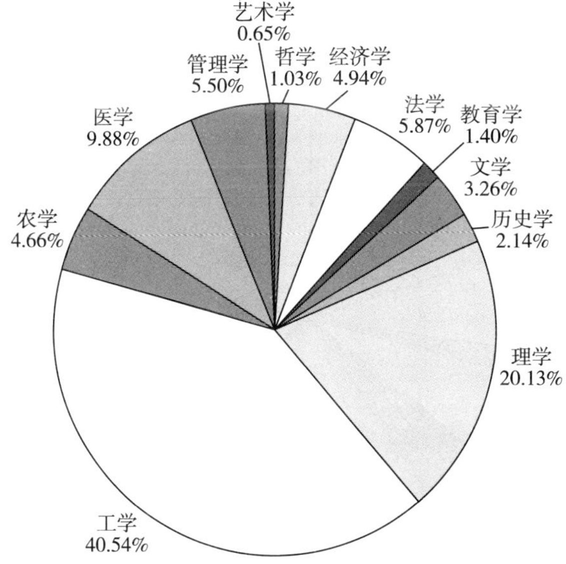

图 16　博士后基金第 8 批特别资助各学科门类所占比例

注：相关数据根据中国博士后科学基金第 8 批特别资助人员的通知文件整理所得。

表 19　博士后基金第 8 批特别资助区域分布

序号	省、自治区、直辖市	资助人数（人）	序号	省、自治区、直辖市	资助人数（人）
1	北　京	209	14	山　东	70
2	天　津	17	15	河　南	20
3	河　北	7	16	湖　北	79
4	山　西	3	17	湖　南	31
5	辽　宁	39	18	广　东	47
6	吉　林	42	19	广　西	1
7	黑龙江	59	20	重　庆	22
8	上　海	94	21	四　川	25
9	江　苏	138	22	云　南	6
10	浙　江	34	23	陕　西	68
11	安　徽	28	24	甘　肃	8
12	福　建	13	25	新　疆	2
13	江　西	11	合　计		1073

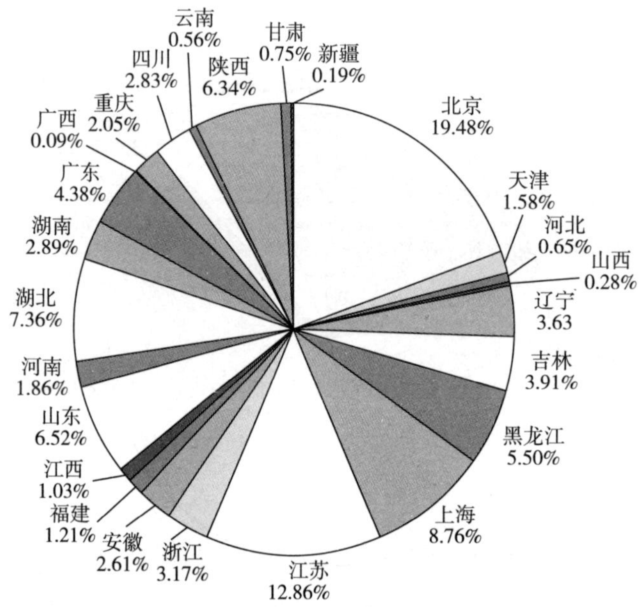

图 17　博士后基金第 8 批特别资助各区域所占比例

注：相关数据根据中国博士后科学基金第 8 批特别资助人员的通知文件整理所得。

（3）获资助设站单位分布及其人数

从获得第 8 批特别资助设站单位的类别来看，985 院校获得资助人数最多，为 466 人，占资助人员的 43.43%；211 院校获得资助人数次之，为 216 人，占资助人员的 20.13%；其他设站单位获得资助人员 158 人，占资助人员的 14.73%；普通高校的设站单位获得资助人员 152 人，占资助人员的 14.17%；中科院获得资助人员 81 人，占资助人员的 7.55%（见表 20、图 18）。

表 20　博士后基金第 8 批特别资助设站单位分布情况

单位：人

序　号	设站单位类别	资助人数
1	中科院	81
2	985 院校	466
3	211 院校	216
4	普通高校	152
5	其　他	158
合　计		1073

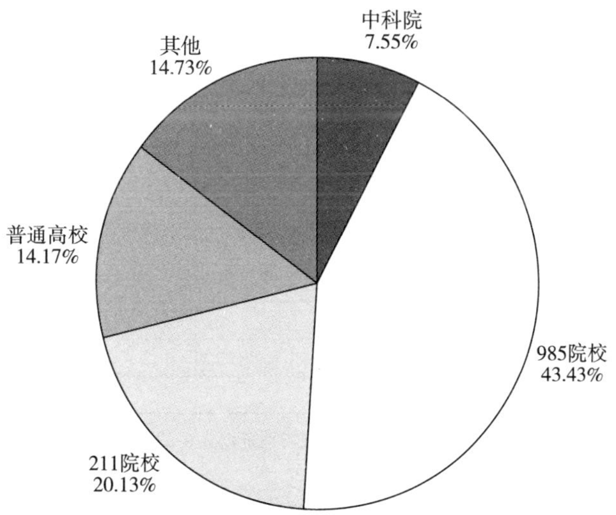

图 18　博士后基金第 8 批特别资助设站单位分布比例

注：相关数据根据中国博士后科学基金第 8 批特别资助人员的通知文件整理所得。

（4）资助人数位居前 10 名的设站单位

第 8 批特别资助人数位居前 10 名的设站单位，共有 371 人获得资助，占资助人员的 34.58%。其中，清华大学获得资助的人数最多，为 41 人；西安交通大学、中国社会科学院获得资助的人数次之，均为 34 人；南京大学有 18 人获得资助，位居第 10 位。除了中国社会科学院外，江苏大学是前 10 名设站单位中唯一的一所非 211 院校，其排名位于 985 院校东南大学、南京大学之前（见表 21）。

表 21　博士后基金第 8 批特别资助人数位居前 10 名设站单位

单位：人

名次	设站单位	资助人数
1	清华大学	41
2	中国社会科学院	34
	西安交通大学	34
3	哈尔滨工业大学	32
4	山东大学	31

续表

名次	设站单位	资助人数
5	吉林大学	29
6	华中科技大学	29
7	北京大学	27
	复旦大学	27
	浙江大学	27
8	江苏大学	22
9	东南大学	20
10	南京大学	18
小　计		371

注：相关数据根据中国博士后科学基金第 8 批特别资助人员的通知文件整理所得。

（五）博士后工作综合评估情况

1. 评估结果

2015 年全国 2148 个博士后科研流动站参加综合评估，被评为优秀等级的科研流动站有 298 个，占比为 13.87%。评为良好等级的科研流动站有 1525 个，占比为 71.00%；评为合格等级的有 317 个，占比为 14.76%；评为不合格等级的有 8 个，分别是：中国高等科学技术中心物理学博士后科研流动站、南方医科大学生物医学工程博士后科研流动站、宁夏大学水利工程博士后科研流动站、太原理工大学矿业工程博士后科研流动站、华东师范大学公共管理博士后科研流动站、华东师范大学系统科学博士后科研流动站、上海大学环境科学与工程博士后科研流动站、重庆医科大学药学博士后科研流动站。其中，南方医科大学生物医学工程博士后科研流动站因已不具备应有的设站条件而直接被撤销。不合格等级占比为 0.37%（见图 19）。

2015 年全国 2079 个博士后科研工作站参加综合评估，被评为优秀等级的有 144 个，占参评数量的 6.93%；评为良好等级的有 795 个，占参评数量的 38.24%；评为合格等级的有 956 个，占参评数量的 45.98%；评为不合格等级有 184 个，其中 14 个工作站因条件变化等原因直接被撤销，分别是：

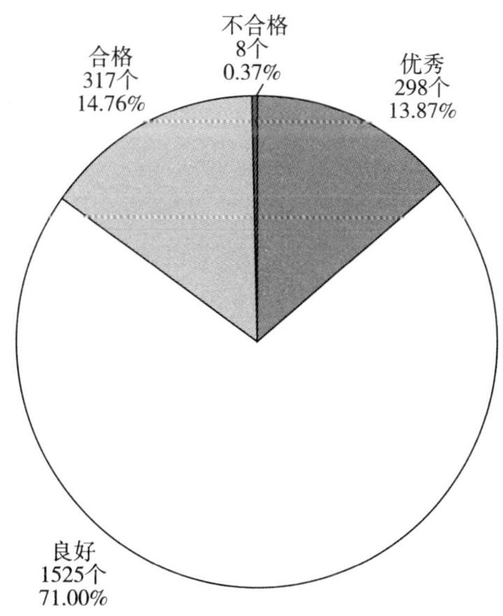

图 19　2015 年全国博士后科研流动站评估等级分布

注：相关数据根据 2015 年博士后工作综合评估结果的通知文件整理所得。

安徽现代电视数码技术有限责任公司博士后科研工作站、甘肃金象农业发展股份有限公司博士后科研工作站、甘肃亚盛集团博士后科研工作站、广东威华股份有限公司博士后科研工作站、研祥智能科技股份有限公司博士后科研工作站、洛阳浮法玻璃集团有限公司博士后科研工作站、长春吉大·小天鹅仪器有限公司博士后科研工作站、中国农业科学院特产研究所博士后科研工作站、江苏万邦生化医药股份有限公司博士后科研工作站、内蒙古宏裕科技股份有限公司博士后科研工作站、华东电网有限公司博士后科研工作站、新天国际经济技术合作（集团）有限公司博士后科研工作站、飞跃集团有限公司博士后科研工作站、浙江开关厂有限公司博士后科研工作站。不合格等级占参评数量的 8.85%（见图 20）。

2. 区域比较

通过对 2015 年博士后工作综合评估优秀、良好、合格、不合格 4 个等级（见表 22）进行逐一比较后发现，北京、江苏、上海获得“优秀”博士

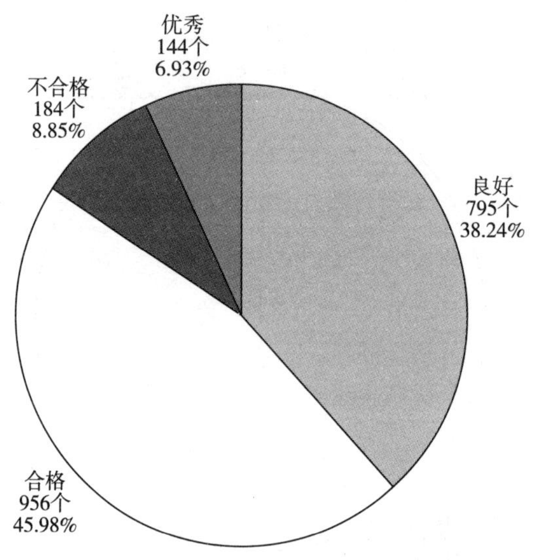

图 20　2015 年全国博士后科研工作站评估等级分布

注：相关数据根据 2015 年博士后工作综合评估结果的通知文件整理所得。

后科研流动站的数量位列全国前 3 名。贵州、海南、内蒙古、宁夏、青海、西藏无博士后科研流动站被评为“优秀”。北京、广东、山东获得优秀博士后科研工作站的数量位列全国前 3 名。甘肃、广西、贵州、海南、山西、西藏、新疆、重庆无博士后科研工作站被评为“优秀”。北京、江苏、上海获得“良好”博士后科研流动站数量位居全国前 3 名，海南、宁夏、西藏无科研流动站被评为“良好”。北京、广东、江苏被评为“良好”的博士后科研工作站数量位居全国前 3 名，宁夏无科研工作站被评为“良好”。北京、陕西、军队系统被评为“合格”流动站的数量位居全国前 3 名，江苏、山东、广东被评为“合格”博士后科研工作站数量位居全国前 3 名，西藏博士后科研工作站为“良好”。①

在 2015 年博士后工作综合评估中，被评为不合格的博士后科研流动站

① 西藏未设置博士后科研流动站，所以，流动站评估结果的 4 个等级中均无西藏的信息；西藏只有 1 个博士后科研工作站参加 2015 年的综合评估，所以，其评价结果也只有 1 个。

（8个）的区域分布情况是：北京（1个）、广东（1个）、宁夏（1个）、山西（1个）、上海（3个）、重庆（1个）。其中，“不合格”数量最多的是上海，其他5个省、自治区、直辖市均为1个。

在2015年博士后工作综合评估中，被评为不合格的博士后科研工作站（184个）的区域分布情况是：安徽（8个）、北京（13个）、福建（5个）、甘肃（6个）、广东（12个）、贵州（1个）、海南（1个）、河北（1个）、河南（19个）、黑龙江（15个）、湖北（12个）、湖南（1个）、吉林（10个）、江苏（14个）、江西（1个）、辽宁（8个）、内蒙古（7个）、山东（12个）、山西（2个）、陕西（1个）、上海（6个）、四川（11个）、新疆（1个）、云南（4个）、浙江（10个）、重庆（3个）。其中，“不合格”数量最多的是河南，其次是黑龙江，再次是江苏。从“不合格”工作站的区域分布来看，主要集中在东北三省和博士后科研工作站设站数量较多的东部地区。

表22　2015年全国博士后工作综合评估结果分区域统计

单位：个

区　域	博士后科研流动站				博士后科研工作站			
	优秀	良好	合格	不合格	优秀	良好	合格	不合格
安　徽	2	35	11	0	3	15	32	8
北　京	95	255	36	1	39	100	52	13
福　建	2	29	12	0	3	25	33	5
甘　肃	2	12	20	0	0	4	11	6
广　东	11	73	19	1	18	85	88	12
广　西	1	9	2	0	0	11	18	0
贵　州	0	4	1	0	0	7	8	1
海　南	0	0	1	0	0	3	5	1
河　北	1	28	9	0	3	21	27	1
河　南	3	32	4	0	7	37	37	19
黑龙江	17	55	1	0	4	22	35	15
湖　北	16	91	20	0	3	8	34	12
湖　南	6	57	16	0	1	12	34	1
吉　林	7	57	7	0	1	8	4	10

续表

区域	博士后科研流动站				博士后科研工作站			
	优秀	良好	合格	不合格	优秀	良好	合格	不合格
江苏	30	141	20	0	9	69	135	14
江西	1	8	3	0	1	20	18	1
辽宁	5	62	13	0	3	26	27	8
内蒙古	0	5	3	0	1	3	7	7
宁夏	0	0	1	1	0	0	11	0
青海	0	1	2	0	0	1	1	0
山东	5	70	6	0	11	46	90	12
山西	1	17	10	1	0	14	6	2
陕西	15	71	22	0	3	21	27	1
上海	30	117	15	3	8	42	41	6
四川	7	54	13	0	1	19	25	11
天津	6	39	13	0	3	27	16	0
西藏	0	0	0	0	0	1	0	0
新疆	1	19	4	0	0	21	13	1
云南	1	14	5	0	2	8	9	4
浙江	11	44	3	0	9	45	73	10
重庆	6	30	4	1	0	17	25	3
解放军	16	96	21	0	11	57	14	0
总计	298	1525	317	8	144	795	956	184

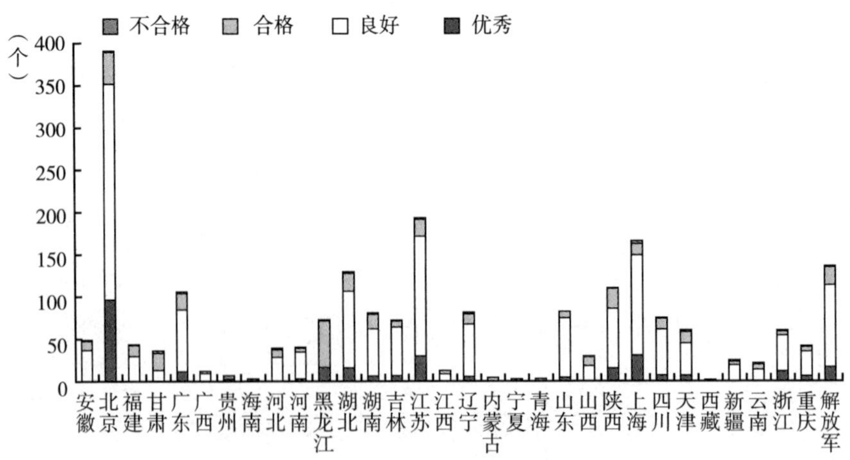

图 21　2015 年全国博士后科研流动站评估结果各区域分布

注：相关数据根据 2015 年博士后工作综合评估结果的通知文件整理所得。

从图 21 可以看出，优秀博士后科研流动站主要集中在北京、江苏、上海、广东、湖北、黑龙江、山东、广东、辽宁、湖南、陕西、四川、天津，浙江、重庆等省和直辖市，由于这些地区的高校和科研院所资源较为集中，它们是科研流动站的主要承担单位。其他地区多属于偏远的西部地区，由于高校科研院所资源匮乏，优秀科研流动站数量也屈指可数。

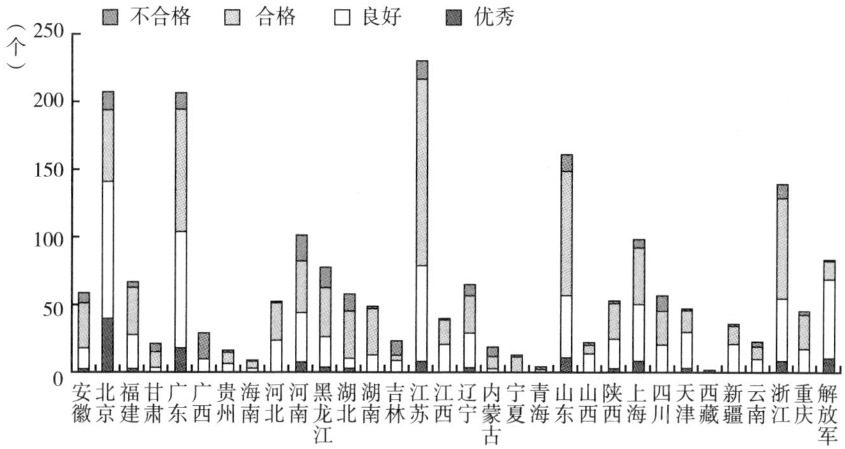

图 22　2015 年全国博士后科研工作站评估结果分区域分布

说明：相关数据根据 2015 年博士后工作综合评估结果的通知文件整理所得。

从图 22 可见，全国优秀博士后科研工作站数量较多的地区集中在江苏、北京、广东、山东、浙江、上海等省和直辖市，在福建、河南、河北、黑龙江、湖南、辽宁、陕西、四川、天津等省和直辖市数量分布较为平均，属于中等数量，除此之外其他各地的博士后科研工作站数量较少。出现这种情况的原因，主要是江苏、北京、广东、山东、浙江、上海等省和直辖市属于东部沿海发达地区，长期以来一直重视产、学、研相结合发展的道路，对科研重视程度较高，流动站数量也较多。博士后站点的多少也反映出区域经济发展的现实差距。

二　全国博士后工作存在的问题

1. 区域发展不均衡

从博士后站点分布、进站人员数量、中国博士后科学基金资助情况、博士后工作综合评估结果来看，东部地区优于中西部地区。经济和教育情况较好的北京、上海、江苏、广东4省市的博士后站点数量、进站人数、博士后基金资助人数所占比重之和分别为39.74%、52.01%、49.61%，经济和教育情况较弱的西藏、新疆、青海、宁夏4省区的博士后站点数量、进站人数、博士后基金资助人数所占比重之和分别为1.72%、0.12%、0.27%。由东、西部8省、直辖市和自治区的比较还可看出，东部4省市进站人数所占的比例和博士后基金资助人数的比例分别是博士后站点比例的1.31倍、1.25倍，东部4省区进站人数所占的比例和博士后基金资助人数的比例分别是博士后站点比例的0.07倍、0.16倍，这说明东、西部博士后研究人员的培养质量也存在显著差别，东、西部发展非常不均衡。

2. 站点建设不平衡

2015年3010个博士后科研流动站招收博士后13421人，平均每个站点招收4.46人；3069个博士后科研工作站招收博士后2584人，平均每个站点招收0.84人，博士后科研流动站平均每站的进站人数是工作站的5.31倍。中科院、985院校、211院校、普通高校获得中国博士后科学基金第57批、第58批面上资助、第8批特别资助的累计比例分别是85.09%、90.92%、85.27%，其他设站单位（包括博士后科研工作站设站单位和部分博士后科研流动站设站单位）所占比例分别是14.92%、9.08%、14.73%。也就是说，2015年度各批次博士后科学基金的资助对象85%以上都是博士后科研流动站的工作人员。2015年度博士后科学基金资助前10名的设站单位也均是博士后高校和科研院所。2015年全国2148个博士后科研流动站的评估结果："优秀"比为13.87%，"良好"比为71.00%；"合格"比为14.76%，"不合格"比为0.37%；2079个博士后科研工作站评估结果：

“优秀”比为6.93%，“良好”比为38.24%；“合格”比为45.98%，“不合格”比为8.85%。这说明，无论是从博士后研究人员的招收规模上来看，还是从博士后研究人员的培养质量上来看，博士后科研流动站都显著优于博士后科研工作站。

3. 待业人员有扩大的趋势

2015年选择回原籍待业的博士后有265人，占出站人数的3.01%，比2014年高出0.69个百分点（2014年的待业比例为2.32%）；出站后从事其他工作的博士后有152人，占出站人数的1.72%，比2014年高出1.66个百分点（2014年的待业比例为0.06%）。其实，出站后从事其他工作的博士后也有部分人员处于待业状态。

三　优化博士后工作的对策建议

1. 国家政策制度经费向西部倾斜

博士后研究人员是博士后设站单位的工作人员，他们不仅关注科研设备、科研团队、科研经费等科研环境，他们也非常注重其薪资待遇和生活条件。西部地区的经济基础和教育环境先天较弱，在吸引招收博士后研究人员上就存在劣势，而设站单位给予博士后的薪资待遇又有更大的自主权，如果设站单位结合当地的经济发展情况设定工资标准，则较难吸引到更多更优秀的博士后研究人员。为了给进入西部地区设站单位的博士后更好的科研和生活环境，国家在政策制度上可向西部倾斜，比如西部设站单位的年薪不得少于××万元，科研经费不得低于××万元，国家给予一定的经费支持。目前，国家推出的“西部资助计划”逐渐取得一些成效，调动了西部地区博士后研究人员深入开展科研的积极性。

2. 加强博士后工作站的质量建设

为博士后科研工作站提供更宽松的人才培养环境，给设站单位更多自主权，具体措施如下：一是放宽进站年龄。对于具有博士学位的人员无论年龄如何，如果其有意向从事博士后研究，又符合设站单位的相关要求，则可按照博士后研究人员培养和使用。这样，他们便可申报中国博士后科学基金或其他博士后可申报的基金和项目，为自己（或单位）争取部分科研经费。这样一方面扩大了工作站设站单位博士后的招收范围，调动了其招收博士后研究人员的积极性；另一方面，企事业单位的博士后为了达到出站条件或科研项目结题要求必然会更专注科研工作，更有助于提高其科研质量和工作质量。二是放宽在站期限要求。工作站设站单位的所有经费都由企业自筹，无论博士后在站时间长短，其工资、社会保险都由企业承担。所以，无论工作站的博士后 2 年出站，还是 4 年出站，只要他们能为所在的单位创造价值，为企业服务，企业为其支付工资就是合情合理的。三是放宽博士后合作导师要求。博士毕业后其已经基本上具有独立从事科学研究的能力，进入博士后科研工作站后其与合作导师更多的是合作关系，师生关系淡化。对于不能独立招收博士后的设站单位，可适当放宽其导师条件，即设站单位未必跟高校合作联合培养博士后，也可跟其他具有独立招收博士后的设站单位联合培养，甚至可以跟某博士生导师合作，以最大限度放宽工作站招收博士后的约束条件。四是严把博士后科研质量关。虽然可以放宽工作站招收博士后的多个条件，但是对其出站的论文质量、论文数量、科研项目完成情况等则不能放松。

3. 提高博士后研究人员的就业水平

博士后研究人员从某种程度上来说已经属于高层次人才，但是出站面临就业时依然会有一些人就业不理想，甚至选择待业。结合博士后的出站去向来看，可采取以下措施来优化博士后研究人员的就业情况：一是改变博士后研究人员的就业观。博士后制度实施初期，出站的博士后几乎全部就职于高校和科研院所，不仅具有良好的科研环境，享受优厚的待遇和住房条件，还能解决配偶工作，如果还抱有这样的就业观，其就业形势会非常严峻。二是具备扎实的科研攻关能力。博士后是专门从事科学研究的工作人员，在站期间如果能研制出一些令人瞩目的科研成果，无论是设站单位还是其他单位都会主动向其抛出橄榄枝的。三是鼓励在站博士后创新创业。鼓励博士后研究人员开展科学研究和成果转化，允许博士后以个人的科研成果进行入股投资，采取多种渠道吸引社会资金进行科研成果转化，为出站后独立创业或合伙创业创造条件。

管理咨询篇

Management Consulting

B.9

中国管理咨询的现实挑战和发展机遇

璐 羽*

摘 要： 本文通过分析全球商业生态环境发生的深刻变化，探讨了中国管理咨询业的从业人员该如何应对变化，寻找机会，为客户提供更加有效的、前瞻性的、可抵御风险的、可实操的、系统性的咨询服务。

关键词： 新技术革命 管理咨询 新服务方式

中国在20世纪80年代实行改革开放，使其在全球化的过程中受益，国际上很多经济学家都认为，中国目前处于最有活力的发展阶段，绝不亚于

* 中国科技咨询协会副理事长兼秘书长，中国科学技术信息研究所研究员，中国科技咨询协会主要发起人之一。

19 世纪 20 年代的英国和 20 世纪 60 年代的美国。充满活力的经济是全球经济增长的发动机，这在今天和在 19 世纪是一个道理。

繁荣的历史进程的核心是 19 世纪爆发的经济增长，它点燃了人们的想象力，改造了人们的工作和生活，英国和美国出现了广泛的兴旺景象，这些都是创新的结果——从国民经济中本土原始创意、创新中所发展起来的新工艺和新产品。

今天的活力仍可以推动中国的繁荣昌盛，但在这条路上，我们需要不断接受各种创新的挑战，因为焕发高度活力的国家，不仅需要现代经济体系，还需要与之相适应的现代生活方式，与之相适应的人文和科学价值观，以及社会道德的呼应。

活力、全球化、创新、互联网、物联网、经济共享、众筹、精益创业、体验经济、定制、碎片化、大数据、智慧城市、万物互联、工业 4.0、智能社会……新思维、新创意、新概念扑面而来，席卷着我国的所有行业，并正在深度改变中国的商业生态、社交和人们的生活方式，传统的咨询服务模式同样面临严峻的转型压力，这也正是管理咨询所面临的一个很好的成长机遇，咨询从业人员正在进行多方位的积极探索。

一　发展前沿的探索成为咨询人员的生活常态

在全球互联网的时代背景下，人们之间的深度链接方式发生了重大改变，这些改变几乎席卷所有商业行业，商业要素迅速流动，变化会走向何方，我们虽然不得而知，但是我们已经开始感知到，工业企业的权力基础正在瓦解，权力正从少数公司转向更多企业，工业时代的格局也正在被重新书写，为大工业时代服务的基础设施已经不再是一种商业优势，企业要想在移动互联下发展壮大，需要重新改写经济剧本，而为企业管理提供发展服务的管理咨询业也随之面临巨大的挑战！

为客户提供管理咨询服务的咨询人员如果不能理解并顺势将互联网融入咨询工作中，就无法感知市场的前沿。针对新的市场要求，每一位职业咨询人员都要进行主动学习。

互联网的发展让人们很容易获得信息，并很方便地与各种你想建立关系的人群建立链接，但如何建立一种良性互动、互帮互助、去中心化、自组织的强黏性关系或强黏性社群，正是我们现代人需要积极探索的问题。

在我们以前的营销咨询中，使用人口统计学的指标对不同人群进行人口特征分类，即可为营销策略提供数据支持，但今天，许多指标已经不再具有参考价值，因为用人口统计因素预测人们的行为时，得到了很多错误的反馈，这说明在一个全方位连接、能自由选择导向的互联网世界中，使用人口分析法进行消费人群的心理分析时，预测数据已经不可靠，我们需要用新的方法得到可信度更高的真正数据。

从工业革命到互联网革命，社会正在从集约化向去中心化发展，在传统的工业化管理时代，以效率为管理核心的管理模式正在被打破，因为生产流程与时间两个元素紧密连接的状态发生了改变，生产过剩现象出现，定制生产成为一种趋势，原来可控的时间随着生产方式的变化，变成了不可控，原来被生产线凝聚在一起的人，因为互联网的出现，变得有些失控，人们在不同的时空出现和交流，甚至相互协作……工业时代的企业在产能过剩的道路上渐行渐远，商业模式逐渐衰落，企业若想在互联网（或移动互联）时代发展壮大，需要重新改写经济发展模式。因此咨询顾问们必须顺发展趋势而为，与客户一道迎接这个时代的挑战。

在今天的发展格局下，单一以“大”为标志的企业优势已经不再风光，过去工业时代的规模经济学已经走向衰败，取而代之的形式就是“平台”，平台由一个个分散的部分组成，例如建立研发管理平台，就要保证各种业务管理和操作规范化和标准化，使业务岗位上的操作行为有章可循，工作有序，互相衔接，配合紧密，同时要与社会的人才资源、项目资源、资金资源进行开放和有效对接，诱使各种资源协调有序地集聚，同时也要构筑职业学习平台、科技交易平台和国际创新资源的互动平台。而这些平台的有效运作才能满足新型经济体的需要。

当我们在选择一种新的经济发展模式的时候，也就意味着新的商业模式

和范式的革命，这场革命有风险，也有突破，这就是创新的魅力所在，要想获得创新的成功，我们首先必须认清趋势，站在发展的前沿，利用多视角的敏感，在发展前沿探索，这种探索的独特体验来自职业精神和对独特活动的向往，大海和火车曾经是18世纪新型经济的特征：强大、危险、难以驾驭和预测，但令人着迷和兴奋。在今天，互联网引领的新的科技革命，经常诱发产品的创新、商业模式的巨大改变、投资方式的重大变革、经济利益的共享模式等，这些在某种程度上能产生对工作敬业精神的满足，新的商业创意价值得到验证可以带来喜悦，同时也会带来面对新时代的机遇和危险而产生的激动之情。因为人们来到这个世界上不仅是为了快乐，也不仅为了诚实，还是为了在这个社会中完成一些伟大的事业。

在外界发生巨大变革的时期，咨询从业人员及时洞察发展的趋势，不断加强对新情况、新问题的跟踪和了解，用创新的思维思考未来的发展浪潮和发展规律，在观察、了解、讨论和创新实践中学习，首先进行自我革命，协助客户，特别是协助那些无畏的客户来应对最棘手的企业成功创新的挑战，在应对挑战的过程中，不断学习总结，尽快帮助客户企业克服自身障碍、把握预算周期、控制系统风险、发现市场新需求，用新的方法和工具，让创新的产品更加具有市场契合度。这样我们就会赢得新变化所带来的商机。

二　站在新的视角上认知商业世界

新一轮的科技革命已经开始，其影响力可能远远超过19世纪的工业革命，这场革命一直标榜“低门槛、小成本及易处理”的特点，这场科技革命可能会促进世界的飞跃发展，在这种趋势的强大影响下，经济将不再沿线性路径发展，而公共服务也会发生重大改变，例如公益学校的部分课程可以直接升级到云端并采用开源式的学习模式；3D打印技术，使得人们的定制个性化生产成为可能；在传媒领域内，创造产品的能力使我们能够在互联网上获得新的开发工具，这将成为新经济前行的方向。

在全球互联网的时代背景下，也催生了很多让人意想不到的经济模式，英国人亚历克斯·斯特凡尼提出“共享经济的商业模式”，迅速得到了众多人的响应。2015 年，北美参与共享经济的人数已经超过 1.1 亿，而哈瓦斯的调查表明，在美国 14～54 岁的受访者中，超过 50% 的人愿意在未来参与共享经济，这种颠覆传统商业模式的新型商业业态，将给我们每个人带来革命性的变化。中国作为人口最多的国家，智能手机最多的国家，老百姓开始考虑如何将手中的闲置资产——存款、车子、房子等充分利用起来，新出现的滴滴打车、P2P 等新型商业模式的互联网共享平台，使我们的生活成本降低，同时可以享受更多的新生活体验。共享经济的价值就在于能使社会团体通过互联网利用从未充分利用的资产，进而减少对这类资产所有权的需求。

泰勒的管理思想有利于提升系统效率，在他的管理思想指导下，大型企业的主要职责在于防止利润下降，并不要求业务的增长，在商业和科技环境保持稳定的情况下，这样的措施便一定会有效，但问题是我们的商业环境处在风云变幻中，大多数企业的思维和行动习惯却始终保持不变，这就与今天迅速变化的外部环境不相适应。从传统意义上讲，劳动者获得一份工作后，基本不太会频繁变动工作，在公司谋求晋升主要依靠自己的专业能力，在互联网时代，职业角色可能出现多重化，因为你可以免费使用民主化知识和网络连接工具，在横向跨界的工作实践中，逐渐养成“反脆弱”的特质，通过此类实践获得多渠道的收入，因此使得一个人同时兼任几份工作成为可能。

在工业社会，多数产品均是最终产品，因此出现了“设计者”、“生产者”及“消费者”等名词，所谓的最终产品就是指以其最终形式到达最终购买者手中的产品，在这样的逻辑关系中，企业将围绕着服务大众和降低投入成本的布局生产设施，这种行为将不可避免的制造出企业大生产的氛围，即公司需要出售更多的产品，产品价格必须下调，市场一定迅速扩张，最终，商品化和价格重心形成某种死亡螺旋。但在互联网进入人们生活以后，人们开始参与自身能够介入的各种事物，这种激情正在深深植入人们的行事习惯中，而且人们更希望购买自己可以亲身参与制造流程的商品，终端客户可以实施控制的时代正在向我们走来。有趣的是，融入外部使用者创造力的商品往往优于管理层最初规划的产品形态。

有人说，21 世纪企业之间的竞争，已经不再是产品和价格之间的竞争，甚至不是服务之间的竞争，而是商业模式的竞争，当然企业急需性质有效的商业模式，在互联网时代，企业应该采用与顾客相互合作的空间模式，先人性化，后商业化，今天网络电商和新型企业与以往企业的最大区别就在于率先给予，他们的商业哲学是先合作，再买卖，他们首先强调互信和交流，而后才是交易，在互联网时代，合作相对于竞争，的确是一种更强劲的趋势，不仅仅因为合作模式将用户需求置于首位，更因为合作营造了社交媒体生态系统，惠及同业竞争对手。

新的商业世界，与我们过去认知的有非常大的变化，它与工业革命所带来的商业世界有什么本质的联系？在哪些方面有了新的变化？哪些变化是渐进性的？哪些是颠覆性的？咨询客户所面对的最大发展障碍是什么？这些障碍是由什么原因引起的？这些障碍的行动框架是什么？这样的行动所带来的利益和溢出效果如何……新的商业环境中，咨询顾问要用新的视野、视角、新的思维方式来提出创新性的解决方案。挑战和机会是并存的，新的挑战也孕育着新的机会。

三　协助客户做好机会、风险、战略的管控

变化已经成为商业社会的主基调。人类社会正在向智能社会转变，这是客观世界的发展趋势，谁也不能阻挡。

每个行业在智能社会中的发展机会都是不同的，咨询顾问们认为协助客户判断未来发展的大机会和时间节点假设的大方向是正确的，客户也就不会因贪图小利和眼前利益而迷失方向，发展机会基本就把握住了。例如在未来发展中，智能社会的出现需要两个基础条件：第一，高清图像需要宽带的低成本；第二，AI、VR、AR 需要网络的低时延。这两者不要求同时实现，带

宽的低成本在未来的3～5年内，需求非常急迫，网络的低时延可能在未来5～10年成为迫切需要，这是时代给信息相关企业带来的两个机会窗。另外大互联时代的到来，使得未来的物联网要取代互联网，信息实现大流量的传输，因此做信息流量管道，一定比做内容更容易取得成功。

世界上的黑天鹅事件到处发生，蝴蝶效应随时会出现，全球市场的新秩序还在探索之中，我国的商业规则也在不断建立和完善之中，企业经营的有效性，财务的健康情况还在不断改善的路上。未来的3～5年内，智能社会的建设面临很多选择和不确定性，因此作为商业基本单元的企业在运行中也有很多风险。咨询顾问们在咨询服务的过程中要注意及时发现全球经济的风云变幻，企业过去的一些大客户可能也面临信誉风险，对到期的欠款不能如期偿还，因此未来他们需要提醒客户把发展建立在高质量的合同上，提高预付款到账的占比，减少尾款的占比，加强合同的审批流程，做好授权管理，把市场上的优质客户做成自己的好客户，与客户共同成长。

国际政治之间也存在很多不确定性，在国内，过去很多潜规则运行，公司行贿和钻政策漏洞之风盛行，因此咨询顾问在提供服务时要特别关注在企业运营中，对内不滋生腐败，不触犯规矩，对外不违反法律的规定，这是一个企业以遵守法律的确定性，来应对国际政治不确定性的基本准则。国际政治的变化一定会冲击到经济利益，特别是很多企业已经走向世界，不仅要遵守我国的法律，同时也要遵守当事国的法律。

在经济处于低谷期的时候，我们不能任性的硬拼，我国经济目前处于GDP下行期。这段时间内，我国的商业环境已经发生了巨大的变化，例如在GDP增长维持在8%以上的时期，很多行业的垂直市场保持在20%～30%规模的增长，有些优秀的企业可以讲出增速在50%的故事来，这样的增长仅比行业增长多了近一倍，资本市场是接受这样的故事的，而在GDP增速下降到5%～7%的区间后，很多垂直市场的增速在10%以下，哪怕你的增速在30%，就是行业平均增长的3倍左右，资本市场就不太相信你的故事了，融资变得更加困难，没有经历过经济低潮的资本公司，缺少经验和可行性方法的指导，资本会从风险较大的敞口转向那些普遍认为较安全的地方，剩下的则更多是观望，资本寒冬由此形成。这个寒冬的到来，无疑会给中国的企业带来新的风险和考验。

咨询顾问要协助企业开阔视野，了解行业生态环境，从而清楚自己是否能以正确的方式评估自己过去的成就，抑制盲目的行动。因为我们正处在一个“软件正吞噬整个世界的年代”，越来越多且各式各样的产品和服务正在以数据代码的形式扩散，基础设施的逐渐完善，使通过软件直接抵达商业和顾客成为现实，各种无所不在的手机、云计算、APP 和社会网络所带来的软件升级，根本上改变了商业环境。在这样的环境下，传统规则不再玩得转，因此企业要重新调整和制定发展战略，在制定战略的时候我们要知道这个世界正在发生革命性的变化，未来企业兴衰的源泉在于活力和创新精神，而真正的活力来源于大众，随着技术革命的发生和演化，管理革命也正在发生，尤其是在美国，其产业界和金融界早在 20 世纪 30 年代就发现了大工业时代背景下，大企业和共同基金存在严重的结构性缺陷，这是因为大企业都容易染上大型层级组织共有的内部交易的弊病。内部竞争在大企业中普遍存在，当竞争失去控制或带有破坏性时，就变成了公司发展的阻碍力量。

另外，大公司的控制权都在创始人或者创始股东手中，即便最优秀的领导人也难免管理不当，职业经理人出现后，把大公司交给这些人可能存在更严重的缺陷，因为他们往往更热衷于任期内产生回报的项目，而放弃时间跨度大，前景更遥远的项目，更有甚者，有些职业经理人也会因为各种公司治理结构的不完善，产生背离股东利益的想法。而且近年来，大公司的短视行为随着共同基金的兴起愈演愈烈，对冲基金的利润很大程度上依赖于那些忠实的、不经常换手的投资人，因此会高度规避股票价格有大幅度下挫风险的公司，共同基金会宣布其投资公司下季度的盈利目标，并给公司施加相应的压力。于是，这些上市公司的经理们被迫把很多精力放在实现季度盈利的目标上，而不去思考长期投资和创新战略。

睿智的企业要从侧面才能看到自己所处的产业是否在前进，我们稍加思考就会发现，曾经在某产业中流行的某种强制性的措施如今变得越来越宽松，用资本优势来战胜创新者一直以来是很受欢迎的企业战略，其适用范围包括传统媒体、传统零售、物品包装和汽车行业，在科技行业和其他行业中，也免不了花钱并购新赢家，以消除潜在的威胁，这种战略在基础设施共享和进入市场的战略完备的前提下是十分有效的，但因代价太大，这种战略往往经受不住损耗而导致失败。

在迎接智能化时代的过程中，企业要进行自我颠覆，既然外界环境的变化我们始料不及，最好的应对策略就是要适应不可避免的趋势。企业应该是自己所属行业最新基础设施的创造者，我们身边的改变应该是整体环境的改变，而不是单纯的物种的改变，也就是说，企业并不一定仅仅考虑将什么样的新产品投放市场，而且要考虑整体环境的改变，因此我们在考虑改变现状的同时，更应创造新的系统。

我们还需要提醒大企业的是：在全球化的今天，大企业和大品牌需要把目光投向全世界范围内正在发生的事情，包括企业间和国家间的各种斗争，但不仅限于商业领域，那些灵活、隐形、规模较小的竞争对手才是值得你们注意的。要从一个以行业为重心的（大型产业密集型）商业模式向以用户为核心的小型商业模式转变，市场正在从过去的行业垂直结构中被一片片地剥离开来，我们正在走向更加水平化的市场。未来所有的改变都有着令人无法预测的一面，唯一可以肯定的是必然有人想方设法用新的联结方法打破企业传统的利益链，而且新技术、新环境注定能助力这种影响，因此咨询顾问要帮助你的客户企业在被别人系统颠覆之前，进行自我颠覆。

变化与风险和机遇同行，变化给我们带来的痛点很多，中国有句古话：不破不立！如果说21世纪初期，我们感受到这股变化的暗潮正在涌动，转瞬之间，众多的商业工具就变得便捷易用，获得这种信息的途径也变得方便快捷，在新的浪潮中，无论企业大小，要么即将被颠覆，要么已经被颠覆，因此我们要用快速反应的职业特点，协助客户在变革的大潮中，明确方向、把握节奏、识别真正的资源、管控风险、抓住商业时机、进行商业结构的重构，先人性化，后商业化，在相互协作中不断释放创造力，在竞争组织的相互合作中共建更为强大的商业生态系统。

四　创新仍然是咨询的主题

“大众创业、万众创新”为我们提出了新的课题，社会的进程会因观念的改变而改变，企业创新所面临的核心问题是内部没能成功地解决自主权、激励和财务结构问题，但外部世界的日新月异正激发人们对创新产生前所未有的需求，互联网、移动互联、物联网、云计算、大数据等正以更快的步伐重塑商业世界，这些力量已经表明，它们不仅能催生新的产品、新的市场，改变人们的生存方式、消费方式和社会生活环境，同时也能颠覆传统的产品、市场，摧毁企业。因此任何企业战略都应在全新的环境下进行以下5大原则的思考。

- 市场变化难以预测：颠覆性创新的市场价值在于人们在进行创新的时候往往无人了解，尤其是在新的平台上让市场发生更加难以预测的变化。考虑到这种创新的不可预知性，唯一明智的做法就是拥抱不确定性，并在不确定性上制定自己的战略，你只有不断通过假设、商业实验和客户需求认知等手段和工具，才能在机会出现时立即发现它。咨询顾问要帮助企业高层，使他们的视野足够开阔，并保持足够的灵活性，这样才能以各种可能的方式参与到新投资中去，同时企业要具有能够随时终止那些已经显示出极低市场潜力的项目。企业领导人的职责并不是选择赢家，而是让赢家出彩。但现实情况是，大多数企业的运作完全相反。

- 小团队能创造无限价值：在做“独角兽”企业或“瞪羚”企业咨询时，咨询顾问们发现，一个合作良好的专业团队的效率更高，它不仅能迅速采取行动，而且更加灵活，能够对市场的动向做出及时的反应。在国际上，我们也经常发现小团队能开发出一个小的产品，将其快速投放到全球的消费市场中去，并在一个月内创造出百万的价值。高技术驱动下带来的高效率，也为每个个体带来了高效率，当你能够通过社交媒体网站推销你的产品时，你就没有必要兴师动众组建庞大的营销部门。渠道经理也就没有存在的价值了。这样的小团队组织结构的出现，会让竞争变得越来越激烈，但创立竞争公司的成本也相应下降，随着小团队价值能力的提升，公司企业内部的创新也可以在2~3个人的小团队中运行。

• 新市场是赢者通吃：除了竞争的多样化，在细分市场中，只有一家公司会成为新兴市场的老大。现在“独角兽”企业和“瞪羚”企业基本上没有真正意义上的竞争者，在相互联结的世界中，越来越多的人使用了你的服务，竞争者想闯入就很难。“新市场赢者通吃”的原则，让企业创新者从被迫的模仿竞争者的压力中解放出来，这个原则允许他们从公司的品牌中脱离出来，创造一些真正新的、具有颠覆性创新潜力的产品。这是引领市场的唯一选择。从而也能引导创新者，让他们的行动更加敏捷，以获得更多的优势。

• 速度是唯一的竞争优势：今天的社会，科技变革的速度呈指数增长，在操作层面上，意味着新产品还在开发阶段，研发项目就已经发生改变了，而等到客户购买产品时，会有新的迭代产品紧随其后，因此科技正以强大的力量驱动着人们成为第一行动者，在这样的背景下，速度成为唯一的真正优势。成为第一行动者可以给你带来三个好处：其一，你可以了解客户的需求，并试着满足这些需求；其二，发现第一批客户，这些人是你在市场中的立足点，因为他们将会在早期的市场上施加影响力，发挥至关重要的作用。如果你能获得他们的信任，他们就会把你的产品带到主流视野中去，你的竞争者则需要付出更多的艰辛努力才能吸引他们；其三，当你抵达第一市场时，所有的分销渠道都会向你开启。媒体将会报道你的出现，社交网络将会发布你的链接，搜索引擎的广告价格也比较低廉，而对后来者而言，这些渠道更加昂贵低效。

• 每个成功者背后都有着无数次失败：每次创新都意味着存在令人烦恼的不确定性，而这种不确定性也决定创新项目的回报，因此创新需要巨大的创新流，需要创新者在短短的几年里，接触数千个创意，把其中最有潜力的创意做成有一定高度的产品/市场的契合，这是创新成功的首要任务。

相对于传统企业的发展而言，新的创新规则意味着你要采取更加宽泛、更灵活的战略，尽可能采用一切灵活的手段，在无法预料的市场中占据优势。将这些设想分为控制和增长从而来划分矩阵，用这样的工具和方法来判断市场风险。但投资回报率是一个企业创新成果的真正衡量标准。

未来经济的增长，可能是经济体中技术和产业不断创新的结果，发达国家的技术和产业处于全球的前沿，创新大部分来源于原始创新，发展中国家则位于世界技术和产业链的后端，创新主要依靠引进和模仿，从而使风险和创新的成本远低于发达国家。我国改革开放以来经济的发展很大程度上利用了这种技术和产业的后发优势。随着我国的经济发展和技术及产业进步，还有公民间收入差距的不断缩小，我国最终也要走上发达国家的道路，如何未雨绸缪，做好准备以迎接创新方式转变的到来，是实现中华民族伟大复兴之梦所必须思考的重要课题。

在新经济到来之际，管理咨询自身也会随外界的变化而发生巨大的改变，我们的市场需求发生了怎样的变化？职业优势是否仍然存在？是否洞察到潜在的颠覆式的趋势？新的战略伙伴是否出现？未来是否对人才有潜在的吸引力？未来你的机构在人才市场中是否具有一定的影响力？你的商业模式和服务方式是否适应未来变化的市场需要？创新对你公司的品牌有助力吗……在新的技术革命初始期，咨询人员要积极做好迎接新技术革命到来的各种准备并主动实践，积极洞察发展前沿的趋势，大胆参与各种创新实践，在实践中学习和创新，做好创新和转型的知识管理，走一条前人没有走过的路，这个时代不仅需要伟大的创新者，也需要拓展业务的优秀人才。即将到来的创新世界需要我们以前所未有的规模进行创意探索和商业思考，凭借巨大的资源和精细的管理，以及更精准的技术实现。这是一个令人兴奋的时代，我们正在见证创新所带来的新曙光，我们将为客户提供更为丰富的解决方案，保持咨询项目的独创性和专注度从而不断前行。

中国的管理咨询伴随着中国的改革开放发展起来，与客户在市场的海洋中共同成长，每个有职业信念的咨询人员都崇尚着一分耕耘一分收获的劳动精神，始终关注科技和管理前沿的变化，以期用最新最好的服务实现客户的成长，并始终以客户的成长作为咨询服务成功的标志。在咨询实践中，建立和不断完善与客户的沟通和交流机制，积极促进管理变革，并在发展过程中积极探索适合我国企业客户的独特咨询服务模式，助力中国企业的变革和发展。笔者相信在新的经济格局下，咨询顾问们仍然会用自己的职业敏感性、前瞻性、快速学习的方法、良好的沟通方式、独特的全球视野为客户提供有价值的服务！全球管理咨询业正在探索咨询4.0的发展道路，中国企业也不会迟疑太久，在学习、追随的同时，我们也要探索新的与中国企业共同成长的道路。

B.10

附录 思想的激荡 知行的交融

——第三届东沙湖论坛精华集萃

敏捷智库

2015 年 10 月 17 日至 18 日，由中国管理科学学会主办、南京敏捷管理研究所承办的 2015 年东沙湖论坛暨《管理蓝皮书》发布会——第三届东沙湖论坛在江苏苏州召开。论坛百人峰会上，管理者们的思想碰撞出一个个火花，在激辩中点燃了中国管理发展的熊熊火焰；报告会上，管理大师们辞丰意雄的一场场报告，给与会者带来巨大的震撼与冲击。为了让来自东沙湖论坛的管理思想得到更广泛地传播，让更多人享受到这些最精美的“思想大餐”，我们从会议内容中撷取精华，分门别类地表述如下。

一 主题：全球互联时代的中国管理

“我想站在‘互联网 +’的风口上顺势而为，会使中国经济飞起来。”李克强总理在第十二届全国人大三次会议的政府工作报告中首次提出的“互联网 +”，是创新 2.0 下互联网发展新形态、新业态，是知识社会创新 2.0 推动下的互联网形态演进。伴随知识社会的来临，驱动当今社会变革的不仅是无所不在的网络，还有无所不在的计算、无所不在的数据、无所不在的知识。分享是互联网信息共享的特征，在共享信息的同时不可避免会出现一些问题，如何进行有效管理？互联网发展新业态下，如何在坚守传统行业优点的同时进行相关变革，使其更契合经济发展的需求？全球化和信息化是当今世界经济发展的两个显著特点。当世界变成“地球村”

时，中国要保持国家独立，坚持个性化发展，如何避免同质化，进行差异化科学管理？“互联：在管控与分享之间”“互联：在变革与坚守之间”“互联：在全球与中国之间”等都是政、商、学界众多嘉宾需要探讨的话题。2015 年第三届东沙湖论坛主题因此被确定为“全球互联时代的中国管理”。围绕这个主题，农业银行首席经济学家、《新资本论》作者向松祚做了“经济全球化的中国策略”的主题报告。阿里巴巴集团副总裁、阿里研究院院长高红冰做了“平行经济与互联网治理”的主题报告；中国工程院院士、国家自然科学基金委管理科学部原主任郭重庆做了“‘互联网+’：破坏性创新是一场产业、经济与社会的变革——互联网将重新定义制造业”的主旨报告；中国工程院院士、中国管理科学学会学术委主任李伯虎做了“智慧云制造（云制造 2.0）——‘互联网+制造业’的智造模式和手段”的主旨报告；腾讯集团副总裁马斌做了“互联时代的组织创新”的主旨报告；北京大学经济学院教授萧国亮做了“中国问题与管理科学”的主旨报告。

在论坛举办的专题圆桌会上，与会嘉宾分三组，围绕“‘十三五’关键五年的管理挑战与路径选择”“中国制造：产业和企业的现实困境与管理对策”“‘互联网+’：平稳实现转型升级与破坏性创新”三个论题，在唇枪舌剑的思想碰撞中，对管理问题有了更深刻的认识；举行了“‘十三五’：关键五年的管理挑战与路径选择”和“‘互联网+’与中国智造”两场专题对话。台上嘉宾口舌交锋，台下观众观看提问，会场气氛紧张热烈；还组织召开了第一届中国管理科学学术会议，会前专家委员会评选出 29 篇优秀论文，受邀参会的获奖者进行了研究成果的阐述与分享，交流与研讨。

东沙湖论坛自开幕以来便引起媒体的极大关注。据敏捷智库对新闻媒体的监测和不完全统计，第三届东沙湖论坛闭幕仅一周，新闻网络媒体报道和转载量已近 200 万，同比上涨 50%。同时，《管理蓝皮书·中国管理发展报告（2015）》的发布也得到了各方高度关注，搜索量成倍增加。

二　新思维、新观点的碰撞与汇聚

（一）中国管理科学研究在经济转型中的挑战

中国已成为世界第二大经济体、世界第一大制造中心、世界最大贸易国、世界最大外汇储备国、世界最大债权国、世界最大市场。但我国享有的国际经济、贸易、货币、金融话语权却相当有限。中国农业银行首席经济学家、《新资本论》作者向松祚在题为“经济全球化的中国策略”的主题报告中，从经济发展的角度提出：“我们应完善包括国际经济、产业、教育和文化、财政、货币、金融、安全和‘软实力’在内的大国战略；将货币金融战略，尤其是人民币国际化战略和货币金融安全战略提升为国家最高战略；必须调整各项政策，鼓励我国企业尤其是金融企业走出去实现全球布局和跨国经营，争夺全球货币金融制高点；培养国际经济、货币和金融战略人才和国际经济、金融货币和财政战略家；增强国际‘软实力’，争夺国际意识形态话语权。”

（二）“十三五”管理挑战与路径选择

第三届东沙湖论坛圆桌会专题对话中，嘉宾们围绕“‘十三五’：关键五年的管理挑战与路径选择”的主题，发表了许多真知灼见。本文撷取其中几位的发言，以飨读者。

1. 管理要坚持以人为本

我国政治、经济、社会、文化、生态、国防、外交、党的建设八大问题中，最根本的是管理问题。管理的核心是公共管理、政府管理，政治管理最核心的是政党管理。谋划“十三五”中国管理创新，中国管理界要旗帜鲜明地提出目标。实现这个目标要坚持以人为本，以老百姓为核心。中国管理科学学会副会长、国家行政学院教授姜平针对如何建立管理科学基础理论体系、中国管理科学应用理论体系和具有中国特色的社会主义管理科学研究方法体系的问题时提出，“十三五”应在十大方面有所突破。一是在坚持人性化上有所突破。把每个企业员工、老百姓与政府、企业自身变成命运共同体捆绑在一起，没有干不成的事，没有上不去的效益。二是在公开化、公平化、透明化上有所突破。有些政府、企业管理人员遇到困难喜欢藏着掖着。互联网时代，共同商量解决之道，凝聚各方智慧，调动各方力量，问题和困难一定能迎刃而解。三是在自主化、平民化、社会化上有所突破。不管治理社会、国家还是企业，一定让老百姓当家做主。人人都是老板，人人都是社会主人，每个人的潜能才能充分发挥出来。要走平民化道路。与平民化相应的是社会化，政府官员要善于利用社会力量，整合社会资源。四是替代化，无论当老总还是官员，一定要找到发挥管理职能的替代，领导才能越做越简单、轻松、有效。把替代的东西制度化，不管谁当领导都如此。管得越少的政府越是好政府。当领导的关键是让别人干，把全社会的积极性、资源都调动起来，就是替代化、简约化。五是在愿景目标上有突破。让老百姓跟着走，人人都有盼头、有希望。今天通过改革发红利，让老百姓享受改革开放带来的成果，落实好激励措施。六是在网络化、数字化、智慧化上有所突破。科学技术智慧 + 人文智慧会促使管理效率大大提升。七是在学习化、知识化上有所突破。要打造组织学习型、单位学习型部门，不光掌握知识，还要善于把学到的成果转化成能力。八是在个性化、柔性化、隐性化上有所突破。西方辞典里“个性化”是一个褒义词。无论管人还是干事，都要柔性化、隐性化、法制化。有了法制还要柔性化操作，多沟通、多协商、多跟人聊天，这样刚性制度才能很好地执行。党委领导要学会当隐性政府，当幕后导演，让老百姓唱大戏，他们唱得越好说明你们的能力越强。九是在敏捷化、服务化、价值化上有所突破。敏捷管理要快，同时要服务化。老板要为员工服务，领导要为老百姓服务。十是在国际化、跨文化、和谐化上有所突破。互联互通开放时代，关起门来搞中国特色肯定不行。要学会跨文化，让不同价值观的人学会管理。同时要和谐化，人人都能成长进步，都能实现梦想，社会安定和谐，中国梦就真正实现了。

2. 应制定污染全过程管理责任制

中国管理科学学会环境管理专业委员会主任、清华大学环境学院教授李金惠说，当前面临的最大问题是污染。经济和社会生活向更好的方向发展，需要消耗资源产生废弃物。通过责任制推动环境质量改善是巨大的挑战。例如，北京排水集团被曝乱倒百万吨污泥。该集团是污水处理公司，自然会产生污泥，承接污泥处理业务的是下游运输企业，把污泥倒在路边的是在运输公司打工的人。最终，打工者因随意倾倒污泥被判刑，而排水集团则无任何责任。这里有一个责任传递问题。排水集团未受惩罚，将来类似的情况还会发生。如果制定了相关责任制，其业务即便交与他人，企业仍负有责任，这种情况还会出现吗？再如，类似天津重大爆炸事故的同类事故在深圳也曾发生过。同类事件屡屡发生的原因是责任机制出了问题。天津爆炸事故相关官员因行政程序受到处理，造成事故发生的企业也受到处罚，保险公司因车辆受损也进行了赔付。但经营危险化学品的企业未受到威慑。管理制度实际是企业管理的责任，很多大企业每年都要出环境责任年度报告。责任制有两种类型：一是再生产过程中直接排放污染物或产生废弃物造成污染；二是与生产过程废弃物没有直接关系，是中间其他利益介入方造成的，需不需要承担责任？不能要求每个消费者都是专家，生产者非常清楚产品中含有什么有害物质，怎么处理？把废弃物交给他人处理，责任还在，只不过转移出去，危害并未完全消除。产生污染的物质不管交给谁，所承担的责任都是无限责任，这是国际通用法则。我国新环境保护法主要从惩罚角度进行修订。比如，按原处罚数额，不治理的话要按日计算处罚，不像过去罚100万元，实际上政府付出的代价可能是几十亿、上百亿元。再如，环境保护法第6条规定，一切单位和个人都有保护环境的义务，企事业单位应减少对环境造成的损害。眼前的损失是直接损失，但对环境造成的危害有很多是间接损失。“十三五”要从法律上形成一种机制，只要产生废弃物，相关者都不能免除责任。此外，产生废弃物的企业为使利益最大化，下游合作伙伴不选最好的，废弃物转移给他人处理自己就没有责任了，这是最大的问题。新修订的《生产法》、《环保法》没有把责任人制度明确写进法律，造成后续执行中缺少法律依据。希望“十三五”制定污染全过程管理责任制。废弃物产生者必须负责废弃物处理的管理直到将之消除。生产者责任制在法律中要明确提出，以促使环境治理保护上一个新台阶。

3. 政府管该管的事

中集集团副总裁刘春峰提出，只要不是影响国家安全的重大事务，政府最好不要管，政府最该管的是商业信用体系。到目前为止，中国不能用信用证结算，还在使用预付款。另外，环保需要加强。搞社会治安、信用体系、环境保护很辛苦，还不容易出成绩。政府不愿意管，都去搞经济领域的事，参与企业管理，就会出现腐败空间。习近平主席提出的政府该管什么不该管什么，点出了问题的症结所在。现在，各级政府的执政能力亟待进一步提高。如何把有能力的优秀干部放到基层，保证中央政策落地也很重要。

（三）中国管理学要“去魅”

北京大学经济学院教授萧国亮在题为“中国问题与管理科学”的主旨报告中说，“有的放矢”：“矢”就是箭，“的”就是靶，放箭要对准靶。“射之有的也，或百步之外，或五十步之外，的必先立，然后挟弓注矢以从之”（叶适《水心别集》）。科学发展离不开实践，更离不开应用。管理科学之箭，必须射中国问题之的。“去魅”语出马克斯·韦伯。“魅”有国内也有国外的。中国管理学的使命是深化改革，做好各项管理工作，同时发展自己。中国管理学要“去魅”，即要去苏俄的“魅”，也要去美国的“魅”；现代化是对传统文化的创造性转换。中国管理学要从中国传统文化中汲取养分；管理学要研究中国问题，解决中国问题。这就是中国管理学的“有的放矢”。

三　互联时代的管理大变革

互联网在促使中国 BAT（百度、阿里巴巴、腾讯）脱颖而出的同时，也如同狂风暴雨般冲刷着传统思维，摧枯拉朽般颠覆着传统行业。未来之路该如何走？第三届东沙湖论坛上，与会者仁者见仁，智者见智，发表了颇有见地的意见。

（一）互联时代管理越来越重要

我们现在面对的问题与过去完全不一样，宏观管理与微观管理采取的方法也完全不同。要用新思维和新规则研究如何采用互联机制进行生产过程智能化，并获得好的效果，这需要重构系统。中国管理科学学会会长、北京大学原副校长、北京大学光华管理学院原院长张国有提出，要用互联网、智能化和系统方式构建一个复杂的现代化管理系统和管理模式，没有科技学界、管理学界的协同作战是不行的。能否建立一个跨界平台，把中科院院士、工程院院士、北京大学、清华大学的力量，还有积累了丰富管理经验的一些大型企业的企业家，包括社会机构集中在一起，大家共同研究某些管理问题，再进行筛选，进行一些仿真研究和实验。然后在此基础上，再考虑管理的问题怎么解决。明年的东沙湖论坛，希望大家带着研究成果、研究报告，或者问题和案例一块来，实打实地思考一些问题，把一些事做得更具有实效性。

（二）“互联网＋”触碰到的十个经济社会难点

中国工程院院士、国家自然科学基金委管理科学部原主任郭重庆提出“互联网＋”将触碰到的十个经济与社会难点：一是打破中国经济封闭产业格局是开放性互联网经济的必然诉求；二是开放式创新是万众创新的必然匹配；三是中国制造的突破在企业围墙之外，网络化生态是必然出路；四是“软件定义产品”，硬件＋软件＋服务一体化是产品发展方向；五是制造业能回流美国吗？六是中国大规模工业化还有上升空间吗？七是人工智能会毁灭人类吗？八是互联网＋智慧农村将使中国农村脱困；九是大学在互联网冲击下会变化吗？十是互联网将改善运行成本高企的中国经济，用行为识别技术“净化”中国商务环境。

（三）中国管理研究的六个新视角

中国的新篇章是全面深化改革，进一步对外开放，经济新常态又上新台阶，积极推动互联互通，依法治国，重塑文化和价值观；全球化新阶段中国有望引领新一轮全球化，科技不断加速全球化进程，互联与融合将推动秩序重建；互联的新世界是互联成为生态，融合不断加深，开放共享与安全保护"一个都不能少"。第三届东沙湖论坛上，中国管理科学学会副会长兼秘书长、《管理蓝皮书》主编、敏捷智库首席专家张晓东在《管理蓝皮书·中国管理发展报告（2015）》发布会上说，管理的新时代将面临互联引发的新问题、智能化的新挑战、中国管理的新思考。建设中国管理学的基础为一个时代：互联；两个世界：原子（现实）世界、比特（虚拟）世界；三对矛盾：复杂性与瞬变、固化和多元，以及单调、非均衡与纠结；四个对象：人－物－事－境；五个视角：科技、经济、产业、政治、社会；六大趋势：无限、融合、分享、自主、小众、归真。

（四）互联网管理新思维

1. 网状环境下需要共同治理

全新的互联网治理前所未有，极其复杂。阿里巴巴副总裁、阿里研究院院长高红冰在题为"平行经济与互联网治理"的主题报告中说，阿里巴巴采取前端交易实名审验、网站备案、大数据风险预警，交易中建立买卖博弈制度、每件商品交易信用评价等手段，以及生产制造环节监管和大数据手段信用建设，这些都需要共同治理，进而构建一个新治理体系。淘宝有3.67亿消费者在线，近1000万卖家上线，共同把10亿商品放到平台上面，贴上数字标签。倒逼批发商在线，把内部ERP、CRM系统对接到开放的互联网上，进行全网状经营管理。交易后，支付和物流进行C到B的改革。工业革命时代链条是线性的，产销两端信息不对称带来大量库存。进入以消费者为中心的时代，需要政府、市场、平台、个人、公民社会平等地在网状环境下共同治理、协作治理，我们面临利用信息技术不断把自己强大的逻辑转换成利用数据的分享，利用零边际成本的分享，进而创造一个利润价值体系的转变。过去什么都控制在自己手里，要转换成资源丢给别人，让别人成功，最后反过来再让自己成功，这是一个管理新思想。从管理到治理的创新，从过去的自上而下到今天的去中心化；从过去的命令式到今天的自我驱动、自我激励；从过去的大组织、大工业、大生产，到今天的小组织、微组织，甚至小前端、大平台、富生态。在新场景、新技术、新生态驱动下，互联网时代中国管理的走向值得思考和讨论。

2. 未来将从互联网走向心联网

腾讯集团副总裁马斌在题为“互联时代的组织创新”的主旨报告中说，互联网的“互”是人与人、人与物、物与物交互、互动；“联”是虚拟0和1与现实的ID、身份联结；“网”是关系链，包括弱关系、强关系，关系与分享。手机成为身体的一部分，微博、微信让信息透明。原来的社会金字塔结构全部扁平了，任何人在网上可以24小时获取信息。互联网多了一个维度、空间。所有规则需要重新定义。工业互联网下，基于数据化、智能化的进程将重新被改变。所形成的一张关系和关系链网，可通过数据测出信用。互联网正在演变为地理发现、时空大爆炸、延时到实时、轻盈到厚重、平台到垂直、标准到非标。科技在爆炸，媒介在延伸，正是信息的透明促使中国社会的变革。

互联网是对人性的利用，未来数据一定会从互联网走向心联网。我们把一切都数据化并打上标签。构建技术能力、流量导入、流量到变现，与开发者累计分成超过100亿元。腾讯基于16年的努力，在安全云库、核心杀毒引擎上给用户提供了最安全的结果。构建强大的安全能力，才能构建强大的安全支付能力。每一个创新都基于从入口到出口形成的闭环，从渠道、商业模式、功能，到产品、技术，各环节都要创新。最终的创新不是靠一个步骤，未来没有互联网行业，因为从信息的触点到节点都要互联网化、智能化、数据化。最终人和企业都在追求从发现用户价值、实现用户价值、创造用户价值到传递用户价值。

3. 构建开放闭环生态系统的尝试

乐视集团副总裁吴亚洲介绍说，乐视生态包含四个方面。一是垂直整合闭环生态链，以用户极致体验为核心，通过“平台 + 内容 + 终端 + 应用”四层架构的闭环垂直整合，打破产业、组织和创新边界，使各环节协同共鸣，产生聚变效应，不断创造出与众不同的全新产品体验和更大用户价值。它是乐视对工业时代为追求生产效率而牺牲用户体验与用户价值的专业化分工理论的深刻反思，代表了全球经济在进入互联网生态时代下的必然趋势。二是横向扩展的开放生态圈，让“平台、内容、终端、应用”每个环节充分开放资源，从业务、用户、资本多层引入能与乐视生态强相关、强反应的外部合作伙伴，打破企业间的利益、资源和产品边界，与全社会合作伙伴共生、共赢、共享。确保合作伙伴之间、合作伙伴与乐视之间能在各环节内、各环节间，产生强化学反应，进一步提供新的用户价值。三是开放的闭环生态系统，垂直整合的闭环生态链与横向扩展的开放生态圈之间相互交错，形成矩阵结构，共同构成乐视完整的开放闭环生态系统。使乐视生态内各环节间产生强化学反应，自循环、自孵化、自进化、自创新，持续创造全新的用户价值。四是乐视七大子生态，以跨越全屏的互联网技术为基础，将开放式闭环生态系统理念应用到多个垂直领域，已形成互联网、内容、大屏、手机、汽车、体育、互联网金融七大子生态。每个子生态都是以用户为核心的闭环生态系统的具体应用。依托互联网子生态，各垂直领域的子生态之间相互关联、协同化学反应，改变着人们的互联网生活方式。我们首创的管理型组织 + 项目型组织的生态组织架构，打破了传统金字塔式组织结构，使用户需求与产品设计间的关系更直接紧密，交互更顺畅高效，内部沟通和决策过程更扁平化，更注重跨部门合作，减少组织冗余。能快速响应外部市场变化，突破管理型组织边界，迅速聚集资源攻坚破难，以项目管理方式确保关键业务的高效决策及新业务的快速落地。乐视独创的全球合伙人制度，在全球范围内寻找认可乐视价值观且愿意为乐视奋斗的优秀核心人才为合伙人。其中首创的交叉机制意味着合伙人可以打破业务壁垒，站在全生态角度思考和决策。同时，乐视打通了合伙人成长路径，使全球合伙人能根据自身影响力，及在企业中承担的责任和范围，分为初级合伙人、合伙人、高级合伙人。由于采用了 CP2C 模式，使千万人参与、千万人研发、千万人使用、千万人传播成为可能。

4. 建立开放性平台要打破职能界限

58 同城副总裁段冬举例说，美国某上市公司做 2B，遇到的最大问题是跨界。这家公司与政府联网，政府变成开放性平台。这解决了没有系统的小企业全靠人来干，效率极低，风险很大的问题。中国 4500 万家中小企业每年生死参半。国内一家公司给小企业上保险，一年发展了一千多家企业客户，但仍然是闭环系统。他们希望与政府打通对接，政府不敢冒这个险。建立开放性平台的关键是如何打破职能，最有效的不是专业技术、销售，而是为了达到一个目标与一些人一起干活。有专业技能的跨团队、小团队不按兵种作战会更灵活，也许未来很多企业将会被替代。这种替代取决于企业的内部管理。

（五）“互联网 +”人才等于全球化人才

“互联网 + 人才管理”要着眼于全球化人才培养。中国科学院院士、江苏人才创新创业促进会电子信息专委会主任、南京工业大学校长黄维在致辞时说，“互联网 +”时代，信息呈爆炸性增长，知识资源无线共享，刷新了教学手段。大规模网络课程、口袋大学 APP 等带来大学教育的数字海啸。知名互联网企业都强调团队共同工作，让不同思想、不同领域、不同背景的人一起交流碰撞、跨界合作，以丰富学科多样化，激发文化生命力。互联网时代，以开放的心态面对新生事物的多元文化尤为重要。创新尤其需要百家争鸣，给人们责任与自由，创新灵感才会源源不断涌现。包容性文化在基础研究与原始创新领域体现的是宽松、宽容、宽心、宽裕。科学在一定程度上是一项贵族事业，需要淡定、自信、优雅、从容，需要持之以恒，厚积薄发。

四　新工业革命带来的震撼

（一）互联网将重新定义制造业

中国工程院院士，国家自然科学基金委管理科学部原主任郭重庆在题为“‘互联网+’：破坏性创新是一场产业、经济与社会的变革——互联网将重新定义制造业”的主旨报告中说，大数据是继实验研究、理论分析、计算机模拟仿真后的第四种科学范式。数据处理能力被认为是一个国家竞争力的标志。“云”+“海”是IT发展中两大技术突破的重大交汇：“云计算相遇大数据”，再加上移动互联网简直是绝配。物联网的难点在传感器、CPU芯片、操作系统及接口标准。新的竞争给中国人一个想象空间。移动互联+云计算+大数据+物联网成为一个完整的互联网概念，尤其是物联网更是成为被高度关注的焦点。消费者如同用水用电那样，随时随地获得想要的信息。任何物体，汽车、各类机械、桥梁、道路等都可互联、感知、度量、通信、操控，使人和物更聪明，操控更准确，得心应手。

（二）云制造开启智能智造新时代

中国工程院院士、中国管理科学学会学术委主任李伯虎在题为“智慧云制造（云制造2.0）——‘互联网+制造业’的智造模式和手段”的主旨报告中提出，智慧云管理的未来发展，一要突出中国云制造研究的实施特点与优势。二要研究成果的工程化、产业化和深化应用。三要进行技术拓展研究。四要明确云管理实施要点。他说，突出应用需求牵引云制造系统建设，推动云制造系统人/组织、设备/技术、经营管理协同发展的螺旋上升的循环发展途径；突出云计算、互联网、物联网、大数据、建模仿真技术、电子商务技术等，强调设计、加工、试验、管理、维修、保障等大制造技术；突出面向制造企业与产品用户，实现产品制造全生命周期活动中资源与能力的服务化，制造系统三要素与五流集成与优化；突出以构建智慧制造新手段与新模式为核心：基于互联网建立“产品”加“服务”为主导的“以人为中心，互联化、个性化、服务化、社会化”智慧制造新模式及“数字化、物联化、虚拟化、服务化、协同化、定制化、网络化、智能化”智慧化制造新技术手段；突出工业化、信息化、城镇化、农业现代化同步发展；发挥“政、产、学、研、金、用”的团队力量。

（三）为中国智造建言献策

第三届东沙湖论坛圆桌会、专题对话会上，数十位专家和企业家围绕“中国智造：产业和企业的现实困境与管理对策”主题畅所欲言。一些身处制造业前沿的专家和企业家更是根据自己的所闻所见慷慨陈词，发表了不同见解。

1. 中国制造面临的最大困难

江苏省科技咨询协会理事长、江苏省科技厅原厅长王永顺列举了当前制造业遇到的最大难题。一是已形成一定智慧智造，但能力和产能对释放社会需求还有障碍。需要把柔性制造和电子商务结合起来，利用互联网 + 商业模式推动优胜制造、个人定制。二是传感技术。智慧制造的基础是信息的感知和采集，特别是物联网、工业互联网更要靠传感器。目前，传感器尚未跟上需求发展。不同产业的个性化和政府服务化，对管理的要求都不一样。在软件开发设计上，要建设一些基础的技术设施，否则小企业无法购买。在资源上，企业不需要又贵又得不到保障的电。在生产上，需要价廉物美的原材料。搞传感器最难，因为它与市场、技术和资源不相关。拿别的技术的招数用于其上不管用。三是机器人产业。现在全国有 30 个机器人产业基地，但机器人市场空间很小。讲起来机器人是万能的，但江苏卖得最好的是扫地和擦玻璃机器人。产业是由产品构成的，应大力发展市场空间大、能持续发展的标志性和战略性产品。

2. 迁就2.0、3.0，追赶4.0，厚积薄发

中国管理科学学会副会长兼秘书长张晓东认为，中国智能制造还在讲 2.0、3.0，是无奈之举。如果没有计划经济留下的大量齐全的工业基础，美国凭什么把传统工业迁移到中国来。国有企业在计划经济中培养了大量人才，改革开放后却给跨国公司做了廉价劳动力。过去粗放式经济导致产能过剩、能源不足、环境污染等一堆问题。改革开放大门一开，10 亿人民开始追求财富，拼命往前跑。跑了 30 多年张力不够，不可持续了。这些问题必须靠制造业升级解决。人机共舞时代，逼着我们不得不去拥抱智能

化。中国制造 2025 年只能应对和接受。当然，照 2.0、3.0 思路走下去，到 2025 年或许能追赶上先进国家。20 世纪 80 年代，因为 CAD 没有一直做下去，到现在就没有了核心技术。中国制造问题复杂，面临的环境也很复杂，越是不好弄越要弄，如果不持续搞下去就真的很麻烦。智能制造要有顶层战略，1.0、2.0、3.0 不是保护落后产能，而是给从业者新的机会，把旧的技术抛进太平洋，该不要的就不要。现在迁就 2.0、3.0，追赶 4.0，十年后再搞 4.0。

3. 深度融合才能推进管理进步

国家工业和信息化两化融合专家、研究员田雨华提出，现在的管理应该是两化融合的管理，工业制造两化融合是信息化与各行各业的结合，深度融合才能推进管理进步。1984 年，我进入钱学森领导的柔性制造五人小组搞柔性制造系统，现在这个柔性制造系统被拆了。从柔性制造系统过渡到计算机集成制造系统，设计跟不上，管理跟不上，很多问题解决不了，需要跟着时代一步一步往前走。解决管理问题不光要解决技术问题，更要改变观念。要智慧地思考问题，要有规矩，无规矩不成方圆，标准要跟得上。现在的标准太细，按标准改真的很麻烦。应制定非常实在的指导标准。我希望管理体系研究不是做多全多大，而是做出一个组织、技术体系。要有共性，突出重点。比如，今年准备解决大家提出的哪些问题，关键技术在哪里，下一步该做什么，一步一步规划。

4. 追赶4.0关键是落地实施

华为大学项目群总监王舸提出，新工业革命标准、宏观顶层设计，不同国家有不同的战略和表述。中国要追赶 4.0，还要补工业 2.0 和 3.0 的课，关键是如何落地实施。我国工业产品线非常全，某些领域可能还没有实现工业自动化，应一步一步推进部署。首先要思考什么是新工业标准，抓手在哪里。我们常讲“三个和尚没水喝”，是因为系统没有最优化。“三个臭皮匠抵过诸葛亮”是因为系统最优了。新技术解决了非常多的连接，人与人的连接，人与物的连接，物与物的连接。所有生产要素重新组合，将彻底颠覆从价值创造到整个系统的一个闭环过程。前端市场技术变革，会对制造业产生非常大的影响。一是对教育系统的影响，需要学习人如何与机器一起工作，如何编代码，如何适应很多机器和终端环境下的工作。原来的组织金字塔被颠覆。要学会如何平分工作和生活。该做哪些工作，怎样保持创造性，未来机器代替工作，应创造性思考，现在的战略控制点应该怎么平衡，来让自己发力。比如，逻辑思维能整合非常多的资源，一个结点可能是一个价值板块。系统化将对世界产生影响。工资还按月发吗？很多人的工作形态发生变化，可能是有一单赚一单的交付性模式，甚至还要向大数据交税。需要全新的教育体系。批判式思维是整个系统和劳动力本身带来的影响。更多的是主管、老板、同事与同事之间的对话和协同。工作环境会变得不一样。谈中国制造，前端市场与后端对整个人、劳动力、教育体系、意识形态的影响是一个课题。恰恰是这些软性东西的背后，带有实现深层次变革的原动力。

5. 产品规划和管理是持续发展的重要抓手

东土科技股份有限公司 CEO 宛晨认为，第一，改革开放以来，西方管理理论大量用在中国，最近几年发现西方理论也不管用了。从实践来看，没有任何理论适用所有场景。一旦选择了就要坚持，吃透精髓，逐步形成适合中国的理论、实践方法。德国品牌在细分市场里占有顶尖位置，做隐形冠军靠的是坚持，几百年坚持做一件不起眼的小事。第二，制造产品需要技术，技术上要有创新，逐步发展就会面临三明治状况，随后出现大批模仿者。客户和市场要的不是技术是产品，从产品规划角度，要讲客户应用是什么，客户买产品有什么用得不好的地方，痛点在哪里，如何解决客户痛点，从而创造价值，再讲技术和新技术创新。产品规划和管理是企业持续发展的重要抓手，相当多的企业忽略了这一点，用研发替代产品管理是一个误区。第三，在中国，企业做大了结构很复杂，部门非常多，应学习西方借助大量关键指标评估进行绩效考核。事实上，很大程度上要么有问题，要么学的一知半解，反而会使企业越搞越乱。现在，市场变化速度加快，要求企业在坚持大战略前提下，进行更多垂直管理，甚至在企业内部成立以项目管理为任务的各种工作小组。公司的组织架构更垂直化而不是水平化。第四，没有绝对的对与错。很多情况下是引导而不是管控。互联时代，企业要将愿景、使命深入每个员工的骨髓中。

6. 发挥龙头企业的强力整合优势

国网能源研究院副院长张玮说，创新要找准方向。创新资源是分散的，要高效运转，特别是重大装备的创新，必须强有力地推动。比如，大型电力设备技术攻关中，电力研究机构 30 多个院所及很多制造厂都参与了研制。很好的创新资源凝聚成了很好的结果。由龙头企业带动，能有效整合各企业，发挥每个厂商所长，将很多专业机构及厂商高效整合起来，什么难关都能攻破。需求方对整个制造过程场景、安装、技术标准最熟悉，由他们整合装备制造体系，能有效掌握装备需求，将项目各项指标很好地统一起来。我们发现自动化水平较高的行业有不少问题。比如，装备或大型组件从来不考虑吊装设计、固定和安装，在想用的时候就会影响效率，带来麻烦，无端增加成本。需求方的整合提供了调节和持续改进，有的高端技术已遥遥领先，特高压技术全部拿下了，很多技术甚至是突破性的。2014 年初，我们与巴西合作中标高压输电工程，代表了我国高压技术的较高水平。今年又与巴西签约，投资大概能拉动 50 亿元的国内装备。近年来，国内高铁、核电、航空等重大技术的创新和突破，都是通过龙头企业、龙头单位发挥强有力的整合优势获得的。我国制造业应该先在一些点上有所突破，甚至超越，这需要创新，也需要整合。

7. 技术要创新，管理更要创新

吉利集团副总裁林杰介绍说，中国缺少自动变速箱技术，一直购买他国技术。澳大利亚有全球第二大变速箱企业，吉利通过合作拿到这项技术。金融危机为董事长李书福收购沃尔沃提供了机遇。如果吉利简单地把沃尔沃技术拿来使用，与其他企业就没什么区别了。收购沃尔沃后，李书福宣布，吉利和沃尔沃两大品牌是兄弟关系，不是父子关系。吉利不能到沃尔沃去，并设置了很清晰的界限。沃尔沃和吉利进行平台化研发，未来产品双方一起研究，资源配置五比五，即中国研发人员占 50%。根据消费者需求挑选产品、个性化制造在汽车产业中很难做到。我们分区域、按群体提供产品并在4.0里尝试解决核心需求难题。此外，定制是金字塔最高端人士的消费。吉利的战略，一是重点突破，二是局部操作，三是合纵连横，四是后来居上。汽车行业不能样样领先，必须重点突破。诸如纯电技术靠电子，混合动力是电子和汽油结合，百公里油耗2.3升等，也都需要重点突破。

Abstract

Blue Book of Management is an annual report, tracking and researching the frontiers and trends of management science as well as exploring the innovation, practice and development of China's management.

This book consists of five parts: General Report, Management Science and Technology, Management Practice, Management Education and Management Consulting. The first part of General Report recollected and confronted the challenges and trends during the 13th Five – Year Plan period through investigating and analyzing the current situation of China's Management. It proposed corresponding strategies and meanwhile prospected for the future of China's management, 2020 as the point. The second part of Management Science and Technology explored management strategies and models to improve economic efficiency and social interests in management game, focusing on global management hotspots and challenges from globalization and intelligentization. The third part of Management Practice summarized and reflected from micro and macro managementto enrich the practice case of China's management, focusing on some hot technology and events. The fourth part of Management Education explored the training and management models of innovative high – end talents, on theme of postdoctoral talent management. The fifth part of Management Consulting discussed how China's management consulting industry should respond to changes as well as provide more effective, forward – looking and systematic advisory services, through analyzing the profound changes of global business environment. In addition, this book also adopted some excellent articles from Dong Sha Hu – 2015' China Management Summit 100, hosted by China Management Science Society and organized by Nanjing Agile Management Institute. Through these articles, thoughts of management masters were shared and voice of Chinese managers were heard.

This book is rich in content as well as abundant and accurate in data. It is of great guidance and reference effect to management scholars and entrepreneurs who pay attention to management science and development of China's management.

Keguords: Chinese Management; Management Innovations; Management Practices

Contents

Ⅰ General Report

B. 1 2020: The Mission of Managementof China

—A Survey of the Situation of Management of China in 2015 - 2016 *Agile Think Tank* / 001

Abstract: On the basis of the national strategic goal of China to realize a well-off society in an all - round way before 2020, this article investigates and analyzes the current situation of Management of China in 2015 -2016, and then shows the current situation of Management of China and the key issues to be addressed through the current hot topics and focuses of Management of China from the perspectives of academic achievements, activities of scholars, research topics, case studies, funding and incentives. This article also looks into the future in 2020 of Management of China.

Keywords: Management of China; Hot Issues of Investigation; 2020

Ⅱ Management of Science and Technology

B. 2 Game of Management : Trends, Concepts and Rules

Zhang Guoyou / 047

Abstract: For a certain trend, what kind of understanding, what approach to take, what are the results of the operation of enterprises or countries, all these are related to the management of coping strategies. The management of choosing exists all the time. Enterprises are in the competition management. Meanwhile, China and the United States are also competing in management, The article focuses on the elucidation of the impact of the globalization trend on the coping strategies of business outsourcing and business undertaking, the coping strategies of the general use of intelligent machines for manufacturing return to developed countries, the coping strategies of rapid prototyping manufacturing technology on the global distribution of manufacturing industry, as well as the coping strategies of public self－management trend on the two kinds of conditions in the business of public self－service and business of the government led.

Keywords: Trend of Development; Outsourcing Business; Machine Service; Self －management

B. 3 "Period" View on Operating Management of Chinese Enterprises

Zhang Dongxiang / 061

Abstract: From another point of view of the new economic norm in the "three phase of the superposition" (growth rate to enter the shift period, structural adjustment faces growing pains period, pre-stimulus policies digestion period), it involves the enterprise life cycle, the economic cycle, and the global economic cycle. This "three cycles" is accompanied by the economic development of each process, and has an important influence on our country's enterprises. How to deal with "three cycles" has important practical significance for realizing the sustainable development of enterprises and promoting the steady development of economy.

Keywords: Enterprise Life Cycle; Economic Cycle; Global Business Cycle; Enterprise ; Operating Management; Impact

Ⅲ Management Practice

B. 4 Evaluation Practice of Reputation Management

Zhai Jingyi, Sun Mei and Zhu Yi / 082

Abstract: PORM knowledge system is created by the RRM laboratory of Public Opinion Monitoring Room of People's Daily Online. The philosophies, principles and methods used in public opinion risk management practice involve multi - disciplinary and multi - field, mainly contain management by objectives, system feedback and power drive, organizational evolution, cognitive management, function cellularization and anti - fragile and so on. During the practice of public opinion risk management, PORM knowledge system is mainly reflected by three major items of cognitive management, risk management and crisis management. This article, take A company of industry as an example, specifically described preliminary application of PORM knowledge system in the public opinion risk management practice. Based on PORM knowledge system, public opinion risk management can make the pass of risk forward and achieve whole process management. It can improve the perspectiveness and pertinence of crisis management, reduce the difficulty and cost of crisis management. It represents a new business model of public opinion service industry. However, because exploring the source of risk will easily lead to the reject reaction of the organization for the system involves complex systems management, as well as the risk information system needs a data technology support and other factors, the public opinion risk management based on the PORM system needs to be further improved in the process of practice.

Keywords: PORM Knowledge System; PORM; Cognitive Management; Crisis Management

B. 5 Enabling Economic Transformation and Social Governance

—New Idea and New Practice of China's Big Data Sector

Meng Ye, Pan Yonghua and Gao Hongbing / 108

Abstract: In this paper, new idea of big data in china are elaborated first. Then the ecosystem of the big data industry is depicted. Furthermore, detailed case studies show the significant economic and social values brought by the application of big data. In the end, the coming challenges of big data industry in china are involved.

Keywords: Big Data; Economic Transformation; Social Governance

B. 6 IP Value: A New Field of Management in Pan-entertainment Era

Zhang Sui, Wu Shizhong / 128

Abstract: Based on the huge user base of the internet and the multi - domain symbiosis of cultural industry, IP depth operation has gradually become the development trend of cultural industries. Other industries also come to obtain IP value more and more, which led to the corresponding intellectual property management and a series of business management challenges. On the basis of ecological status analysis of extensive-entertainment industry, this article explores and analyzes intellectual property management, enterprise management, etc. in the IP value mining process, and proposessome management recommendations.

Keywords: IP; Extensive-entertainment; Intellectual Property Management; Capital Operation Management

B. 7 The Management Enlightenment of "Dispute Between BaoNeng Group and Vanke"

Enterprise Management Professional Committee of China Management Science Society / 148

Abstract: This paper briefly introduces the basic situation of the relevant parties to the Vanke equity dispute, discusses the basic process of the events and the latest developments, reviews the representative of all parties concerned, finally carries on the analysisand draws inspiration.

Keywords: The dispute between BaoNeng Group and Vanke; Vanke; BaoNeng Group; China Resources

Ⅳ Management Education

B. 8 Strengthening Postdoctoral Management Training Creative Talents

—*Taking an Example of National Postdoctoral Work in China*

Wang Xiulai, Zhang Yutao and Fu Xinyan / 163

Abstract: This article researches and analyses postdoctoral station construction, postdoctoral admission, postdoctoral evaluation and the usage of China Postdoctoral Science Foundation in 2015. The author discovers that regional development of postdoctor al work is unbalanced, postdoctoral station construction is unbalanced, and unemployed postdoctor is expanding. Then, give some suggestions for strengthen postdoctoral management and train creative talents.

Keywords: Postdoctoral Work; Postdoctoral Management; Creative Talents

V Management Consulting

B. 9 Real Challenges and Development Opportunities of China's Management Consultation *Lu Yu* / 201

Abstract: Through the analysis of the profound changes in the global business ecological environment, this paper discusses how to deal with the changes of the employees in the management consulting industry in China, looking for opportunities to provide customers with more effective, forward looking, resistant, operable, and systematic advisory services.

Keywords: New Technological Revolution; Management Consultation; New Service Mode

皮书起源

“皮书”起源于十七、十八世纪的英国，主要指官方或社会组织正式发表的重要文件或报告，多以“白皮书”命名。在中国，“皮书”这一概念被社会广泛接受，并被成功运作、发展成为一种全新的出版形态，则源于中国社会科学院社会科学文献出版社。

皮书定义

皮书是对中国与世界发展状况和热点问题进行年度监测，以专业的角度、专家的视野和实证研究方法，针对某一领域或区域现状与发展态势展开分析和预测，具备原创性、实证性、专业性、连续性、前沿性、时效性等特点的公开出版物，由一系列权威研究报告组成。

皮书作者

皮书系列的作者以中国社会科学院、著名高校、地方社会科学院的研究人员为主，多为国内一流研究机构的权威专家学者，他们的看法和观点代表了学界对中国与世界的现实和未来最高水平的解读与分析。

皮书荣誉

皮书系列已成为社会科学文献出版社的著名图书品牌和中国社会科学院的知名学术品牌。2011 年，皮书系列正式列入“十二五”国家重点出版规划项目；2012~2015 年，重点皮书列入中国社会科学院承担的国家哲学社会科学创新工程项目；2016 年，46 种院外皮书使用“中国社会科学院创新工程学术出版项目”标识。

中国皮书网

www.pishu.cn

发布皮书研创资讯，传播皮书精彩内容
引领皮书出版潮流，打造皮书服务平台

栏目设置：

- □ 资讯：皮书动态、皮书观点、皮书数据、皮书报道、皮书发布、电子期刊
- □ 标准：皮书评价、皮书研究、皮书规范
- □ 服务：最新皮书、皮书书目、重点推荐、在线购书
- □ 链接：皮书数据库、皮书博客、皮书微博、在线书城
- □ 搜索：资讯、图书、研究动态、皮书专家、研创团队

中国皮书网依托皮书系列“权威、前沿、原创”的优质内容资源，通过文字、图片、音频、视频等多种元素，在皮书研创者、使用者之间搭建了一个成果展示、资源共享的互动平台。

自 2005 年 12 月正式上线以来，中国皮书网的 IP 访问量、PV 浏览量与日俱增，受到海内外研究者、公务人员、商务人士以及专业读者的广泛关注。

2008 年、2011 年中国皮书网均在全国新闻出版业网站荣誉评选中获得“最具商业价值网站”称号；2012 年，获得“出版业网站百强”称号。

2014 年，中国皮书网与皮书数据库实现资源共享，端口合一，将提供更丰富的内容，更全面的服务。

法律声明

“皮书系列”（含蓝皮书、绿皮书、黄皮书）之品牌由社会科学文献出版社最早使用并持续至今，现已被中国图书市场所熟知。“皮书系列”的 LOGO（）与“经济蓝皮书”“社会蓝皮书”均已在中华人民共和国国家工商行政管理总局商标局登记注册。“皮书系列”图书的注册商标专用权及封面设计、版式设计的著作权均为社会科学文献出版社所有。未经社会科学文献出版社书面授权许可，任何使用与“皮书系列”图书注册商标、封面设计、版式设计相同或者近似的文字、图形或其组合的行为均系侵权行为。

经作者授权，本书的专有出版权及信息网络传播权为社会科学文献出版社享有。未经社会科学文献出版社书面授权许可，任何就本书内容的复制、发行或以数字形式进行网络传播的行为均系侵权行为。

社会科学文献出版社将通过法律途径追究上述侵权行为的法律责任，维护自身合法权益。

欢迎社会各界人士对侵犯社会科学文献出版社上述权利的侵权行为进行举报。电话：010-59367121，电子邮箱：fawubu@ssap.cn。

社会科学文献出版社